文 春 文 庫

長 宗 我 部

長宗我部友親

文 藝 春 秋

目次

第二章　興隆――土佐内乱と勢力拡張　66

第三章　中興——長宗我部元親伝　117

第四章　暗転――長宗我部の滅亡　217

第五章　血脈連綿――忍従の徳川時代　271

長《ちょう》宗《そ》我《が》部《べ》

長宗我部氏系図

（点線内は別典『嬴《えい》姓系図』より抜粋）

秦始皇帝《しんのしこうてい》 ― 五世或十世世数未詳 ― 孝武王《こうぶおう》 ― 功満王《こうまんおう》 ― 弓月王《ゆづきおう》 ― 普洞王《ふどうおう》 ― 酒君《さけぎみ》 ― 秦河勝《はたのかわかつ》

嬴姓系図

広国 ― 勝俊 ― 克国 ― 俊治 ― 俊仲 ― 俊能 ― 俊雅 ― 春義 ― 行永 ― 永利

恒遠 ― 恒任 ― 義遠 ― 春俊 ― 邦利 ― 重信 ― 重昌 ― 秋友 ― 明友

初代 能俊《よしとし》 ― 二代 俊宗《としむね》 ― 三代 忠俊《ただとし》 ― 四代 重氏《しげうじ》 ― 五代 氏幸《うじゆき》 ― 六代 満幸《みつゆき》 ― 七代 兼光《かねみつ》 ― 八代 重俊《しげとし》 ― 九代 重高《しげたか》

十代 重宗《しげむね》 ― 十一代 信能《のぶよし》 ― 十二代 兼能《かねよし》 ― 十三代 兼綱《かねつな》 ― 十四代 能重《よししげ》 ― 十五代 元親《もとちか》 ― 十六代 文兼《ふみかね》 ― 十七代 元門《もとかど》

十八代 雄親《かつちか》 ― 十九代 兼序《かねつぐ》 ― 二十代 国親《くにちか》 ― 二十一代 元親《もとちか》

雄親 ― 序尭《つぐあき》

兼序 ― 国康《くにやす》

兼序 ― 親武《ちかたけ》 戸波右兵衛

国親 ― 女 一條内政卿室

親興《ちかおき》
道孝《みちたか》
国決《くにけつ》
女

親興《ちかおき》　比江山掃部

親貞《ちかさだ》　吉良左京進
親泰《ちかやす》　香宗我部左近大夫
初代　親房《ちかふさ》　島弥九郎《しまやくろう》
姉女　嫁　吉良
二女　嫁　十市
三女　嫁　波川
四女　嫁　津野

二代　五郎左衛門《ごろうざえもん》（親典《ちかのり》）―三代　與助《よすけ》
四代　弥左衛門《やざえもん》―五代　久蔵《きゅうぞう》―六代　惣亟《そうきょく》
七代　弥右衛門《やうえもん》―八代　弥四郎《やしろう》
九代　歓次《かんじ》―十代　與助《よすけ》―十一代　與右衛門《ようえもん》
十二代　與助重親《よすけしげちか》―十三代　吉親《よしちか》―十四代　親衛《ちかえい》
十五代　林馬《りんま》（親《ちかし》）―十六代　友猪《ともい》―十七代　友親《ともちか》

信親《のぶちか》―女　盛親室
女　吉良（本山）親実　室
親孝《ちかたか》　又　親和《ちかかず》
親忠《ちかただ》
女　上加江城主佐竹蔵人親直　室
二十二代　盛親《もりちか》―女　柳川立花家家臣上野平太夫　室
女　吉松十右衛門　室
某　右近大夫　母妾小少将

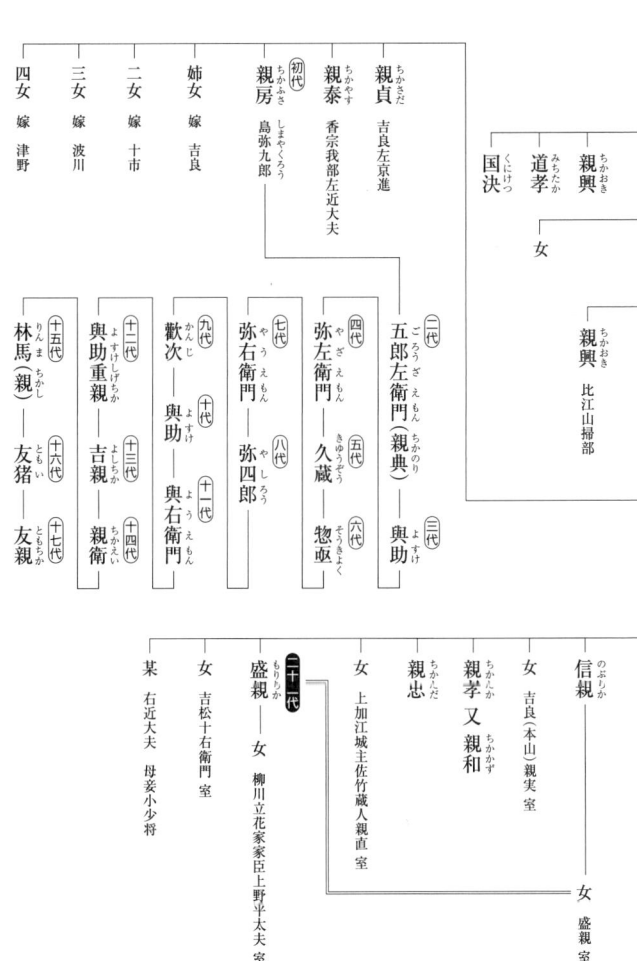

はじめに

私の姓は「長宗我部」である。長宗我部と書いて、「チョウソガベ」と読む。漢字四文字、耳慣れない発音のこの奇妙な姓に興味を示した人に、長宗我部についてどんなことを知っているか尋ねてみることがある。歴史好きの人だと、長宗我部元親《もとちか》の名前がまず浮かんでくるようだ。元親は、戦国時代に辺境の地である土佐から発して四国を統一した、長宗我部家の中興の祖である。そして、さらに何人かの人は、豊後の戸次川《へつぎがわ》で悲惨な死を遂げた元親の長男の信親《のぶちか》の名を挙げるか、関ヶ原、大坂の陣で敗れた盛親《もりちか》のことを語ってくれた。

だが、長宗我部の家系に登場してくる人物は、もちろんその三人だけではない。実に、多種多様な人々が連なっている。中興の祖とされる元親をのぞけば、その人物たちのおおむねは歴史の主役ではない。脇役なのである。そして、その系図を俯瞰《ふかん》してみると、長宗我部家の人間の主義というか持ち味というか、その生き方の特徴が自然に浮かび上がってくる。

長宗我部家は秦《しん》の始《し》皇帝《こうてい》を遠祖とする。大陸から日本に渡ってきた渡来人の家系であり、始祖の国の名を冠した秦《はた》一族であることを矜持《きょうじ》として生きてきた。残されている古文書の多くを見ても、たとえば秦国親《はたのくにちか》、秦元親《はたのもとちか》、と秦氏を堂々と名乗っている。

ところで、現在の視点から、長宗我部家の歴史の流れを追うならば、大きく二つの時代に分けられる。一つは、日本に渡ってきて以来代々隆盛を続けた時代、つまり秦河勝《はたのかわかつ》さらに土佐に移り住んで長宗我部の姓をつけた秦能俊《よしとし》から元親、盛親まで、歴史の表舞台で活躍し、関ヶ原、大坂の陣に参加するまでの時代である。そしてもう一つは、その後の領地を奪われ、長宗我部の姓すら使えなくなり、長宗我部の血脈のみを繋げていくことを最大の目的として生きてきた隠忍と清貧の、いわば裏の時代である。

では、現代を生きる私はというと、この第二の時代の長宗我部家の末裔であり、「水の流れて物に抗せざるようにあれ」という先祖の教えにより、今生の困難を乗り越えたこともあれば、京の都大路を引き回されるような、ひどい悪夢にうなされることもあった。

いずれにしても、長宗我部家はその遠祖を秦の始皇帝からとすると、およそ七十代、二千年を超えて続く家系である。そこに登場する人脈をじっとみていくと、長宗我部家の歴史が悠然としたまるで大きなひとつの龍のうねりのようになって現れてくる。そして、そのうねりをみるなかで初めて、その当時最大の権力者であった信長や秀吉と対峙《たいじ》した元親の無謀とも思える決断の訳や、その時代時代に長宗我部家の面々のとった判断の意味などがわかってくるような気がする。人間の生き方や歴史は必ずしもその人間の生きた時代だけでは完結しないのである。
　本書は波瀾に満ちた長宗我部家の興亡を年代別に追っているが、その構成は大きく分けて次の五つの時代から成っている。

第一期　秦の始皇帝から秦河勝まで。
第二期　秦河勝から土佐に移り住んだ秦能俊まで。
第三期　秦能俊から長宗我部国親まで。
第四期　四国を統一し、中興の祖といわれる元親から、その二代盛親まで。
第五期　元親の末弟である親房《ちかふさ》から、日本水心流剣詩舞の祖、長宗我部親《ちかし》（林馬《りんま》、秦《はたの》霊華《れいか》）まで。

　幸か不幸か、私の手元には先祖によっていくつかの資料が書き残されている。決して誇りとなるばかりではない過去を含め、私は連綿と続く一族の血を通して、大きな時間の流れをみてみたかった。本書は秦一族である長宗我部家の人々が生きてきたその華と乱を追う二千年史である。
　そして、もうひとつ。関ヶ原の戦いから明治維新までの長宗我部の歴史は、時の権力者によって消されている。そうした消された歴史の一面も掘り起こしてみたいと思ったのである。

序　大陸より　一族の遠祖、秦の始皇帝

長宗我部家で、世にもっとも知られている中興の祖、長宗我部元親は、公式の文書などには「長宗我部《ちょうそがべ》宮内少輔《くないのしょう》秦元親《はたのもとちか》」と自分のことを記している。「長宗我部」は姓（名字）で、「宮内少輔」は官職、そして「秦」は氏である。元親だけでなく長宗我部家の人々は、秦氏を先祖代々連綿として名乗っている。江戸時代に高島孫右衛門《たかしままごえもん》によって書かれた長宗我部元親の一代記である『元親記』（高知県立図書館所蔵の森家本）の書き出しも「抑《そもそも》長宗我部宮内少輔秦ノ元親卿系図」となっている。

また、元親の興亡を描いた軍記もので、同じ江戸時代に書かれた吉田孝世《よしだこうせい》の『土佐物語』によると、元親の父である国親《くにちか》は、「秦の始皇帝を祖とする長宗我部が土佐という片辺に暮らしていることが口惜しい。秦家の興隆をはからねばならない」と常にその嫡男である元親に伝えていた。そして元親はその言葉を実行し、四国統一、そして天下を

目指したのである。

それでは、秦氏とはいったいどういう氏族であったのだろうか。

秦一族が日本に「秦王国」をつくったといわれる六世紀の頃に、秦氏はほかの氏族と比較しても、相当な人口を擁していて優れた技術と経済力を持ち、かなりの勢力を誇っていた。この渡来人系の秦王国で族長的な地位にいたのが秦河勝である。そして、土佐に渡った長宗我部はその末裔である。

秦河勝とはどのような人物であったのか、そして秦一族はいつ頃大陸からこの日本に渡ってきたのか。


長宗我部の遠祖は秦《しん》の始皇帝《しこうてい》であり、その裔孫の功満王《こうまんおう》が仲哀帝《ちゅうあいてい》のときに帰化した、との内容を書き付けた古筆の存在が長宗我部家の系図に記されていることから、それが長宗我部家の始まりとして現在まで伝えられている。とすれば、長宗我部家のルーツを遡ると、二千年を超える歴史を見なければならず、それは遥か遠くから脈打つ血脈の鼓動を聞くということになるのだろうか。

だが、それを何代で繋いだかと考えると、意外に少なく、現在までざっと七十代を超えるほどである。始皇帝から秦河勝までと、その河勝の末裔である能俊以前のところが定かにはわからないので、正確なことはいえない。しかし、一代が務める当主の平均維持年数が、三十年ほどとすると、ほぼそんなものだろう。したがって、長宗我部家の足跡を追うということは、七十代ほどの人間の歴史をながめるということになる。

秦の始皇帝から逃れるために「不老不死の仙薬を求めて渡航したい」と始皇帝に願い出て、日本に渡ってきたといわれる徐福《じょふく》の子孫が最近中国で見つかり、その人が七十二代であったことを考えると、時の流れとしては大体符合するといえよう。

一　秦一族としての誇り

子供の頃、わが家の系図の冒頭に、その遠祖として秦の始皇帝の名前が記されているのを見て、その名前の持つあまりの大きさ、あるいは重さからくる距離感に、「嘘だろう！」と思った。

だが、あるとき、わが先祖は血脈連綿というか、累々と哀しいまでに長宗我部家のルーツを伝え続けてきていることに気づいた。そのルーツを、わが一族は内に込めた誇りとし、明らかに生きる支えにしてきていたのである。

つまり地球の芯のように長宗我部家の中心には、常に秦一族が存在しているのだ。

そして、長宗我部家がまだ三千貫の土佐の小さな在地領主であったときも、四国を統一してその隆盛を誇ってからも、あるいは関ヶ原、その後に起こった大坂夏の陣ですべてを失い、挙句の果てには長宗我部という姓すら使えなくなった時代にも、秦一族としての矜持は失われることがなかった。長宗我部家は有為転変、波瀾万丈の家系であるが、その心の支えは常に秦一族だという誇りであったと思う。

不思議な感覚を持ったことがある。もともとわが家の系図をあまり気にかけていなかったこともあって、私は中国という国があまり好きではなかった。というよりも、むしろ毛嫌いしていた。だから、つい最近まで中国に行きたいとは思わなかったし、できれば行きたくなかった。

ところが、あるときどうしても北京ダックが食べたくなり、ある作家からひょいと「北京にいかないか」、と声がかかったのをきっかけに、中国に行くことになった。

さて、無事到着して彼の地に立ち「この地が長宗我部家の源流なのだ」と思った（とにかくそう思ってしまった）途端、不思議なことに温かい何ものかが地面から、いや地球の底辺りから何やらジワーッと体内に伝わってきて、意外や意外、そこが初めて踏む土地という感じがしなかったのである。源流といっても、二千年以上も前のことである。それなのに、秦の始皇帝とその一族が生きて活躍した中国が、瞬時にたわいもなく気に入ってしまったのである。

秦の始皇帝がわが先祖かどうか、つまり長宗我部家の先祖が「秦一族」であるというその根拠は、長宗我部家が代々伝えてきたこと、そして、江戸前期の儒学者で土佐出身の谷秦山《たにじんざん》が著した『土佐遺語』などにその由来が記されていることによる。私の家の系図にも、谷家に伝来されてきた古筆の「秦氏系図」について記されている。

秦の始皇帝

私は以前、日本古来の偉人、賢者諸家の系図を調べたことがあるが、その「氏」については、源氏、平氏、藤原氏、橘氏のいわゆる「源平藤橘《げんぺいとうきつ》」が多い。特に源氏、平氏は皇族が臣籍降下した際に天皇から賜姓《しせい》されたもので、「氏」についてそうした先祖を持つことを語る系図が主流である。

ところが、わが家系は初めから秦の始皇帝を祖として、渡来人の家系であることを公然の事実とし、また誇りともしていたのである。

ただ、長宗我部元親の時代に、長宗我部家の血脈に大きな変革があった。元親はその正室を清和源氏の流れから迎えて、秦一族である長宗我部家に源氏の血を入れたのである。元親には長宗我部家の将来について、強く思うところがあったのだろう。

話を戻すと、私の家の『長宗我部氏系図』の冒頭には「長宗我部元親公遠祖出秦始皇帝」とある。そして、その『長宗我部氏系図』を整理してみると秦の始皇帝から秦河勝までが、いわば第一期となっている。そしてその「秦河勝の末裔」から、新たな第二期が始まる。

本章では、第一期の秦の始皇帝から秦河勝までの流れをまず追ってみたい。

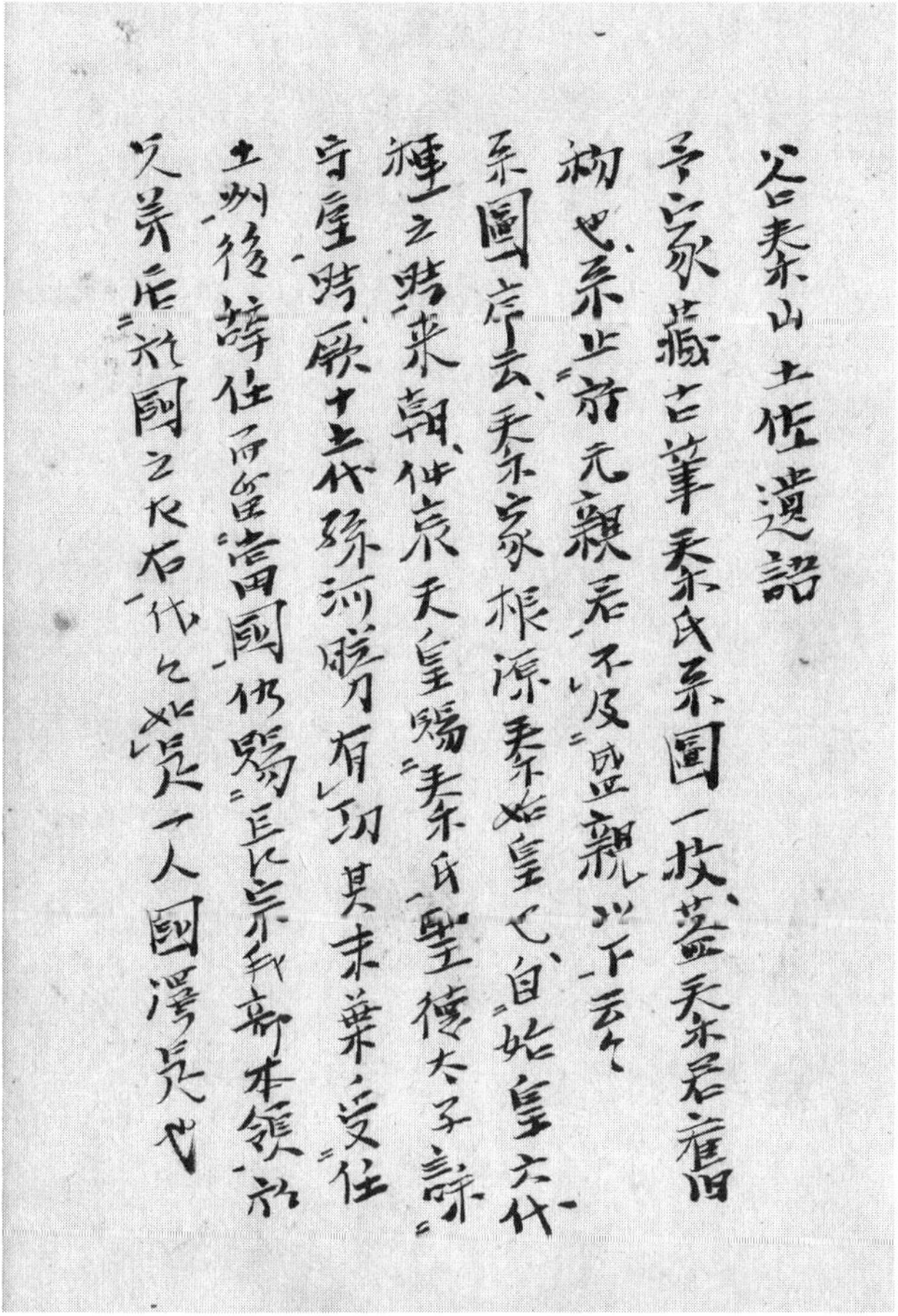

谷秦山　土佐遺語
予家藏古筆秦氏系圖一枚、蓋秦君舊物也、系止於元親君、不及盛親、以下云々
系圖序云、秦家根源秦始皇也、自始皇六代種之時来朝、仲哀天皇賜秦氏、聖德太子誅守屋時、厥十五代孫河勝有功、其末葉受任土州、後辭任而留當國、仍賜長宗我部本領於、又其居於國之左右、代々如是、一人國澤是也

谷秦山『土佐遺語』　長宗我部氏系図より

二　始皇帝とその子孫

秦始皇帝―孝武王―功満王―弓月王―普洞王―酒君―秦河勝

秦の始皇帝（在位紀元前二四六〜二一〇）は秦第三十一代の王で、戦国時代が続いた中国の統一を初めて成し遂げ、始皇帝と自らを称した。

統一王朝は紀元前二二一年に完成したが、始皇帝は、度量衡《どりょうこう》、文字、貨幣の統一を実施し、郡県制を採用して中央集権を確立した。また、焚書坑儒《ふんしょこうじゅ》による思想統一を図った。

秦の始皇帝は気性が激しく、周辺の人間はたとえ一族であっても身の危険を常に感じていたといわれる。そのため、始皇帝のいる大陸を脱出して、船で渡海したり、朝鮮半島経由で日本にやってきたりした始皇帝の一族もいたのだろう。長宗我部家の祖もその一人であったのではないだろうか。

系図をみると秦の始皇帝を源流として、その次に登場するのが孝武王《こうぶおう》である。ただし、その孝武王の添え書きには「五世或十世　世数未詳」と、但し書きが残されている。ということは、始皇帝と孝武王の間に世数は定かではないが、五〜十人の人物が存在するということだろう。

そして、孝武王の後に書かれているのが功満王となる。この功満王が朝鮮半島を経由して日本に渡来した。長宗我部の系図では、「仲哀帝八年帰化」と記され、功満王が仲哀帝の時代に日本に帰化した、としている。仲哀帝（足仲彦天皇＝タラシナカツヒコノスメラミコト）とは第十四代の天皇で、日本武尊《ヤマトタケルノミコト》の第二子である。

平安時代に編纂された『日本三代実録』（戎光祥出版『読み下し　日本三代実録』による）の光孝天皇の仁和三年（八八七年）七月十七日の条には、春風が語った言葉として「先祖は秦の始皇十一世《しくわうじふいっせい》の孫功満王《まごこうまんわう》より出《い》でしなり」とある。

また、『日本書紀』では、秦氏の帰化は弓月王《ゆづきおう》の時代としている。そして、系図には、弓月王の項目にも「應神帝十四年率㆓百二十餘縣民㆒歸化」との添え書きがある。応神《おうじん》天皇は四世紀後半か五世紀の初頭に在位したといわれる。父は仲哀天皇で母は神功皇后である。ということは、秦一族は功満王、弓月王の二代ともに、帰化を続けたということだろう。

この弓月王に続いて、系図には普洞王《ふどうおう》の名前が見受けられ、この普洞王のときに初めて天皇（仁徳天皇）から、「波陀《はだ》」の姓を授けられている。系図の普洞王の項目に「仁徳帝朝賜㆓姓波陀君㆒後稱秦」、との添え書きがされている。仁徳帝のときに「波陀」の姓を賜り、その後に「秦」と称するようになった、ということである。この「波陀」と表記する姓は、江戸時代の古い墓を探ると、いくつかの墓所で確認できる。つまり、長宗我部一族には仁徳朝にもらった波陀の名前を秦に変えずにそのまま大切に使ってきた人々もいたのである。

普洞王の後に出てくるのが酒君《さけぎみ》である。『日本書紀』に「秦」姓が現れるのは雄略天皇十五年の条、「秦酒公《はだのさけぎみ》（君）」である。普洞王の添え書きにあった「後に秦と称す」がこの酒君であったということだろうか。しかし、酒とはおかしな呼び名である。その酒という名のせいかこの「酒君」は、よくお酒の宣伝に使われている。

かつて酒君を祀る大酒《おおさけ》神社は、もともと秦河勝を祀っている広隆寺《こうりゅうじ》の中にともにあった。

『日本書紀』の雄略天皇十五年の条では秦酒君は、多くの秦の民を率いて、上質の絹などを租税として天皇に納めていたことが記されている。秦一族はこの時代に既に、養蚕《ようさん》に適した地域に、少しずつ分散して広く住むようになり、絹などの生産を始めていたようだ。

系図の添え書きには、「雄略帝朝賜㆓姓禹都萬佐㆒後稱㆓太秦㆒」とある。酒君は雄略帝の時代に最初に「禹都萬佐《うづまさ》」の姓をもらい、それを後に「太秦《うづまさ》」としたということである。とすると、「太秦」という姓をもらって、後に「秦」としたということだろうか。それとも、系図は地名としての「太秦」のことをいっているのだろうか。「禹都萬佐」、あるいは「禹豆麻佐」は、うずたかく庸《よう》、調《ちょう》の税を積んだ様のことだといわれるから、むしろこの系図の表記は居住していた地名にも重なる表記ととった方がよいように思われる。

三　秦河勝と聖徳太子

この酒君の次に系図に現れるのが、秦河勝である。秦河勝については「秦川勝」とも書くが、『長宗我部氏系図』で、基本的に使用されている「秦河勝」の表記を本書では使う。

秦の始皇帝というと、雲をつかむようで実体がない感じもするが、秦酒君、そして秦河勝までくると舞台が確実に日本で、かつ秦氏の名称、地名など具体的な記述が出てくることから何となく現実味が出てくる。その秦河勝の末裔が、後白河天皇と崇徳上皇の対立から起こった保元の乱のころに、土佐にやってきて長宗我部家を築いたのである。

秦河勝は、聖徳太子が活躍した時代の人物で、聖徳太子が定めたとされる冠位十二階、十七条の憲法制定など、古代国家の創設にも関わったといわれる。

秦氏に詳しい大和岩雄は『秦氏の研究』（大和書房）のなかで、秦河勝と聖徳太子の関係などに触れ、次のように書いている。

秦河勝は、山城国《やましろのくに》の葛野《かどの》・深草《ふかくさ》郡の秦氏の財力をバックにして、上宮王家の経済的支援をおこなった。そのことが、聖徳太子が蘇我馬子らのいいなりにならなかった理由の一つであろう。

隋使が「秦王国」を知ったのは、聖徳太子・秦河勝の活躍した推古朝だが、河勝のバックには山城の秦氏だけでなく、秦王国の秦氏らもいたであろう。豊前の初期の寺が法隆寺様式であるのも、法隆寺（聖徳太子）―秦河勝―秦王国という結びつきを示している。

上宮王家《じょうぐうおうけ》とは聖徳太子ら一族の王家のことで、「秦王国」とは中国の書『隋書』に登場し、渡来人の秦氏らを中心とする勢力圏である。この秦王国は、山城国が本拠地であったとみられるが、信濃、近江、摂津、播磨、越前、豊後、若狭などの各地にも、次々と広がっていった。

四　太秦、広隆寺、イスタンブール

秦河勝について、『日本書紀』の推古天皇十一年十一月の条に次の記述がある。

「我《われ》、尊《たふと》き佛像《ほとけのみかたち》有《も》てり。誰《たれ》か是《こ》の像《みかた》を得《え》て恭拜《ゐやびまつ》らむ」とのたまふ。時に、秦造《はだのみやつこ》河勝《かはかつ》進《す》みて曰はく、「臣《やつかれ》、拜《をが》みまつらむ」といふ。便《すで》に佛像を受《う》く。因《よ》りて蜂岡寺《はちのをかでら》を造る。

（日本古典文学大系『日本書紀』＝岩波書店）

秦河勝夫妻の像（広隆寺蔵）

内容は次のようなことである。

皇太子は、諸大夫に、「自分は尊い仏像を持っているが、誰かこの仏像を礼拝するものはないか」といわれた。その時、秦造河勝が進み出て、「私が礼拝いたしましょう」と答え、仏像をもらい受けて、蜂岡寺《はちおかでら》を造った。

この『日本書紀』の話は、聖徳太子が仏教の興隆を施策としていたことから、秦河勝がそれに協力していたことを示すものである。聖徳太子は推古天皇の皇太子で、摂政をしていた。秦河勝が、このときに聖徳太子から授かったのは、現在国宝となっている弥勒菩薩半跏思惟像《みろくぼさつはんかしいぞう》といわれている。

蜂岡寺とは、現在の京都市太秦にある

広隆寺（太秦寺）のことである。秦河勝が広隆寺を建造したということは、秦酒君以降秦一族が勢力を伸ばし、秦河勝の時代には相当な財力を蓄えていたということだろう。

また、後の藤原氏も秦一族を外戚としつつ、勢力を伸ばしていく。このことは藤原一族がかかわった長岡京や平安京の造営は、造営技術を持っていた秦氏とのつながりがなければ果たせない大事業であったことから推察される。

広隆寺には秦河勝夫婦の像が安置されている。河勝は、目が鋭くりりしい姿で威厳があり、夫人は頬が豊かで美人顔である。ただ、夫人の像がきれいにそのままの姿で残っているのに対して、河勝本人の像は、肩のあたりから手の部分などが傷んでいて、まるで削ぎ落とされたかのように見えて痛々しい。後の時代に、秦河勝の権威を落とすために人為的になされたことではないか。そして、想像するにそれは藤原一族の仕業であったのかもしれない。

広隆寺のすぐそばに、「蚕《かいこ》ノ社《やしろ》」と呼ばれる場所がある。これは木嶋《このしま》神社のことで、織物職人や繊維を扱う商人らが崇拝しているが、ここに日本でも珍しい明神鳥居を三つ組み合わせた格好の三柱鳥居《みはしらとりい》がある。それも小さな池の中心で水の中に建てられている。これが秦河勝の縁《ゆかり》の鳥居といわれる。

ところで、この三柱鳥居の上辺にできる三角形を二つ重ねると、ダビデの星になる。そうしたことなどから、コンスタンチノープル（イスタンブール）から追われ、シルク

弥勒菩薩半跏思惟像（広隆寺蔵）

ロードを渡って長安にやってきたキリスト教のネストリウス派による大秦景教《たいしんけいきょう》と、秦河勝かあるいはその一族が繋がっている可能性を秘めているとする説もある。

「蚕ノ社」の近くの住宅街の中に蛇塚という古墳があり、これが秦河勝の墓であるとの伝承がある。現在は映画村となっているが、こうしたことから太秦一帯がもともと秦一族が栄えた場所であったということは間違いないようである。

また、関ヶ原の戦いで長宗我部家が徳川家康に領地をすべて召し上げられて崩壊した際に、そのときの当主であった長宗我部盛親は、この太秦あたりに居を構えている。つまりこの太秦は一族の思いが込められた、特別な土地であったのだろう。

秦河勝は、聖徳太子が制定した十二階の冠位のなかで、二番目にある「小徳《しょうとく》」の位にあったといわれる。これが事実とすれば河勝は中央の有力豪族に匹敵する処遇をされていたことになる。広隆寺には大化五年（六四九年）制定の官位「大花上《だいけじょう》」が河勝に与えられた、との記述が残っている。

また、秦河勝は聖徳太子を助けて物部守屋《もののべのもりや》を討っている。

系図に次のような記述がある。

「聖徳太子誅㆓守屋㆒時、厥十五代孫河勝有㆑功」

（聖徳太子が守屋を誅したときに、その十五代孫の河勝に功があった）

用明天皇が崩御し、皇位継承問題が起こった頃、秦河勝は厩戸皇子を護って、軍を率い、蘇我馬子《そがのうまこ》等と対立していた排仏派の物部守屋の討伐に参加する。その戦いは一時守屋側が優勢となるが、河勝は厩戸の指示を受けて、四天王像を刻んだ矢を守屋めがけて射る。その矢が守屋の胸に当たる。そして河勝が駆けつけて守屋の首を斬ったという。

これは、平安時代初期に書かれた『上宮聖徳太子傳補闕記《じょうぐうしょうとくたいしでんほけつき》』（大日本仏教全書＝大宝輪閣）に入っている逸話である。

ところで、能楽の祖である世阿弥が書いた能楽論の『風姿花伝《ふうしかでん》』にある「第四神儀《しんぎ》（に）云《い》（はく）」の項目に秦河勝の生誕についての面白い記述がある。

日本國に於いては、欽明《きんめい》天皇の御宇《ぎよう》に、大和國泊瀬《はつせ》の河に洪水の折節、河上より、一の壺流れ下る。三輪《みわ》の杉の鳥居のほとりにて、雲客《かく》此壺を取る。中にみどり子あり。かたち柔和《にうわ》にして、玉の如《ごと》し。是降人《これふりびと》なるが故に、内裏に奏聞《そうもん》す。其《その》夜、御門《みかど》の御夢《おんゆめ》に、みどり子の云（はく）、「我はこれ、大國秦始皇《たいこくしんのしくわう》の再誕《さいたん》なり。日域《じちいき》に機縁《きゑん》ありて、今現在す」と云（ふ）。御門《みかど》奇特《どく》に思し召し、殿上に召さる。成人に従ひて、才智人に〔越（え）〕、年十五にて、大臣の位に上《のぼ》り、秦の姓《しやう》を下さるゝ。秦《しん》といふ文字、秦《はだ》なるが故に、秦河勝《はだのかうかつ》是也。

（日本古典文学大系『歌論集 能樂論集』＝岩波書店）

欽明天皇の御代に大和の国に洪水があった。そのときに壺が一つ河上から流れてきてその中から玉のような子供が出てきた。その夜の帝の夢の中にその子供が現れて「自分は秦の始皇帝の再来である」と述べたので、帝はその子を大切にして育てた。その子は才智に長けていた。秦河勝がその人である、という内容である。

世阿弥は室町時代の能役者であり、能の作者でもあった。観世流の祖、観阿弥の子で『風姿花伝』のほか『花鏡』など多くの能楽論を書いている。『風姿花伝』には「従五位下左衛門大夫　秦元清」と著者名を記していて、秦氏を称している。このため河勝は芸能の祖ともいわれる。

また、先の大和岩雄の『秦氏の研究』では次のように述べられている。

四天王寺の楽人や猿楽の徒が、秦河勝を祖とするのは、聖徳太子によって伎楽が太子ゆかりの橘寺・四天王寺・太秦（広隆）寺に伝わったから、太子―河勝の関係から、河勝を祖としたのだろう（太子信仰の一つの中心地は四天王寺である）。

秦河勝は、養蚕などで財をなす一方で、葛野《かどの》大堰《おおぜき》などの灌漑《かんがい》や都の造営など土木事業の知識も持ち、さらに守屋討伐でもみられるように聖徳太子の側近として政治的、軍事的ブレーンのような役割も果たしていた。つまり、大和政権を支えていたのである。また、河勝は、その末流に世阿弥のような文化芸能に長けた人物も輩出するという、奥行きの広い多彩な人物であったといえよう。

河勝のこうした大きな力の背景には、日本の古代で、秦氏が、蘇我氏、物部氏、藤原氏などの氏族よりも、より多くの人口を擁していたことがあった。

いずれにしても、この秦河勝は土佐の長宗我部家の先祖であり、秦氏の精神的な支えになっている重要な人物の一人である。

ここで本書で度々引用する文献資料について述べておきたい。

秦の始皇帝から日本に渡来してきた孝武王、功満王、弓月王、普洞王、酒君、そして、秦河勝あたりまでについては、系図には登場するものの、その実像がよくわからない。したがって、その姿を追うために『日本書紀』『日本三代実録』など現在残されている数少ない資料を手がかりに、その姿を追ってきた。

それ以降の長宗我部家についても、これまたその歴史を正確に伝えるべき資料は多くない。なぜなら、天下分け目の関ヶ原の戦いが徳川家康の勝利となって以降、長宗我部家が歴史上の敗者の家系となったからである。本書で引用している『元親記』、『土佐物語』などはいずれも江戸時代に入って、長宗我部家にとっていわば進駐軍ともいえる山内政権下で書かれたものだ。

長宗我部元親の生涯を描いている『元親記』は、元親に仕えていた高島孫右衛門の筆とされる。しかし、この孫右衛門は長宗我部家が改易された後、山内家に六十石、無役で召し出されていた。とすれば、当然山内家の目を気にしていたはずである。ちなみに『元親記』が書かれた寛永八年（一六三一年）は、元親の三十三回忌に当たる。今回本書で引用している『元親記』は高知県立図書館所蔵の森家本を基としているが、17頁の部分は原本（復刻版）から引用、それ以外の部分は、現代語訳となっている泉淳の『元親記』（勉誠社）から引用した。また、『土佐物語』は長宗我部家、特に元親の興亡を中心に描いた軍記ものであるが、もちろん山内治世下での執筆である。作者は吉田孝世で、江戸時代中期の宝永五年（一七〇八年）に書かれた。『土佐物語』については、国立公文書館所蔵のものを基に、吉田孝世の子孫といわれる川野喜代恵が解読したものを基本的に使わせていただいた。また、岩原信守校注の『土佐物語』（明石書店）も解釈の補完など参考にさせていただいた。

そして、本書の軸として使用している『長宗我部氏系図』は、元親公贈位のために宮内省（当時）に求められ、私の家に残されていた資料などを基に昭和三年（一九二八年）に歴史家の寺石正路が編成したものである。

この作業の際に、十二代與《よ》助重親《すけしげちか》（弥九郎《やくろう》）、十五代親《ちかし》（秦霊華、林馬）らが集め、整理したものが手元に残されていたが、それらも最大限使った。これに長宗我部家に関係する家系に残されている資料を加えた。資料不足のところはその人物の思いや出来事の背景などを推し量りながら、その空白を埋めた。『長宗我部氏系図』に登場する人物を、縦糸としてつぶさに一人ひとりを可能な限り追っていった。

個別には荒削りの人物像であったとしても、代々繋がることによって時代の流れが浮き上がってくるし、そうすることで時代を生きた人物の思いやその周辺の動きも探りやすいと思ったからである。

その他、異説とされるエピソード、系図には登場しないが、長宗我部家と血の繋がりがある、あるいはその可能性のある縁《ゆかり》の人々もこの際可能な限り採り上げてみることにした。その存在すら表の歴史では消されてしまっている人もいたからである。

長宗我部家については、敗者の歴史であるが故に諸説が多い。それらをすべて紹介することは難しく、筆者がかなり大胆な仮定をしている部分もある。ともあれ、異説の多い長宗我部家の歴史であるが、その一断面をみるものとして本書をお読みいただきたい。

第一章　土佐　秦一族から長宗我部家へ

　聖徳太子の側近として、政治、軍事の両面でブレーンとなって活躍していた秦河勝《はたのかわかつ》は、物部守屋《もののべのもりや》を討った功で信濃国を与えられ、その末裔が信濃に移り住んだ。

　秦河勝亡き後も秦一族は、藤原氏を助けて平安京遷都などでも財政、技術面などの協力をするが、政治の表舞台からは次第に遠ざかっていったようだ。

　そして、後白河天皇と崇徳上皇が皇位継承をめぐって対立した保元の乱（一一五六年）のときに、信濃にいた秦能俊《はたのよしとし》は崇徳上皇側につき、敗北を喫した。このため、能俊は海を渡って、都から遠く離れた土佐に移り住むこととなる。時代は、朝廷を中心とした貴族支配下の王朝文化が花開いた平安時代を過ぎ、武家による戦国の世が幕を開け始めた頃のことである。

　そして、秦能俊とその一族は、かつて古代国家の形成に、聖徳太子の側近として活躍した秦一族の復活を夢みつつ、この土佐の地で新たな基盤を築いていく決意を固めたことだろう。土佐に移り住んだ能俊の末裔たちは、武家としての力をつけつつも、都で得た縁《えにし》から藤原氏や足利氏、そして一條氏ら中央政権の有力氏族らとの関係を大切にして、交流を続ける。

だが、そうした行為は一方で、本山氏、吉良氏ら、土佐の地場勢力の反発をかう結果となる。中央政権との関係を保ち、領地を広げようとする長宗我部は、彼らにとっては鼻持ちならない存在となっていく。

一　信濃から土佐へ

谷秦山《たにじんざん》による古筆の秦氏系図の次に現れる『長宗我部氏系図』の初代は、秦能俊である。

この能俊の先祖は、信濃の更級《さらしな》郡に山城国から移り住んだ秦河勝の末裔である。大正三年（一九一四年）に長野県更級郡役所で編纂された『更級郡誌』に次のような記述がある。

更級郡に移住したる秦氏は部族繁盛にして常に山城紀伊郡に在りし秦氏近江愛智郡の秦氏等と交通せしと見え山城紀伊郡深草里なる秦氏が元明天皇の和銅四年深草

山三箇峯を黠じて稲荷山と改め其氏神なる稲荷を祭るに及び更級郡の秦氏も之に倣ひ桑原里に稲荷山を設けて稲荷を祭り號して治田《はた》神社（地名は二字とし好字を用うるの詔に從ひ秦を二字とす）と稱せしもの丶如く治田神社延喜式に列せり

秦氏は實に前記の如き次第にて本郡に移住し桑園を開き養蠶織絹の業を擴張したるものにて桑原の稱は桑園多きよりの名なり我信濃の蠶業は北信に在りては更級郡の桑原實に創始の地なりと推考せらる

信濃の更級郡に移住した秦氏が桑園を開いて、養蚕業を拡張し繁栄して、元明《げんめい》天皇の和銅四年（七一一年）に稲荷山を設けて、稲荷を祀ったことが書かれている。さらに同書の記述をみてみよう。

桑原の秦氏尚勢力ありし證は秦能俊と云ふ者保元の亂に崇德院判官代村上爲國（本郡村上の人）鳥羽院北面平正弘、其子家弘（本郡布施の領主）等と共に上皇の軍に屬し戰敗る丶に及び爲國、家弘戰死しかば能俊は走りて土佐長岡郡曾我部に隱れたり。是を長曾我部氏の祖なりとす。

秦能俊の時代となり、保元の乱のときに能俊は崇徳上皇側についた。この上皇軍は敗れ、そのため能俊は土佐の「長岡郡曾我部」に隠れた。これが長曾我部氏（長宗我部氏）

の祖となった、という内容である。

信濃国の更級郡に移住した秦氏は、桑畑を拓いて養蚕業を盛んにし、信濃で勢力を広げていった。だが、保元の乱で崇徳上皇側についた秦能俊は圧倒的勢力であった後白河天皇軍に負けた。そして、敗走し、その行き着いた地が土佐であった。秦一族が土佐に身を隠すことになったのは、こうしたいきさつによる。

京の都から土佐までは、直線距離で六十六里ほど（約二百六十キロメートル）である。だが、陸路をたどる場合、土佐からの山越えは四国を二分するように中央にそそり立つ山々を越えて行かなければならない。といって海路を選択すると、荒っぽい太平洋を渡ることとなる。嵐でも来れば、小舟ではひとたまりもない。海岸線には海賊が出没する。

土佐山内家宝物資料館には、十三代山内豊凞《とよてる》公のお側医による参勤交代時の帰路の記録が残っている。京都伏見から土佐までの行列の様子を見ると、ルートは京都伏見から姫路に行き、丸亀に船で渡って川之江経由で土佐に帰るというもので、途中雨に降られるという天候不順もあったせいか十五日間、半月ほどかかっている。弘化二年（一八四五年）のことである。

そうした孤島のようなところなので、土佐は配流の制度が定められて以来、伊豆大島、佐渡、隠岐島などとともに政治犯や重罪人らの遠流《おんる》の地とされていた。醍醐天皇の命で編纂が始められ、康保四年（九六七年）に施行された律令法である『延喜式』にも土佐は「遠流の地」として明記されている。そのような土地をなぜ能俊が選んだのか、ということについての記録はない。思うに、能俊が従った崇徳上皇が讃岐に配流されるなど、保元の乱で対立した後白河天皇方の追尾の姿勢が厳しかったため、都から離れた辺境の地に住むことを自ら決したのではないだろうか。

しかし、能俊が選んだこの土佐は、華やかな都からみれば確かに孤島のようなところかもしれないが、一方で南国の太陽が降り注ぎ、食糧問題がない豊かな土地でもある。畑に種をまけば野菜は自然に育ち、海に糸を垂れればみごとな魚が釣れる。さらに米は年に二回も実る。秦能俊はこの南国土佐にしっかりと腰をおろして、再起を期したはずである。

『更級郡誌』にある「長岡郡曾我部」は「長岡郡宗我部郷」のことだろう。『土佐物語』には、「宗我部《そかめ》村岡豊《をこう》山」（宗我部村の岡豊山）として登場する。「宗部郷」との説もあり、同じ場所を指していると思われる。東京大学史料編纂所に所蔵されている『倭名《わみよう》抄郡郷捷覧《しようぐんごうしようらん》』では、「宗賀部郡」の文字が土佐の地名として記されている。また、江戸時代に香西成資《こうざいしげすけ》が編纂した『南海通記』には土佐長岡郡九郷の中に「宗部」とあり「ソカヘ」とカナを振ってある。

長岡郡の宗我部郷は、現在の高知県南国市《なんこくし》岡豊町《おこうちよう》の周辺である。長岡郡にはかつては国府があり、当時の土佐の首都として位置づけられていたところだ。紀貫之もその国府に赴任して、その帰途に日本の代表的な日記文学である『土佐日記』（平安時代中期の九三五年ごろに成立）を残している。また、その地は物部《ものべ》川《がわ》、国分《こくぶ》川《がわ》下流の香長《かちょう》平野と呼ばれ、土佐で数少ない穀倉地帯のひとつでもあった。

さて、秦河勝から能俊までの間は、六百年ほどあるが、その間の人脈はいったいどうなっていたのか。そして何代ぐらいあったのか。それらについて少しみてみたい。

土佐出身の幕末の学者である竹内重意が整理した『土佐諸家系図　一』の中の「嬴姓《えいせい》系図」（東京大学史料編纂所所蔵）にそのあたりの具体的記述がある。この系図は嘉永二年（一八四九年）から元治元年（一八六四年）にかけて編纂されている。嬴姓とは秦国の姓のことである。系図の秦能俊の添え書きに「信州」と記されていて、さらに長宗我部の紋である酢漿草《かたばみ》の略式紋、さらに帆懸舟《ほかけぶね》と慈姑《くわい》がそこには描かれている。内容は次のようになっている。

広隆（川勝大臣）―二代 広国―三代 勝俊―四代 克国―五代 俊治―六代 俊仲―七代 俊能―八代 俊雅―九代 春義―十代 行永―
十一代 永利―十二代 恒遠―十三代 恒任―十四代 義遠―十五代 春俊―十六代 邦利―十七代 重信―十八代 重昌―十九代 秋友―二十代 明友―能俊

この系図では、河勝（川勝と同じ）を初代として、秦能俊は二十一代目となる。『更級郡誌』では、秦能俊を秦河勝から二十五世としているが、能俊にいたる個々の名前は書かれていない。したがって具体的に記述が残っている『土佐諸家系図　一』の方をここでは採りたい。また、秦河勝から能俊までの歴代当主については、当家の『長宗我部氏系図』にも記載がなく、「初代　秦能俊」の添え書きとして、「秦河勝末裔」とあるのみである。この嬴姓系図から河勝の正式名が「秦河勝広隆」であったことがわかる。つまり、河勝の名は「広隆寺」の名称ともなっている。

『元親記』には、秦河勝の「その子孫が当国土佐の国司となり、江村郷、廿枝《はたえだ》郷、野田、大埇《おおそね》、吉原、合計三千貫を長宗我部領とすべき綸旨《りんじ》（みことのり）を受けて、御盃《さかずき》を賜わった」とある。この子孫というのが能俊である。一貫は二石程度である。

したがって、能俊は土佐に来た初めは「国司」として、綸旨を受けた可能性がある。しかし、それが事実であったかどうかはわからない。所領は六千石ばかりであったとみられる。

国司とは奈良、平安時代に地方の職務を掌握した地方官であるが、仮にこの『元親記』の記述が事実であったとしても、国司の力は時代とともに次第に衰えていって、武家が覇権を争った戦国時代には、鎌倉、室町幕府が軍事、行政官として各地に置いた守護や守護代に圧迫されて実権がなくなっている。長宗我部家は、能俊の時代はさておき、鎌倉、室町時代にかけての土佐での位置づけは地頭的立場であったとみられる。

地頭とは、「現地」の意味で、荘園や公領の現地を支配した職である。長宗我部は守護、守護代のもとで、その荘園の経営管理を任せられていたようだ。

ところで、『元親記』などによると、秦能俊が天皇からいただいた盃に酢漿草《かたばみ》という草の葉がひとつ浮かんでいて、秦能俊はそれを飲み干した。以降その酢漿草を長宗我部家の紋章としたとの言い伝えがあり、「七酢漿草《ななつかたばみ》」がその代表的な家紋となった。正式紋は中央に三葉の酢漿草が置かれ、その周りに六つの酢漿草を配している。略式紋は中央の三葉の酢漿草のみである。七酢漿草は軍旗にも使われ、戦場でも土佐兵のいるところにはことごとくこの七酢漿草が翻っていた。秦能俊がいつの時代の天皇から綸旨を受けたかについての記述はない。だが、その時代の背景などから推測するに、崇徳天皇ではないかと思われる。

長宗我部家が使用していた家紋としては、酢漿草のほかに「帆懸舟《ほかけぶね》」、「慈姑《くわい》」がある。この帆懸舟、慈姑については、『土佐諸家系図 二』に収められている「嬴姓系図」の中にそれを使用していたことが書かれていて、確認できる。「帆懸舟」は秦氏が大陸から半島を経て渡来してきたこと、そして土佐が太平洋に面していて水軍としての備えを強くしていたことから由来したのだろう。七酢漿草には気品があるが、帆懸舟の家紋も波頭が立ち勇壮な舟に描かれていて、私は気に入っている。

また、慈姑の紋は、素朴でいかにも地方のいわゆる田舎大名のイメージが強いが、よくよくみるとなかなか味がある。きらびやかな豊臣秀吉の桐の紋と並ぶと、なお一層その感がある。

慈姑の字は、地下茎の先に慈姑の芋がついた状態が慈悲深い姑が子供に乳を与えている姿に似ていることから、との説がある。また、芽が必ずしっかりと出ることから縁起物であり、お節料理にも登場する。慈姑は、平安初期に中国から伝来したといわれ、秦一族が信濃から土佐に持ち込んだのかもしれない。慈姑には、三枚の花びらの小さな白い花が咲く。子供の頃、慈姑の葉をカマで次々と切り落として遊び、ひどく叱られた記憶がある。だが、私が切り落とした現代の慈姑は、葉の形がこの家紋とはかなり違っている。家紋として描いた植物は慈姑に似ているが、ひょっとすると違うものかもしれない。

現在は、長宗我部といえば、七酢漿草が代表的となり、「帆懸舟」、「慈姑」の紋はほとんど見られなくなっている。左頁の「帆懸舟」と「慈姑」は古い手書きの紋から復元したものである。

二　長宗我部と香宗我部

土佐の地名として、長岡郡に宗（曾）我部、そして香美《かみ》郡にも宗（曾）我部と二つの同じ名称の流れがあるが、これを区別するために、長岡郡の姓を長宗（曾）我部とし、

七酢漿草

酢漿草

帆懸舟

慈姑

長宗我部家の家紋

香美郡の姓を香宗（曾）我部とした。

香宗我部は、甲斐の武田氏の一族といわれる中原秋通の後見役であった中原秋家が、土佐国の香美郡の宗我部と深淵《ふかぶち》の両郷の地頭職《しき》をもらい受けたことから発するといわれる。このことは香宗我部家に伝わっていた『香宗我部家傳證文』（遊就館所蔵）に記されている。建久四年（一一九三年）六月九日の文書にあり、長宗我部とはまったく出自が異なる。

したがって、この頃の香宗我部は長宗我部とは関係がなく、むしろ敵対していた。その後、長宗我部が勢力を土佐で広げていくなかで、国親、元親の時代に香宗我部は統合されていった。

長宗我部、香宗我部の姓のことが、『土佐物語』に記されているので引用する。

川勝二十五世の孫秦の能俊、土佐国長岡郡にて三千貫を領し、宗我部《そかめ》村岡豊《をこう》山に城を築きて入城して、氏を宗我部と改む。然るに同国香美郡にも、宗我部という所ありて、領主をも宗我部某と号しければ、其疑有とて、長岡郡にあるを長宗我部と称し、香美郡にあるを香宗我部《かうそかめ》とぞ申しける。

河勝の二十五世の孫である秦能俊は、長岡郡で三千貫を領して岡豊山に城を築いて、宗我部と称していた。しかし、その近くの香美郡にも宗我部という場所があって、宗我部と称する人物がいたので、紛らわしく、長岡郡にいる人を長宗我部とし、香美郡にいる人を香宗我部と称するようにした、という内容である。

長宗我部の姓は、秦氏が土佐に入ってつけたものである。土佐入国の当初は、あくまでも秦氏を正式な呼称としていて、系図上では能俊の所は「秦能俊」と記されている。『土佐国蠹簡《とかん》集』も、元親のことを書く場合、秦氏を使って「秦元親」としている。ただ、秦氏が土佐に入ってから当分の間は、追手を避ける意味からも、「秦」は公式の氏として奥座敷にしまい込む。つまり、既に能俊の頃から姓としての長宗我部を通常は表に出していたようである。

また、土佐の名門として知られる国澤（沢）氏の先祖は能俊の弟であり、その末裔が現在の高知市の中心街のあたりに国沢城を築き本山氏と友好関係を結ぶが、やがて長宗我部に降る。このように土佐に移住した能俊は庶流を生み、合従連衡《がっしょうれんこう》しつつ勢力を拡大していく。この国澤氏についても『土佐諸家系図　一』にその流れが記載されている。

三　長宗我部姓について

長宗我部の読みがどうであるか、つまり「ちょうそがべ」なのか「ちょうそかべ」なのかについて議論があるので、そのあたりを述べてみたい。

土佐という地域は一風変わっている。四国の中でもやはり異色であり、ほかの三県とは人々の性格がかなり違う。マグロなどの遠洋漁に出るせいか性格が荒っぽいし、理屈っぽい。

そんな土佐人のことである。「長宗我部」の読み、ただそれだけのことで、酒が入ると侃々諤々《かんかんがくがく》。マスコミにも採り上げられて、この読み方については地元で一時ちょっとした話題になった。

秦能俊が信濃から移り住んだ頃は長岡郡の「宗我部」郷は、当初は「そかべ」と発音されていたかもしれない。だが、土佐ではそれがだんだん濁るようになって、「そがべ」が一般的になってきたとみるべきだろう。だから、長宗我部と香宗我部が区別された頃には、「ちょうそがべ」と「こうそがべ」という呼び方になっていたと思われる。

私の祖父の親《ちかし》も「ちょうそがべ」といっていた。それで両親もその読み方をとっている。

風変わりな話ではあるが、「長宗我部」の読みについて次のような説がある。これがどこから来たのか正確にはわからない。

すなわち、長宗我部を「チャンスカメ」と読んだという説である。幕末の頃の土佐の国学者であった楠目《くずめ》成徳が『手抄《しゆしよう》』という随筆に、「先国主長宗我部殿はチャンスカメと訓《よ》みける由、今は伝へ知る人もなかるべしと先考《せんこう》仰せられき」と書いている。この指摘は、郷土史に詳しい平尾道雄著の『長宗我部元親』（人物往来社）に出てくる。

他に、元親の家臣で、後に細川家に仕えた立石助兵衛正賀《まさよし》が元親の初陣からその死までを書いた『長元記』（『長元物語』ともいう。東京大学史料編纂所所蔵）の記述の中に、「長宗我部」の横に「チヤウソカメ」との仮名をつけている。また、武藤平道が文化八年（一八一一年）に『南路志《なんろし》』の附巻として編纂した『土佐国古文叢』に「長宗我部ヲ、チヤウスガメ、香宗我部ヲ、カウスガメナド云ヒシ事古文ニ見エタリ」とある。この『長元記』『土佐国古文叢』などの読み方に起因して「チャンスカメ」と一時にしても発音されていた可能性はある。

また表記の違い、「長宗我部」か「長曾我部」か、つまり「宗」か「曾」かについては、わが家の系図は「長宗我部」に統一されているが、残されている古文書では、長宗我部、長曾我部、いずれの表記も見られる。だが、現在の歴史書は、長宗我部に一本化されてきている。それは、やはり公式文書の多くが、「長宗我部」であるためだろう。

そして、昭和三年（一九二八年）に長宗我部元親が正三位に贈位された際に、当家に宮内省（当時）から渡された贈位記の表記では「長宗我部」となっている。宮内省は過去の記録の検証などから「長宗我部」としたのであろう。

四　土佐における基盤固め

『長宗我部氏系図』によると、初代能俊から十八代雄親《かつちか》までの流れは次のようになる。

秦河勝の末裔　秦能俊《よしとし》（初代）―俊宗《としむね》（二代）―忠俊《ただとし》（三代）―重氏《しげうじ》（四代）―氏幸《うじゆき》（五代）―満幸《みつゆき》（六代）―兼光《かねみつ》（七代）―重俊《しげとし》（八代）―重高《しげたか》（九代）―重宗《しげむね》（十代）―信能《のぶよし》（十一代）―兼能《かねよし》（十二代）―兼綱《かねつな》（十三代）―能重《よししげ》（十四代）―元親《もとちか》（十五代）―文兼《ふみかね》（十六代）―元門《もとかど》（十七代）―雄親《かつちか》（十八代）

秦河勝の末裔で、長宗我部の祖である能俊を継いだ二代俊宗《ししむね》についての記録はまずなく、藤原時代から源頼朝の鎌倉時代にかけても記録はほとんど残っていない。

しかし、土佐にやってきたとはいえ、秦一族である。長宗我部は可能な限り中央政権に近づき、そのパイプを維持することに努めている。

領地についても、長宗我部一族は天皇から綸旨《りんじ》によって受けた基盤を、廿枝《はたえだ》と廿枝郷の西の江村《えむら》を中心に徐々に広げていった。江村郷には岡豊山（現在の南国市岡豊町八幡）

があり、そこに早い時期に岡豊城を築いている。廿枝はその語源を「秦《はた》の枝《えだ》」とする説がある。

岡豊城については、江戸時代後期に編纂された土佐国の地誌である『南路志《なんろし》』（武藤致和《むねかず》編著・高知県文教協会）の闔国《こうこく》之部の「長岡郡西和田村」の項目に次の記述がある。

秦能俊初而岡豊ニ城を築て入城し氏を宗我部と改しより子孫正嫡廿一代元親ニ至て天正十六年大高坂に移り又同十九年浦戸城ニ移　中古城主　長宗我部兵部亟《ママ》（信濃守）文兼其子雄親其弟元門其子将監兼序其子信濃守国親其子土佐守元親也

秦能俊が初めて岡豊に城を築いて入り、氏を「宗我部」として改めて以降、その子孫正嫡は二十一代元親に至って天正十六年大高坂《おおたかさか》に移り、また同十九年浦戸城に移る。中古城主長宗我部兵部丞文兼、その子雄親、その弟元門、その子将監兼序、その子信濃守国親、その子土佐守元親なり、との内容である。

岡豊城は、能俊の頃に既に初期の姿があったものと思われる。その後南北朝時代に一部が補強され、戦国時代に城郭としての規模が完成したのだろう。岡豊城は、二十一代の元親が、浦戸城に移るまで長宗我部代々の重要な拠点となった。

また、岡豊の地名については、もともと、ここに城を築いたので、長岡の府ということで「岡府」としていたが、山の西に豊岡上天神社《とよおかかみてん》があったので、その「豊」の字をもらって、「岡豊」としたと、これも『土佐物語』にある。

この岡豊と申すは、往古の名にあらず。此城を築きて、長岡の府なれば岡府といへり。然るに府の字を、豊饒の豊に書代へたるは、此山の西の尾に、豊岡上天神社《かみあめのみ》御座す故に、豊の字を申請けて、米穀豊饒万民快楽を祝せられたり。

二代俊宗から、六代満幸までは特記すべき記録がない。

長宗我部家七代当主となった兼光には子供が五人いて、その一人が長宗我部家を継いで八代長宗我部重俊となり、そのほかは広井、中島、蒲原、大黒のそれぞれの氏の祖となった。つまり、惣領家の長宗我部のほかに、分家を次々と作っていったことがわかる。

ただ、この五人は「弟である」という異説もある。

五　足利尊氏に近づいた十一代信能

八代重俊、九代重高、十代重宗を経て、十一代信能《のぶよし》となる。

長宗我部家は惣領制のもと、その勢力をさらに広げていった。
『元親記』にも次の記述がある。

第十一代の信能の時に、足利尊氏将軍に召されて、まっ先にその味方となり、一方ならぬ恩賞にあずかった。それ以来、代々武勇の家系となったのである。

信能の時代にはいり、長宗我部家は、やがて鎌倉幕府を滅ぼして室町幕府の初代将軍となる足利尊氏に接近した。信能が恩賞を受けたその頃尊氏はまだ三十歳前で、次第に頭角を現していた頃だろう。その尊氏が土佐の岡豊城主の信能に宛てた書簡が残っている。
『土佐国蠹《と》簡《かん》集』に収められているその文書の内容は、次のとおりである。

土佐国介良庄事為走湯山密厳院領之処。甲乙人致濫妨狼藉条子甲斐孫四郎入道。相共相鎮狼藉沙汰居代官可令所務且。載起請之詞可注進違犯仁交名之状如件。

元弘三年六月四日

源朝臣（花押）
長宗我部新左衛門殿

土佐国長岡郡の介良《けら》庄に起こった在地土豪の乱暴狼藉を、香宗我部城主の二男である甲斐孫四郎（香宗我部秀頼）とともに鎮めるよう、命じている。この頃は地方で自前の武装をした新興の勢力である土豪らが力を持ってきた。そして、いかにこれをうまく治めていくかが、長宗我部の力の見せどころでもあった。

元弘三年は西暦の一三三三年である。この『土佐国蠹簡集』の中に、「源朝臣《みなもとのあそん》とは足利尊氏で、新左衛門とは岡豊城主の秦信能である」との内容の文書が収められている。

また、信能とその子である十二代兼能《かねよし》は同族の広井氏とともに、足利尊氏の配下で土佐の守護であった細川氏に属して、岡豊城の東北にある長岡郡八幡山東坂本でも戦っている。その功績が認められて、信能親子には現在の南国市あたりとなる大埇《おおそね》郷と吉原の地頭職等が与えられた。

このように土佐の長宗我部氏は、鎌倉から室町時代に入っても一貫して足利氏の配下であった細川氏の下で勢力を伸ばしていく。別の見方をすれば、土佐で力を得てきた長宗我部家は粘り強い努力により、この頃には再び中央政界からも、その存在を認められるようになっていたということだろう。

六　十二代兼能、吸江庵の寺奉行となる

現在の五台山あたりにあった吸江庵《ぎゅうこうあん》の寺奉行に、長宗我部家十二代当主の兼能《かねよし》がついている。兼能が吸江庵の寺奉行になった時期は南北朝時代で、北朝の康永二年（一三四三年）頃とされるが異説もある。吸江庵は文保二年（一三一八年）頃に夢窓疎《むそうそ》石《せき》が浦戸湾の東岸、五台山の南麓に創建し、足利氏の保護を受けていた寺である。

寺奉行となった兼能は、その大改築などを行っている。足利氏と関係の深い寺の寺奉行につくということは、その権力を背景にできるということでもある。寺奉行の職務は、境界争いなどが起こった場合の仲介裁定、寺院造営の監督などである。

江戸時代後期に中山厳水《なかやまいずみ》が編纂した土佐の歴史書である『土佐国編年紀事略』の記述によると、兼能の後を継いだ十三代当主の兼綱は、吸江庵とともに仁翁庵（観音寺）の寺奉行にもついている。しかし、その一方で兼綱は長宗我部がそれまでにもらっていた朝倉領と深淵（高知市）半郷を削られている。その理由は定かではない。

『土佐国編年紀事略』の記述は次のとおりである。

長宗我部兼綱朝倉領家深淵半郷ヲ削ラル観音寺ヲ改テ禅宗トシ兼綱寺奉行トナル

又始テ仁翁庵ヲ造建ス

十四代当主になった能重は、さらに吉原庄全域を支配下に置くことになった。修善寺の警固も与えられ、隠渓寺を開基した。このように十四代の能重は実力による在地支配を進めて支配地を増やしていった。

七　一條家との関係

十五代の元親は、長宗我部家の中興の祖といわれる二十一代の元親と同名だが、別人である。時代的には南北朝が統一された後の応永年間（一三九〇年代）の頃の人物とみられる。この十五代元親は、中央政権とのパイプ作りに熱心で、京の都に一條経嗣《つねつぐ》の館を訪ねている。そのあたりのことが『土佐物語』の記述にある。

元親素《もと》より田舎に住て、万無骨なりければ、経嗣公倫に御家人に仰せて、起居《たちゐ》・詞つかひ・衣食等の法式を指南せさせられ、厚く扶助し給ひける。

元親は土佐の田舎に住んでいたためすべてについて無骨であった。したがって、経嗣公は密かに御家人に命じて、元親に言葉遣いや衣食などの作法を指導させるなど手厚くもてなしをした、という内容である。

元親は経嗣の屋敷を訪ねて、いろいろ公家による都の礼儀作法などの教えを受けていた。ということは、一條家に貢ぎものも十分差し出していたわけで、こうした行為が長宗我部家と公家である一條家との間の親密な関係へと発展して行き、後に一條家が長宗我部家を支える基礎となる。

八　十六代文兼、一條教房を岡豊城に迎える

この元親の後を継いだ十六代当主の文兼《ふみかね》は、一條家との関係を引き継ぎ、さらに都とのつながりを厚くしていく。そのことが長宗我部の中央政権との関係の強化にもつながると父親の元親から教えられてきたようだ。

そのあたりのことについて先の『土佐物語』の記述を追ってみる。

元親常に云けるは「一條殿の御厚恩は、七生迄も忘るべからず。我子孫、報謝の志を存すべし。若し是を背かば、永く弓矢の冥加尽きぬべし」

元親が諭していたのは、一條殿のご恩は決して忘れてはいけない、ということである。

その志は子、孫の代まで引き継ぐべきであり、もしこの教えに背くようなことがあると、長宗我部家に難儀が降りかかってくると思えと言い置かれている、という内容である。

応仁元年（一四六七年）に、応仁の乱が起こる。室町幕府の八代将軍足利義政の時代である。幕府の管領であった細川勝元と山名持豊を中心に、有力守護大名らが相続をめぐって激しく争い、戦火は全国に広がり戦国時代に入っていく。そして、一條教房《のりふさ》が応仁の乱の戦火を逃れて土佐にやってくる。

『土佐物語』にそのあたりの様子が記されているのでみてみよう。

彼浦より御船に召され、土州甲浦に着御ましく〳〵、大《これ》より文兼が居城岡豊《をこう》に移り給ひければ、一の郭を黙して御座所に定め、重く冊《かしづ》き奉る。此所に両年を送り給ふ。其隣里は云に及ばず、国中の領主参向して、悦緒を述べ、或は使者を進めて崇敬の誠を尽し、往来殊に繁かりければ、いつしか岡豊は、繁花の地とぞ成にける。

教房が船に乗って、室戸岬の先にある甲浦《かんのうら》の港に着いた。そこで文兼は岡豊城に教房の御座所を用意して、そこに教房公に両年お住まいいただいた。このため土佐の領主が教房の所にやってきて挨拶し、あるいは代理として使いをよこして崇敬の誠を示した。

この結果、いつのまにか（長宗我部の）岡豊は華やかに繁栄した、という内容である。

土佐にやってきた教房を岡豊に迎えて、得意そうな文兼の顔が眼に浮かぶようである。応仁二年（一四六八年）の頃である。だが、その反面、本山、吉良らほかの土佐の勢力は、こうした姿をみて苦々しくも思っていたはずである。

一條教房は、領地があった土佐に渡ってきたのであるが、すかさず秦一族である文兼は教房を岡豊城に招き入れ、接待するとともに自身の権勢を土佐内外の領主たちに示したのだろう。一條氏の荘園は、土佐中村（現在の四万十市）にあった。

その頃、土佐の守護代であった細川持益《もちます》が応仁元年（一四六七年）に死去、その子の勝益《かつます》も、土佐から引き揚げた後京都で死去する。さらに、中央でも幕府で実権を掌握していた細川政元が永正四年（一五〇七年）に家督争いに巻き込まれて家臣に暗殺される。その永正の乱で浮き足だった細川一門は、各地の領国から京都に引き揚げて行った。

応仁の乱が起こると、幕府が任命した守護、守護代による領地支配は事実上終焉する。しかし、長宗我部は京都からやってきた一條氏を仰いで、土佐はしばらく平静を保つこととなる。

九　お家騒動で追放された十七代元門

一條教房が土佐中村に入った頃、長宗我部家にもお家騒動が起こった。理由など詳細を示す物は残っていないが、元門は文兼を継いで十七代当主に就任間もなく、父の文兼によって追放（廃嫡）されている。

『土佐国編年紀事略』の記述は、次のようになっている。

長宗我部信濃守文兼其長子元門ヲ絶《たち》テコレヲ逐《お》フ主親両命ニ背クヲ以也《もってなり》コ、ヲ以家中錯乱ス故吸江寺奉行及天行寺岩貞野田坊等預知セス

この家中の錯乱は文明年間（十五世紀後半）に起こっている。もともと応仁の乱で細川氏の東軍についていた長宗我部氏であるが、元門のときに山名氏らの西軍につくために出家した。そのことで父親の文兼や、幕府の怒りに触れたのではないかとみられる。これがお家騒動に発展した。

文兼が元門を追放したのは、一條教房が岡豊を訪れてそれほどたっていない、文明三年（一四七一年）の頃のことである。南北朝問題が絡んだ家督争いとなると当然それに対する措置もとられた。

つまり、「お家騒動」を理由に文兼はそれまで与えられていた五台山の麓にあった吸江庵の寺奉行を一時ではあるが解任され、知行地を召し上げられている。これにより、寺奉行として力を拡大してきた長宗我部家の勢いは、やや衰えることになる。しかし、中央との間にそれまで築き上げてきたパイプの底流は厚く、すぐに復活される。また、この時期の混乱で長宗我部家伝来の古文書がなくなったとの記述があるが残念なことである。

元門の追放により、家督は文兼の弟の雄親が継ぎ、十八代となった。元門はその後岡豊に帰ってきているので許されはしたとはみられるが、当主の座は雄親に譲られたままであった。雄親は、お家騒動でなくした信頼を回復するために、常通寺（元賢法山安祥寺悉地院）の開基等を行っている。

十　戦国時代の「土佐七雄」

この頃土佐の勢力図はどうなっていたのか。先の『長元記』で、その様子を俯瞰しておこう。

土佐国七郡大名七人御前一人ト申セシハ一條殿一万六千貫津野五千貫吉良《キラ》五千貫

一條氏と「土佐七雄」の勢力図

大比良《ヒラ》四千貫本山五千貫安喜《アキ》五千貫香宗《カウソ》我部《カメ》四千貫長宗我部《ヂヤウソカメ》三千貫以上八人ノ内一條殿ハ隔別残七人守護ト申ス此外中身小身国人士又ハ鎌倉ヨリ下リ士数人住国如件

整理すると、この頃の土佐には次のような勢力がひしめいていた。これを「土佐《とさ》七雄《しちゆう》」という。

津野氏　高岡郡半山郷、五千貫
本山氏　長岡郡本山郷、五千貫
安芸（安喜）氏　安芸郡安芸、五千貫
吉良氏　吾川郡弘岡、五千貫
大平（大比良）氏　高岡郡蓮池、四千貫
香宗我部氏　香美郡香宗、四千貫
長宗我部氏　長岡郡岡豊、三千貫
（一貫は二石程度）

つまり、一万六千貫の一條氏は別格としても、長岡郡には本山氏と長宗我部がいて、高岡郡には津野氏と大平氏がいる、という具合に境界を接してこの土佐七雄が競い合う格好になっていた。

応仁から始まって、慶長まで百年を超えて、日本では内乱が続いた。群雄割拠の戦国時代である。土佐も一條氏がやってきたことによって一時は平静を保つが、次第にこれらの七人の群雄を初め国侍や土豪たちが入り混じり、血みどろの闘争が繰り広げられていく。結局これらの勢力は武力のもとに統合されていき、後に一條氏も倒されるが、勢力の中心に位置するようになったのが長宗我部である。

長宗我部は、都から遠く離れた土佐の長岡郡宗我部郷に能俊が移り住み、岡豊城を築き、天皇から授かった領地を拡大していった。辺境とはいわれていたものの能俊が住んだ岡豊は土佐の穀倉地帯で豊かな土地であったし、もともと都で活躍した秦氏の一族であるという先人の功績を生かして、中央の足利氏や細川氏らとも気脈を通じつつ、徐々に領地を広げその勢力を伸ばしていった。

家督騒動を起こしたりもしたが、長宗我部は足利将軍家の信頼が厚く、またすぐに元の力を取り戻している。そして、長宗我部家の全盛期といえる二十一代元親に繋げる礎を築いた十九代兼序《かねつぐ》、二十代国親《くにちか》の時代にいよいよ入っていく。

だが、長宗我部は十五代元親、十六代文兼の時代に、応仁の乱の戦火を逃れて土佐にやってきた一條氏に急接近している。そのことが逆に郡雄割拠の戦国時代に入っていくなかで、長宗我部を狙う、本山、吉良などの勢力にとっては、長宗我部を叩き潰す格好のきっかけをつくることにもなったのである。そして、長宗我部家を最初の悲劇が襲うこととなる。

第二章　興隆　土佐内乱と勢力拡張

応仁の乱が起こり、戦火は急速に地方に広がっていたが、関白職に就いていた一條教房が中村に入ったことにより、土佐は表面的にはまだ平静を保ててはいた。しかし、守護代であった細川勝益が土佐から京都に引き揚げた後は、統治者を欠いた状態となり、雌伏していた群雄が一條氏の存在を気に懸けつつも蜂起の機会を狙うようになっていた。

長宗我部も例外ではなく、戦国の嵐の中に巻き込まれていく。信濃からやってきて三百五十年、ようやくその基盤を土佐に築いた長宗我部は、十九代兼序《かねつぐ》が土佐七雄の一人である本山式部少輔茂宗《もとやましきぶのしょうゆうしげむね》のたくらみにより岡豊城を攻められ、総ての領地を失う。

だが、その兼序は武門の誇りを持って勝ち目のない戦いに臨みながらも、その嫡男千《せん》雄丸《ゆうまる》（後の国親）と若い家臣たちに長宗我部の将来を託す。そして、その後土佐一條家の支援によって、成長した二十代国親が領地の回復を図ることとなる。だが、国親も父兼序の宿敵である本山を倒すことを嫡男元親に遺言してこの世を去る。
戦国という時代の流れのなかで、大きく揺れながらも武門に生きる人間としての身の処し方、散り際の潔さを示した兼序、わが父の不幸を領地拡大のバネとして興隆の礎を築いていった国親。そしてその系譜は、長宗我部が天下を夢見た元親に引き継がれていく。この章では厳しい戦国時代を生き抜かざるを得ない運命を与えられた秦一族の二人の明暗を追っていきたい。

雄親《かつちか》――兼序《かねつぐ》┬国親《くにちか》
　　　　　　　　　　├国康《くにやす》
　　　　　　　　　　└女

幕府の管領職にあり、その中枢にいた細川政元《ほそかわまさもと》が永正四年（一五〇七年）六月二十三日、家督相続の争いに巻き込まれて暗殺されたことで、室町幕府の統制が乱れてきていた。中央、地方ともに混迷の時代に入ったのである。一方、土佐では、中央政権とつながって勢力の拡張を図っていた長宗我部を面白くなく思っている領主が増えつつあった。長宗我部家も、繁栄の時代から戦いの炎の中に否応なく突き落とされる。土佐も完全に戦国時代へと突入することとなった。

そのころの土佐での長宗我部を取り巻く情勢などを、『土佐物語』が具体的に伝えている。この章では『土佐物語』を中心に、『長元記』、幕末から明治にかけての国学者である吉村春峰編纂の『土佐国群書類従』の中の『南国中古物語』（高知県立図書館所蔵）などを基に、兼序、国親の動きを追っていきたい。

まずは兼序の土佐における評判である。『土佐物語』による。

斯くて文兼、国の成敗を司りて諸事沙汰の途轍《とてつ》正しく、外相内徳《がいさうないとく》、実《げ》にも人の云に違はざりしかば、氏族も是を重んじ、外様《ほかざま》も彼命を背かず、家ますく繁栄を得て、其子元門・其子雄親（実は元門が弟なり）・其子将監兼序に至りては、威勢甚盛にして、人昏をかえす事共多かりけり。

文兼の時代は、諸事について沙汰が正しく行われ、氏族にも信頼されていて、長宗我部家は繁栄した。だが、元門、雄親の時代になると、だんだん威勢をかっての行動が多くなってきて、兼序のころに至っては悪口をいう人も増えてきた、という内容である。

元門の継嗣問題もあり、長宗我部家にも隙ができて、兼序に対する土佐国内での評判が落ちてきていたことがわかる。

兼序の評判だけではなく、岡豊城の攻略を狙っていた本山茂宗の本音も出てくる。

『土佐物語』をさらにみてみよう。

然るに長宗我部将監兼序が威勢あるを見て、常に憤りけるが、或時一族従者を呼集めて云けるは「長宗我部将監驕奢甚しく、諸士に対して無礼の体是非に及ばず。潜に是を察するに、彼が曾祖父兵部丞文兼、一條殿を当国へ招請したる其報謝に、一條殿懇情を尽し給ふに因りてなり。文兼初めて招請したりといへども、中村へ移し、国司と称する事は、文兼が一力の及ぶ所にあらず。我亡父を始め、国中の諸将一同しての事なり。たとへ彼一力の功なり共、兼序武士の法を存ぜば、強《あながち》に誇るべき事にもあらず。よし何にもせよ、彼は僅に三千貫の領主、我は両郡の大将なり。然るに毎度奇怪の行跡を、空しらずして暮らす事こそ無念なれ。然れども国の騒動、民の歎きをかへり見て、欝胸をおさへて過す所に、驕奢日々に長じ無礼月々に増し、傍若無人の行跡、堪忍は却て恥辱なり。急に踏つぶすべしと思ふはいかに」と申されければ、何れも「御理り至極なり、彼が為体《ていたらく》、我々迄も遺恨に候。急ぎ思し召立ち給へ」とぞ申しける。

兼序が威張っているのを見て、本山茂宗は常に怒っていたが、あるとき一族を呼び寄せて「兼序の驕りはひどいものだ。諸士に対して無礼である。兼序の曾祖父の文兼が一條殿を土佐に招請したのだが、中村にお移しして国司と称するようにしたのは、我が父を初め土佐の諸将の尽力によるもので、文兼一人の力ではない。兼序は僅か三千貫の領主だが、自分は両郡の大将である。にもかかわらず、兼序の行いには驕りが日に日に長じていて、無礼も増している。これを堪忍しているのは却ってわれらの恥辱ともなる。兼序を踏み潰してしまおうと思うがいかがだろうか」と述べた。これに対して諸将も「理屈はそのとおりである。彼の行いについてはわれわれも遺恨に思っているところである。急いで立たれよ」と応じた、といった内容である。

兼序の頃、長宗我部は細川氏のもとで地頭として領主制を取りながら、小地頭や土豪らを旗下《きか》に置き家臣団を形成していった。こうした国侍たちを国人と呼んだが、これらの有力国人たちが群雄として力を持ち始め、相争うようになっていったのである。また、ほかの本山氏、吉良氏らも同様に勢力の拡大を図っていた。そうした中での紛争が土佐の支配権をめぐる戦乱へと広がっていく。そして、土佐国内での争いの中で、三千貫とそれほど大きくない経済基盤であった兼序は、本山氏、吉良氏、山田氏らの調略もあり、次第に孤立していったのではないだろうか。

本山茂宗は、正式には八木左近太夫源茂宗といって、清和源氏系の吉良の流れをくむ家系とされる。「土佐七雄」のなかでは所領も五千貫と、一條氏を除けば一大勢力を持つ領主の一人とされていた。

山岳地帯から出てきて土佐における覇権を狙った。このため本拠だった本山城を息子の茂辰《しげとき》に譲り、茂宗自身は長宗我部の居城に近い朝倉城に移った。そして、吾川《あがわ》郡の弘岡に侵攻して勢力を広げていった。この間、一條軍を攻めたりしていたが、いよいよその時が来たと考えて本命の敵である岡豊城の長宗我部に照準を合わせたのである。

この頃、長宗我部と本山の間では、領地の境界争いやその他の小競り合いがよく起こっていた。本山茂宗は、兼序がほかの領主に嫌われつつあった状況を巧妙に活かして、周辺にいる吉良氏、大平氏、山田氏らに声を掛け、長宗我部の居城である岡豊を攻める話をまとめてしまったようだ。

また、『土佐国群書類従』の中の『南国中古物語』には、次の記述がある。

長宗我部宮内少輔元秀ハ元親の祖なり元秀領内の百姓と本山式部少輔茂宗領の百姓苗代《なわしろ》水を争ひ本山領の百姓をうち殺して此事むつかしく成元秀茂宗合戦となる

兼序の領内の百姓と本山茂宗の領内の百姓が苗代の水争いをしたので、兼序が本山領の百姓をうち殺した。そこでそのことがきっかけとなり、長宗我部兼序と本山茂宗との争いとなった、という内容である。

長宗我部宮内少輔元秀とは、兼序のことである。

一　兼序の最期と千雄丸雌伏

永正五年（一五〇八年）五月、長宗我部家が土佐に根付いてから、最初で最大の合戦の火蓋がいよいよ切られた。長岡郡本山《もとやま》城主の本山茂宗、高岡郡蓮池城主の大平山城守元国《もとくに》、吾川郡弘岡城主の吉良《きら》駿河守宣忠《するがのかみのぶただ》、香美郡楠目《くずめ》城主の山田《やまた》治部少輔元義《じぶのしょうもとよし》らの連合軍総勢三千が、長宗我部兼序の居城である岡豊《おこう》を襲った。

このときの長宗我部の兵力はせいぜい五、六百人であった。首謀者は本山茂宗である。岡豊城は二つの丘陵からできていたが、東方の大きな丘陵のところに本城があった。そして、西方に小さい丘陵がもう一つある。また、城の南側には石清水川（現在の国分川）があり、それが城を取り巻くように流れていて、岡豊城の濠の役割を果たしていた。岡豊山は、その山頂にある本城から香長《かちょう》平野が一望できる景勝地でもあって、天然の要害ともいわれていた。

本山連合軍の襲撃を受けた兼序は、籠城せずに打って出て敵を石清水川に誘い、小勢だったがともかく緒戦は勝利した。

土佐では武名が轟いている兼序である。徹底的に抗戦したが、人数で勝る連合軍は日夜攻め続けた。兼序はやむなく最後は籠城策をとったが、結局補給路を断たれた。なにしろ多勢に無勢である。それに謀議による急襲とあっては、短期間での打開の道はまずない。

　兼序は、岡豊城から香長平野を一望しながら、自分の来し方を思っただろう。もう少し生きられれば、この土佐の地を平定して、応仁の乱から続いている戦国の世を鎮め、土佐の民に平安をもたらしたいと願ってもいたはずである。

　しかし、仮にこの場面を一時的に突破できたとしても、東には山田氏と香宗我部氏がいる。西には吉良氏、大平氏がいて、津野氏、波川《はかわ》氏、片岡氏と結託している。四方を完全に囲まれてしまっていて、これでは逃げようがない。だが、兼序には継嗣がいた。このとき六歳の千雄丸《せんゆうまる》である。

『土佐物語』の記述により、この場面をまとめると次のようになる。

　兼序は、若い家臣らを継嗣の千雄丸につけて逃がすことを考えた。だが、家臣らはみな兼序とともに討ち死にしようとし、なかなか兼序の考えに応じなかったようだ。そこで、老臣の中島左近が家臣たちの前に進み出て、千雄丸とともに中村（現在の四万十市）の一條家に逃げ延びる者百五十人を選び、城に残る老人十一人と郎等、下僕ら五十三人も決めた。

　千雄丸とともに城を去ることになった若者の多くは、残る老臣らの息子たちであり、親族らであった。双方が別れを惜しんだが、その思いを自ら断ち切るかのように兼序の継嗣を連れた一団を、籠城を決めた老臣たちが一気に城外に押し出した。

　この時の千雄丸岡豊城脱出の様子を『長元記』は次のように書いている。『南国中古物語』と同様に元秀とは兼序のことである。また、千王殿とは千雄丸のことである。

吉良大比良本山三人一味シテ元親公ノ御祖父元秀ノ居城へ取懸御一類不残打果ス時元秀ノ御子息御歳六ニ成給フ千王殿一人ヲ近藤ト申普代ノ侍破レタル竹皮籠ニ入テ敵ノ中ヲ紛出同国ノ内四日隔タル幡多《はた》郡一條殿へ参右ノ段々申上ルニ付テ千王殿ヲ一條殿抱置セラル、事如件

吉良氏、大平氏、本山氏の三者が一味を組んで、元親公の祖父である兼序の居城を攻め、兼序らを一人残らず討ち果たした。その時、兼序の子息である千雄丸は六歳になっていた。近藤という普代の侍が破れた竹皮の籠に入れて、敵の中を逃れ、四日かかって幡多郡の一條殿のもとに届けた、という内容である。

当時三歳の姫君と正室は、乳母と郎等二人をつけて乳母の実家のある大忍庄《おおさと》（現在の香南市の辺り）に逃した。また、古老や譜代の者の妻子も城の中から密かに逃されている。

こうして、秦一族の血を引く幼い千雄丸は、長宗我部の若き家臣団に守られて無事に中村の一條家に預けられることになる。そして城中では、死を前にしての覚悟の兼序と老臣らを中心にしての宴が始まる。

そのときの様子を『土佐物語』は事細かに力を込めて描写している。南国の土佐で繰

り広げられた『平家物語』のなかの滅びゆく平家の姿にも似た一幕である。戦国武将の美意識が感じられる。『土佐物語』は次のように書いている。

兼序、今は心に懸る事もなし、明けなば大勢攻め来るべし。終夜最後の酒盛せんとて、大盃三度傾け、中島にさし給ふ。中島謹みて押いたゞき「君臣は、三世の縁と中伝へて候。況《いはん》やかやうに御最後の御供仕《つかまつ》る上は、未来迄も斯《かく》のごとく、御近《きん》習《じゅ》仕らん事疑なし」と、三盃ほして兼序にさし上げ、夫《それ》より次第に呑かはす。中島申しけるは「旁《かたがた》此中に、誰か一人活残らん。一所に討死して、同じ蓮《はちす》に生れん。此のよろこびに一さし舞はん、はやさせ給へ」と、兼序に小鼓を参らせ、野田太鼓、桑名笛を仕り、兼平のきりをぞ囃子ける。

嫡男の千雄丸を送り出してしまった今は、もう兼序には心に懸かることもなくなった。明ければ、城には大勢の軍勢が攻め寄せてくるだろう。兼序は終夜酒盛りをやろうではないかと思い、大盃を三度傾けて中島某に差し給わった。中島はこれを謹んで頂いて「このようにご最期のお供をつかまつれるのは、未来においても近習であることにまちがいありません」と、その三杯を飲み干し、兼序が今度はとって呑み、次々と差して呑んだ。中島はこれを見て、「この中で生き残るものが誰かあるか。同じ蓮に生まれた者同士である。このよろこびを感じて一緒に、一差し舞おうではないか、お囃子を奏し給え」と、兼序に小鼓をお渡しして、野田が太鼓、桑名が笛を受け持ち、謡曲「兼平」の最後の方にある「兼平のきり」を囃した、という内容である。

男盛りの主君の無念を思いつつ、盃を交わす老臣たち。ここに出てくる「兼平のきり」は木曾義仲とその家臣の今井四郎兼平の物語であるが、兼平の霊が出て、主君の木曾義仲を弔ってくれと旅人に頼む、という筋書きである。滅び行く美学を謡った能の「兼平」のなかの「兼平のきり」を笛、小鼓、太鼓で奏じる兼序と長宗我部家に長く仕えてきた家臣たちは、最期に思いを込めて演奏し、舞った。一族ともども悔し涙を押しとどめての酒宴であっただろう。当然、岡豊城を取り囲んでいた敵兵らにもその様子はうかがえて、涙する者もいた、と『土佐物語』は書いている。

戦国武将らは、かくして、夜明けとともに攻め寄せてきた敵兵と最後の一戦を交える。このときの、兼序の最期の姿を『土佐物語』は次のように記述している。

兼序立帰り見給へば、主従三騎に成る。今は是迄と鎧ぬぎ捨て、腹掻切て臥し給へば、二人の郎等も、さし違へてぞ死ける。長宗我部十九代も粟飯《あはいひ》の炊《かし》ぐ程、哀楽転変の世の野風《ありさま》こそはかなけれ。

兼序が後ろを振り返ったら、既に主従三騎のみになってしまっていた。最早これまでと兼序は思い、鎧を脱ぎ捨て、腹を切ってその場に伏してしまったので、供についていた郎党二人も自害して果てた。長宗我部の十九代も、盧生《ろせい》が茶店で粟飯が炊けるのを待っていた間に見た夢ほどの短い一生のようであった。世のありさまこそ儚《はかな》いものである、という内容である。

だが、この『土佐物語』の文章（「長宗我部兼序自害の事」）で、「長宗我部十九代も」から末尾までは、岩原信守校注の『土佐物語』では、「長宗我部十九代も粟飯炊ぐ程なれや、盧生の夢とはや覚めぬ。飛花落葉の風は有為転変の埋を顕はし、電光石火の影は生死去来の相を示す。朝に栄え夕べに衰へ、楽しみ尽きて悲しみ来たる。世の野風《ありさま》こそはかなけれ」となっている。

つまり「この世の出来事は常に移り変わる。人間の生き死にもそのようなもので、栄枯盛衰は世の常だろう。兼序の人生も楽しみが終焉し、悲しみがやってきた」という内容の文章が写本をしていくなかで『土佐物語』に付け加わっていったことが、これでわかる。この物語を読む人の心を打つ場面である。

永正五年（一五〇八年）五月二十六日の朝の出来事である。これによって、能俊が築いた岡豊城は、周辺の領主たちによって踏みにじられ、ついに落城した。

『土佐国蠧簡《とかん》集』の中に記載されている長宗我部の系図の添え書きには、「永正五年戊辰竟挙二大兵一而襲敗二岡豊城一、五月廿六日兼序自尽矣、葬二遺骨於幡多郡中村郷妙栄寺一、號二関翁寺常秀一」とある。兼序は自刃し、その遺骸は一條氏の所領である土佐中村の妙栄寺に葬られた、という記述である。

二　長宗我部家の再興

兼序の敗戦によって、それまで長宗我部が築いてきた領地はすべて、本山茂宗を中心に、連合軍の吉良、大平、山田らの思うままに分与されて、管理されることとなった。千雄丸が落ち延びた中村には、一條教房が応仁二年（一四六八年）に移住していたが、千雄丸がその若い家臣団とともに助けを求めたときは、既にその子の房家の時代に代わっていた。千雄丸はその房家に対して、父兼序に教えられたとおり助けを求めた。『土佐物語』による千雄丸の口上は次のとおり。

「兼序武運尽きて、此度討死仕り候、最後に申置き、此子を君へ参らせ候」

兼序は武運尽きて、このたび討ち死にいたしました。その最期に申しおくことは、この子（千雄丸）を御元にお預けしたい。

しっかりと父の言葉を伝える千雄丸の真剣な眼差しを見て、一條房家は総てを理解したことだろう。兼序に対する本山らの仕打ちは、国を乱す行為であり、土佐の国司を務める一條家としても許し難いことである。房家は小さい千雄丸を預かって育てることを約束した。

もともと一條家は長宗我部家に恩を受けていた。房家の父親である一條教房は関白にも就任しているが、京の都を逃れて土佐にやってきた。そのときに出迎えて接待してくれたのが、十六代長宗我部文兼である。文兼は教房を岡豊城に招いてもてなしたばかりか、国内の有力な領主たちに根回しをして、教房を事実上の国司にする手助けをしている。

そのおかげで、一條教房はその地位を得たのである。このとき、守護代の細川氏も家督争いの中で京都に引き揚げてしまっていて守護代は不在であった。

一條教房は、勅許を受けることはなかったが、そのまま土佐中村を本拠として、事実上国司（名国司《みょうこくし》とよばれることもある）を務めてその実績を作っていった。周辺の領主もそれを認めるようになり、教房は中村で生涯を送った。

一條教房が文明十二年（一四八〇年）に没した後は、二男であった房家が家督を継いだ。房家は、領民を大切にして土佐の盟主としての地位を固めた。後に房家は正二位、権大納言となっている。

このように、一條家は教房、房家と二代続いて土佐に根を下ろしていた。したがって、岡豊城を落とされ、敵の領地をくぐり抜けてやってきた長宗我部兼序の嫡男である千雄丸を保護して育てるだけの力が、当時の一條家にはあったのである。

兼序の継嗣である千雄丸が一條家に保護されていることが判明しても、本山ら連合軍は房家がいる限り手が出せなかった。千雄丸にとって岡豊が落城したことは無念ではあったろうが、一條家に引き取られたことは不幸中の幸いであったといえる。

こうして千雄丸はほぼ十年間、この一條房家のもとで武士としての素養を身につけつつ人間としての品格も磨いていく。また、育てられた家が中央政権とつながっていて、関白も務めている一條家であったことは、千雄丸には幸いであった。当然、京の都で政権を動かした人間の天下国家を頭においての雄大な発想、視点というものが、知らず知らずのうちに千雄丸の頭には入っていっただろう。また、それが千雄丸が長じて国親《くにちか》となった時代に、長宗我部家を大きく飛躍させる鍵となったはずである。

ところで、一條房家は、土佐中村の街造りを京の都に模して行っている。当時一條家の館は「中村御所」と呼ばれた。中村の地名にも、「鴨川」「東山」という呼び名が多く付けられていて、「小京都」と呼ばれている。房家はそれだけ、京の都を愛した人物でもあった。

また、房家は次第に成長していく千雄丸を見て、見所のある若者だという思いを強めていった。

『土佐物語』には、千雄丸についてこんな話が載っている。

去る程に一條の大納言房家卿、御慰の為に、境地を選び、高楼を立てられ、常に是にて、遠近海山の景、四季の色を御覧じて、歌を詠じ詩を賦し給ふ。既に其年も暮れて、翌《あく》る春過ぎの夏の頃、彼楼閣に登らせ給ひ、近士を召され、御酒宴酣《たけなは》にして、御機嫌甚し。千翁丸御膝近く在けるに、興に乗じて御戯に「いかに千翁丸、御此杆《おはしま》の上より庭中に飛下りなば、父が名跡を取返し得さすべし」と仰せければ、御詞の下より、あつと云ひて、つる〳〵と走り寄り、一丈余り高き楼閣の杆より庭中へ飛び下り、莞爾と笑つてぞ立たりける。

房家は、ある土地を選んで、そこに高楼を建てて、景色を見たり、歌を詠んだりしていた。翌年の夏頃に身近な家臣らを招いてその高楼で酒宴を開いた。房家はそのとき非常に機嫌がよく、千雄丸を膝近くに呼び寄せて、座興に「千雄丸、この欄の上から庭に飛び降りることができるか。それができたら、父の名跡を取り返してやるぞ」といわれた。すると、千雄丸は、その房家の言葉が終わるか終わらないうちに、房家のそばからするりと抜け出して、庭に飛び降りて、にっこりとほほえんで、その場に立っていた。それを見て、房家は大いに驚いたという。そのときの様子について『土佐物語』はさらに次のように書いている。

大納言、掌を抵《う》つて大きに驚き感じ給ひ「彼は今年七歳なり。流石名ある武士の子程有けるよ。幼稚の身として、恐るべき所を怖れず、名字の為に身をかへりみざるこそ、天晴行末《ゆくすゑ》頼もし」とぞ宣ひける。

房家は大変驚いて、「千雄丸は、今年七歳である。さすがに名のある武士の子であることだ。子どもの身ながら恐れを知らず、自分の氏のために己を顧みないことは優れている。行く末が頼もしい」とおっしゃった。

そのような千雄丸を見て、房家はいつの日か時期をみて岡豊城を襲った首謀者の本山茂宗から、強奪された長宗我部兼序の領地を千雄丸との約束どおりに取り戻してやろう、との考えを固めていったと思われる。

房家はその好機を狙うとともに、本山の仲間である吉良駿河守宣忠や山田治部少輔元《もと》義《よし》、大平山城守元国に、機会をみてそれとなく話を通していたようだ。つまり岡豊城を千雄丸に取り返してやる根回しを進めていったとみられる。この「彼は今年七歳なり」の後に岩原信守校注の『土佐物語』には「誠に栴檀《せんだん》は二葉より香《かんば》しとかや」の一文が挿入されている。

そして、永正十三年（一五一六年）、千雄丸が十三歳になったときのこと。房家は本山氏ら、兼序を襲ってその領地を分け合っていた四人に、それぞれの土地を返すように話を切り出した。房家の理屈は「千雄丸の父親の長宗我部兼序に問題があるのなら国司である自分に裁断を仰ぐのがもともとの筋だろう。あれからもう十年近くにもなり、兼序の嫡男も、よい若者に成長している。千雄丸に長宗我部の領地を戻してやれ」ということであろう。

国司である房家から、このように筋を通して迫られれば、長宗我部の領地を勝手に分け合っていた本山ら四人の城主も否とは言えなかったはずである。房家の計画は成功した。『土佐国編年紀事略』に次の記述がある。

同十五年八月廿七日一條房家長宗我部千雄丸ニ命シテ元服セシメ信濃守国親ト号ス又是ヨリ先本山大平吉良山田等ヲ調和シ信濃守国親ヲシテ旧領岡豊ニ帰フシム

永正十五年（一五一八年）八月二十七日に一條房家は長宗我部千雄丸を元服させて、信濃守国親と名乗らせた。そして、本山、大平、吉良、山田らとの調整を終えて、これより長宗我部の旧領地を返還させ、国親を岡豊に戻した。

本山らの連合軍の襲撃で失われていた長宗我部の領地は、再び兼序の嫡男の子に戻されることになった。兼序の自刃よりほぼ十年後に、領地回復が達せられたのである。

岡豊城に戻った国親は、まず城の修築を手がけた。そして、その国親のところには、かつての家臣らが続々と集ってきた。岡豊が国親に返された後の様子などについて、『土佐物語』は、次のように書いている。

方々へ分散せし譜代の諸士、此彼《ここかしこ》より馳集り、涸魚《こぎょ》の水を得、春雷震て蟄虫《ちっちゅう》出るがごとく、二度家運をひらきけり。敵の末、根を掘りて、葉を枯らせよとこそ云ふに、本山等が、千翁丸を思ひ侮りて、本領を返す事、千里の野に虎を放つに同じとぞ、心ある人は申しける。

岡豊城が陥落して、方々に散っていた譜代の家臣たちがあちらこちらから馳せ参じてきて魚が水を得たように、あるいは春雷が起こって虫が地中から出てくるように、長宗我部家の家運が再び開けた。「敵の末は根を掘って葉を枯らせ」という諺《ことわざ》がある。それなのに本山が千雄丸を侮って本領を返したことは、千里の野に虎を放つのと同じである、と心ある人はいっている、という内容である。

その後の国親は、まさに「野に放った虎」のように、岡豊城を本拠として長宗我部家の再興に向け執念を燃やし、その戦略を練っていくのである。

三　一領具足の発祥

しかし、現実の時の流れには厳しいものがあった。確かに岡豊に帰城した国親のもとには、兼序がわが息子の国親のためにと残した旧臣たちが馳せ参じては来た。だが、既に長い年月が経過しており、生活のため他家に仕えてしまった家臣もいて、その数はかなり減っていた。とりあえず家臣として集まったのは二百人に満たないほどであったようだ。この程度の人数では、とても本山らと戦うわけにはいかない。そこで国親がなさねばならなかったことは、家臣団の再編、そしてそれを支える国造りである。まず国親は兵力の増強と経済的基盤づくりに取り掛かることにした。その証拠ともいえる文書が残っている。『土佐国古文叢』所収の国親が出した書状である。

今度於野田合戦鎗仕候条、則名字昇田新右衛門と御扶持候、弥忠節可仕由被申付候、仍而如件、天文五年文月十七日　国親

権助殿

長岡郡野田での合戦に功があった名主的農民の地位にある権助に宛てたもので、「この度野田での合戦に戦功があったので、武士に取り立て姓名を昇田新右衛門と与える」という国親の書状である。

国親は農民の中から見所のある者を武士として採用していき、自らの家臣団を再編成していった。これが、独自の農民兵といわれる土佐の一領具足《いちりょうぐそく》の発祥である。後に元親が土佐、そして四国を武力統一していくための底力となった農民兵、つまり農民が武士をも兼ねた戦闘集団である一領具足は、この国親がその基礎を作ったのである。

しかし、その後徐々に整備はされていったものの、このころの一領具足はいわば急ごしらえの農民兵に過ぎない。だが、国親はとにかく兵力を形だけでも整えねばならなかった。そうしなければ、本山らにいつ再び攻め込まれるかわからない危機感が常にあったのである。

一領具足は、一揃えの甲冑と槍、刀など武具を田畑において農作業をし、いざ合戦の召集があったときには、それらを身につけて兵として馳せ参じる。この一領具足は、次第に国親、元親父子の強力な軍団となっていった。後に秀吉と元親が相対峙したときには、秀吉の軍団と、いまだ兵農未分離の元親の兵団では明らかに兵力差が生じていて、それが逆に元親の命取りにもなるのであるが、この時代には国親の作った一領具足は明らかに国親の不足した兵力を補うための最短最善の策であったといえよう。

さて、兼序の最期を目の当たりにしていた国親は、早く本山らの首を取って父の敵討ちを成就させたい、との思いを募らせていた。だが、この時期ではいまだ本山連合との兵力には、その数、装備ともに歴然たる差があった。

そのあたりの事情が、『土佐物語』に書かれている。

国親常に、中されしは「父の讐には、倶に天を戴かずと云ふに、敵藩牆《はんしやう》の内に有りて、肩を並べ膝を合せぬ計りにて、年を送る事こそ口惜けれ。されども吉良・大平・山田・本山、素より親昵の上に、大平は津野・片岡と組し、吉良・本山は山田・香宗我部と一家の親をなす。多勢の上に、一味同心の者多し。我は独夫にひとし。尤《もつとも》一條殿の取持にて、本願には帰れども、本山等が、我に心を許すまじければ、行末却て覚束なし。何とぞ一人成とも父の敵を討たばや」と、明暮肺肝《はいかん》を砕けども、其甲斐なく年月を送りける。

国親がいうには、「父親の仇を早く討たねばならないが、といっても、吉良、大平、山田、本山らは繋がっていて、大平は津野、片岡と組し、吉良、本山は山田、香宗我部と一家のように親しい。それなのに自分は、ただ一人土佐で孤立していて、さらに兵力もまだ十分ではない。とても父の仇を討てるような情勢にない。だが、一人だけであっても仇を討ちたい」と思うが、その甲斐もなく年月を送っている。

だが、そのような国親の様子を見ていた一條房家は、いずれ国親が本山らと争いを起こすだろうとみていた。しかし、房家は自分の領内で戦いが起こることを嫌った。そこで思いついたのが、国親に嫁を持たせることである。大永二年（一五二二年）のこと、国親は十九歳であった。

相手は、かつて美濃の守護代であった斎藤利良《さいとうとしなが》の女《むすめ》（後の祥鳳）である。利良は早くから美濃の守護であった土岐政房のもとにいたが、その政房との間がこじれたために守護代を外されて、土佐の一條家を頼って房家のところに来ていた。房家はその利良に話をつけた。こうして長宗我部家と美濃の斎藤氏との縁が出来上がる。この斎藤氏との縁は、元親にも繋がっていく。国親には男四人、女四人が生まれるが、その待望の長男が天文《てんぶん》八年（一五三九年）に生まれた元親である。元親の弟は親貞《ちかさだ》、親泰《ちかやす》、親房《ちかふさ》（親益《ちかます》）である。

ともあれ国親は正室を迎え、嫡男も授かった。そうしたなか、一條房家の懸念をよそに、国親が動き始めた。本山を討つための足掛かりを作るために、国親はまず岡豊から半里（約二キロ）ほど離れた江村郷の吉田に城を持っていた吉田備中守周孝《ちかたか》（孝頼《たかより》ともいう）を頼ることにした。吉田周孝は、国親の叔母の婿であり親戚筋であるが、藤原秀郷の末裔であるともいわれた家柄であった。なにより、周孝は国親より遥かに年長で策士であり、国親がものを相談しやすい人間であったようだ。

周孝はかねてから長宗我部家のことを気に掛けていた。兼序が本山らの連合軍に襲われた際にも周孝は兵を出すことを申し入れたが、兼序は周孝のことを慮《おもんばか》ってそれを丁

国親《くにちか》
- 元親《もとちか》
- 親貞《ちかさだ》　吉良左京進
- 親泰《ちかやす》　香宗我部左近大夫
- 親房《ちかふさ》　島弥九郎
- 姉女　嫁　吉良
- 二女　嫁　十市
- 三女　嫁　波川
- 四女　嫁　津野

重に断ったといわれる。国親はそうしたいきさつを知っていて、この叔父を頼りにしていたようである。

国親は周孝に頭を下げて、本山攻略の同意と調略の教えを乞うた。周孝は長宗我部の一族として、兼序を攻めた本山、山田らに恨みを持ってはいたが、本山連合が強力であることも同時によく承知していた。そのため周孝は、協力を約束しつつも時節を待つよう国親に諭したと思われる。

その際、周孝は国親に二つの条件を示した。まずは、国親が十分な家臣層と兵力を育てること。もう一つは、国親を評価する領内外の世論をつくることである。

兼序が残してくれた長宗我部家古来の家柄の者はいたが、国親をしっかり支えていけるまでには、まだそれら家臣団は育ってはいないと周孝は見ていたのだろう。大きな戦いを仕掛けるには、家中が一枚岩にまとまらねばならない。それに、農民を取り立てて独自の一領具足という武士団を形成してきてはいるが、兵としての訓練、教育はまだまだだということもあったのだろう。

また、若い国親には領内の土豪や百姓たちにまだ人望がない。善政を敷いて領民から信頼されてこそ、国親独自の兵である一領具足の力も発揮できるようになる、というのが周孝の考えであったようだ。つまり周孝の国親への教えは「足元、周りを固めて、時期を待て」ということであったといえよう。いずれにしても、国親は叔父の吉田周孝が、よき相談相手になってくれたことによって、一人ではなくなった。いわば参謀のような存在を得たわけである。

四　本山に国親の女を嫁す

周孝の助言を受けながら、国親は急速に勢力の拡大を図っていった。そうした状況の変化に、困惑したのは一條房家だろう。そこで房家が思いついたのは、まだ幼かったが美形と誉れの高い国親の女《むすめ》を、本山の嫡男の茂辰《しげとき》の嫁に出させて、本山と長宗我部の間を縁続きにすることである。そうすれば、国親の敵討ちへの動機づけが大きく減退するだろう、というわけだ。

さて、この提案に驚いた国親は、信頼していた周孝にまた相談した。すると意外にも、周孝は、それは長宗我部にも都合のよい妙案である、と大いに賛成したようだ。周孝は、房家より一枚上手であった。房家がそう来るならそれをチャンスに変えて、逆に本山攻略の方法を考えればよい、周囲を安堵させて隙をつくらせることができる、と周孝は考えたはずである。

このころ本山茂宗は出家して梅慶と号していたが、梅慶も歳を取ってきていて、かつてのような戦闘意欲は次第に萎えてきていたようである。この縁談を梅慶は受け入れている。だが、本山一族の中には当然ながら厳しい反対派もいた。

尾立《ひじ》城主に中内記《なかないき》という人物がいた。中氏はもともと秦の一族で、長宗我部の氏族であったが、祖父の代から本山方となっていた。この中内記が梅慶を諫めた。

『土佐物語』によると次のように梅慶に迫っている。

斯る事と承り候。是禍を招かる丶所とこそ存じ候へ。其故は、御当家は、長宗我部が為には、怨讐の張本にて候へば、たとへ御縁を結ばれ候共、争《いかで》か遺恨を忘れ候べき。古より、父子兄弟の合戦珍しからず。況や一族に於てをや。

ご婚儀をすると聞いた。しかし、長宗我部は、岡豊を焼かれて以来、本山氏に憎しみを持っている。そんな家と縁組みをするのはもってのほかだ。この縁組みは災いを招く。即刻破談とすべきである、という内容である。

だが、『土佐物語』によると、梅慶は「一度約束したことを反故にはできない」としてこれを蹴り、一方の諫めた内記は「梅慶め、耄碌《もうろく》したわ」と言い捨てて、その後病気を理由に梅慶のところに出仕することはなかった。この縁談が、早くも本山一族の間にひび割れを起こさせたのである。

また、『土佐物語』によると、この婚儀は次のようなとんでもない話も生んだ。

本山、長宗我部の両家は婚儀が整ったのに、その嫁が本山家になかなか入らない。そうした、通常と異なる状況についてはとかく噂が立つもので、香宗城主の香宗我部秀義が、長宗我部の姫は戻されたのか、と不審を抱いた。実は、秀義はかねてから長宗我部の姫が美貌であるとの噂を聞いていて、あわよくば自分が嫁にもらいたいと思っていたのである。それを承知していた周孝は、うまくその秀義の気持ちを利用した。

すなわち、周孝が長宗我部の姫を本山から取り戻して、よろしければ香宗我部秀義のもとにお連れしようか、との書状を秀義に送ったのである。書状をもらって秀義は喜び、婚礼の準備までして待った。しかし、秀義と国親の女との話はまったく進まないどころか、本山が嫁を手元に呼び寄せるという動きが出た。そこで秀義が怒って、父親である国親と戦う準備をしているところに、周孝が剃髪して坊主姿で現れる。そして、首を秀義のもとに差し出し、これは自分が軽はずみで行ったこと、すべての非は自分にある、と謝ったという。

そこで秀義も「いや、本山が実家に返していた嫁を急ぎ呼び寄せたのはこの香宗我部の話を知ったからだろう」と矛先を本山に向けたという。

この結果、これまでの本山と香宗我部の連携は遮断されることとなる。この婚儀の一件は、本山連合の結束に、間違いなく影響を与えた。知恵者の吉田周孝の策略が功を奏していた。


だが、このくだりは『元親記』ではかなり違っている。後世で書く歴史は伝聞でもあるので、諸説が存在する。面白いのでその要約を紹介したい。

国親には女がいて、これを香宗我部親秀（『土佐物語』では香宗我部秀義となっている）が既に妻としていた。ところが、この女を本山梅慶が自分の嫡男の式部少輔の嫁にくれと所望してきた。無理な話ではあったが、国親は本山と縁を結び、本山に油断をさせて、その間に自分は武装したいと考えた。重臣たちにもその方針を伝えて、親秀のところから女を盗み出して、本山にやってしまった。当然親秀はかんかんに怒って、「これでは武士の面目が立たない、岡豊城に行って切腹する」といってきた。国親と親秀の間は対立状態になった。

そこで国親は「本山から重臣たちに申し込みがあって、重臣たちが勝手にやったことである、許してくれ」と空起請文《きしようもん》を書いて親秀に送った。しかし、そんなことではことは収まらず、親秀が軍勢を率いて襲って来そうになった。慌てた国親は城下の常通寺にいって剃髪して、家老、重臣らも寺に籠って五十日間謹慎し、さらに女の誘拐に関係したものは、領外に追放すると公表した。こうして、香宗我部とのトラブルはようやく収まった。このときから国親は法名を「瑞応覚世」と名乗っている。本山からは「当方との縁のために若いのに出家法体《ほったい》となられ、ご好意は末代まで忘れません」と感謝された、という。

これが、『元親記』に記されている話である。どちらが事実なのかはわからない。だが、国親の「女」をめぐって嫁取りの話があったことは確かであり、多くの書物が本山に直接嫁に行ったという説をとっている。また、私の家の『長宗我部氏系図』には、国親の女については、「姉女　嫁吉良、二女　嫁十市、三女　嫁波川、四女　嫁津野」とあって、本山、あるいは香宗我部に嫁に行ったという記述はない。だが、本山氏がもともと清和源氏系の吉良の流れであるため『長宗我部氏系図』で「嫁吉良」と記された長女がその人だろう。また、国親の出家の時期については、『元親記』に書かれたこの時期では若すぎるということもあり、本書は後述する天文二十三年（一五五四年）説を採りたい。

五　一條房家死す

天文八年（一五三九年）十一月十三日、国親が幼少より世話になった一条房家が亡くなる。六十五歳であった。房家には三人の子があったが、土佐一條家は房冬が継いだ。

ちなみに、元親はこの年に生まれている。

房家が逝って世代が変わったことで、一條家に対する国親の心情にも変化があらわれてきた。一方、一枚岩であった本山連合にも変化が出てきていた。

本山連合が内側から崩れていく様子を『土佐物語』は次のように書いている。

　夫より雑説まち〳〵にて、吉良・大平・山田・本山、無二の同心皆破れ、おのれ〳〵が城を守りて、互に威をぞ争ひける。周孝是を聞さて「年来待つ所の時節到来なり、今は諸方援兵の恐れなし。急ぎ御旗を立て給ふべし」と謀《はかり》ければ、国親悦び立ち給ふ。

吉良、大平、山田、本山の心が一つであったものが割れて、それぞれが、城を守って、個々に威を張るようになってきた。周孝はこの話を聞いて、「兼序の敵を討つという年来待っていた時節がいよいよ到来した。もうそれぞれの勢力が援兵を出しあう恐れはなくなった。急いで旗をお立てになってよい」といった。国親はこれを聞いて大いに喜んだ、という内容である。

知恵者の吉田周孝は、見事にお膳立てをしてくれた。しかし、実行するのは自分自身である。周りの空気を読みながら国親は、秦一族の来し方に思いを巡らせたことだろう。

長宗我部一族の祖、秦能俊の先祖である秦河勝は、混乱していた国を鎮めて聖徳太子とともに古代国家の基礎を作っていった。自分もその一族としてこの戦乱の世の乱れをなくして、平安な時代を作っていかねばならない。そのためにも兼序の遺言である本山を早く討つことが重要である。そうすれば、自ずと道が開けてくると国親は思ったはずである。だが、国親はまだ戦《いくさ》というものを一度も経験していなかった。


しかし、国親には自分を支えてくれる重臣たちがいた。そのうちの一人は、秦能俊が信濃から土佐に来る際に伊勢の桑名に寄ったそのときから仕えているといわれる桑名氏である。それに、能俊が土佐に入ってきたときからの譜代の家臣である久武氏がいる。また、中世後期に土佐に入って、長岡郡江村郷に住んでいた中原氏の流れである中内氏もいた。

さて、桑名将監たちが進言したのは、国親の父兼序を本山梅慶らとともに討った山田郷の楠目《くずめ》の城主である山田治部少輔元義《もとよし》が、乱舞遊興に耽っているという噂だ。つまり、攻め込む隙があるという。家臣たちが諫めても聞き入れず、この元義の乱行で領国の人心が離れている、というのである。吉田周孝も援護を約束した。ここに、山田攻めが決まった。

家系が崩壊していくときは往々にして足下からである。山田元義の場合もそうであった。元義の側近であった加藤飛驒が裏切ったのである。加藤飛驒は元義の側室に手をつけたということで、お預けの身になっていた。その加藤飛驒が周孝の弟の吉田重俊《しげとし》のところにやってきて、国親の旗下《きか》に入ることを誓った。

これで山田元義を攻める際の道案内役が決まった。国親は天文十二年（一五四三年）秋、元義の楠目城を攻めることにした。

国親は三百余騎の軍勢を整え、岡豊城の東にある国分寺にまず向かい、戦勝祈願をした。国分寺は、天平十三年（七四一年）に行基が開山した。

そのうえで、国親は案内役の加藤飛驒をはじめ、周孝の嫡男貞重の二百騎と合流した。長宗我部の襲撃に、山田元義はうろたえるばかりである。『土佐物語』によると、「猿楽を集め能を好む事甚し」とあり、元義は芝居小屋で遊興に耽っていた。さらに「元義は、女面にかつら掛けながら走り廻り、前後不覚に見えしかば」と記してある。ほとんど戦いもせず、元義の軍は、「十方に散乱」してしまったようである。このとき、国親軍と勇ましく戦ったのは、山田元義をかつて諫めた重臣の山田監物であった。

元義は城に逃げ込んだが、楠目城は落ちた。『土佐物語』にはこのとき元義が国親に「降を乞はる」とある。このため命を助け、城を失った元義に国親は小さくはあるが土地を与えている。だが、間もなく元義は乱心して亡くなる。

元義を助けた国親の行為は、「心寛き領主」として、国親の土佐での評価を上げたといわれる。また、二十一代の元親もその戦いの中で、敵将の多くを救っている。これは長宗我部家に代々引き継がれている考え方で、長宗我部家の兵法「精参流《せいさんりゅう》（後の水心流《すいしんりゅう》）」の底流を流れる「不殺」の精神とも繋がっている。元親はこの国親から戦略、戦術を学んでいくことになる。長宗我部家の興隆の基礎は、兼序の復讐を誓った国親が固めていったのである。

六　岡豊城の変事

国親はこの勝利の翌年の一月、盛大に兼序の三十七回忌の法要を行った。ところが、その翌月の二月五日に岡豊《おこう》の城に変事が起こった。その高さが三十メートルもある岡豊城の楠の大木が突然大音響とともに倒れた。

この有様を『土佐物語』は次のように書いている。

天文十三年二月五日の夜子《ね》の刻計《ばかり》に、不思議の事こそ候ひけれ、岡豊の城中に大きなる楠あり。囲み一丈余にして、長さ十余丈に及べり。みどりの梢四方に蔓《はびこ》り、幾春秋をか歴《へ》たりけん、類もなき大木なり。風も吹かぬに、中より折れて倒れける。其音天地にひゞき、大山《たいざん》も崩れ、坤軸《こんじく》も摧《くだ》けぬるかと、上下男女肝魂を消す。

天文十三年（一五四四年）の二月五日の夜中に、不思議なことが起こった。岡豊の城中に大きな楠があった。その幹の周りは一丈程（約三・〇三メートル）もあって、枝葉の緑が四方に広がった大木である。それが風も吹いていないのに、真ん中から折れて倒れた。そのときの音が天地に響いて肝を冷やした、という内容である。

国親はこの出来事を父兼序のお告げと受け止めて、次なる戦略を実行するためのきっかけにすることを考えたと思われる。吉日を選んで、国親は岡豊八幡宮で臨時の祭礼をするよう家臣に申しつけている。

岡豊八幡宮は、弘安八年（一二八五年）に大和国の三輪神社から祭神を受けた、といわれる。その岡豊八幡宮に移ってきた神主が元は大神《おおみわ》氏といったが、後に谷氏と改名して、長宗我部家に長く仕えて、重要な役割を果たす存在となっていく。その岡豊八幡宮の祭礼の当日にやはりまた不思議なことが起こった。国親は、その祭礼に領国内の多くの老若男女を集めさせていた。

『土佐物語』によると、祭礼の当日、十二、三歳の「童」が突然現れて、飛ぶともなく走るともなく、社壇の階《きざはし》に駆け上がって、次のようにとうとうと語ったのである。

「我は是正八幡大菩薩なり。我を此地に勧請《くわんじやう》して、上下渇仰のはこびをなす事、悦びに絶たり。我また守らずんばあるべからず。就中《なかんづく》国親、父祖の敵を討ちて、彼欝憤を散ぜん事を思ひ、日夜己を忘れて、寝食を安くせぬ志し誠に不憫の至りなり。然れども前世の果を放れず、時至らずして年月を過しぬ。今既に家を興すべき時節到来なり。されば此度の奇瑞《きずい》を顕し、池沢をしていはしむ所に、国親早く其理《ことわ》りを察し、臨時の祭をなして、我を勇むる事、尤《もつとも》神慮に叶へり。急ぎ南方より初めて四方へ馬を出すべし。我は前後に附添いて力を加ふべし。見よ〳〵信濃守が向ふ所、随はずといふ所なく、攻むる所、傾けずといふ事あるべからず。行末なを守るべし。憑《たの》もしく思ふべし」

「われこそは八幡大菩薩である。国親は亡父の兼序の敵討ちをしようと、日夜精進している。しかしその時期到来もなく今まで来た。だが、いよいよその日がやってきたのである。即座に臨時の祭礼をして、われを慰撫したことは神慮にかなっている。急ぎ南から始めて四方に馬を出すのがよい。われはその前後に付き添って力を貸そう。国親はやがて向かうところ敵なしになるだろう。その行く末頼もしく思うべし」、という内容である。

これを聞いて国親は感涙にむせび、悦びの神楽《かぐら》を奏した。この出来事があったことで、いっそう人心の掌握を可能にし、自身の演出だったとしても国親の本山攻めの態勢が整ったのである。

七　大津攻め

岡豊城の隣には大津城があった。この土地は紀貫之の『土佐日記』にも登場するところである。貫之が国司の務めを終えて都に帰ることになったときに、住民が別れを惜しんだのが大津港の鹿児《かこ》の崎である。

天文十四年（一五四五年）の秋、国親は岡豊城の南に隣接していた大津城を攻めている。大津城主の天竺孫十郎《てんじくまごじゅうろう》はもともと細川一族で、その流れを汲んでいると吹聴していた。そんなこともあり、岡豊の領民を見下しているという反発が岡豊の領内にはあって、岡豊と大津の領民同士は仲が悪かった。岡豊八幡宮での出来事と「国親が南を攻める」という噂は、大津にいちはやく伝わった。そのため、大津城の領民らは国親が攻めてくると思い逃げ始めた。一方で、岡豊の国親のもとには浪人たちが自然に集まってきた。つまり神事の噂が効いて、戦う前から大勢は決したのである。

だが、大津城には城主の天竺孫十郎のほか、井上、曾我、横山といった屈強の家臣がいた。かれらは国親との一戦を望み、受けて立つ構えであった。このため結局、大津勢とは合戦となった。国親は久武肥後守昌源、吉田備後守重俊、中島大和守親吉らを先駆けとして八百余騎で攻めた。

天竺勢はせいぜい五百騎である。次第に圧倒され、天竺孫十郎は城に入って自害した。

国親は土佐における自らの勢力拡大戦略のために犠牲となったこの孫十郎の亡骸《なきがら》を、城の東に葬り、岩崎寺で孫十郎とその家臣ら大津城の犠牲者を弔った。

横山九郎兵衛友隆は、長岡郡介良《けら》の城主であった。横山氏は武蔵国を本拠として、平安時代末から室町時代の初めのころまで活躍した武蔵七党と呼ばれた武士団の一つで、その中でも最大級の規模を持っていたという。

大津城が落城して、次は介良城を国親が攻める、との見方が介良城内に広がっていた。そこで、介良城の家臣の間には横山九郎兵衛に和議を進める者もあったようである。だが、武蔵七党の血を引く横山九郎兵衛は、この進言を蹴り、一戦を望んだ。九郎兵衛は介良に近い下田城主の下田駿河守と親しかったので、その助けを借りることを考えていたようである。また、横山氏は香美《かみ》郡の徳善《とくぜん》城主の公文将監《くもんしようげん》重忠とも近かったため、その援護も期待していたと思われる。

大津城を攻めたばかりの国親勢に、まず横山、下田の連合軍三百五十騎が立ち向かった。もっとも、この横山、下田勢は、大津城での戦いに勝って、帰城する途中の国親の部隊に突然襲いかかったもので、いわば奇襲である。不意を突かれた国親勢はいったん大津城に引き下がった。

横山、下田勢は、一時は勝った形にはなったものの、態勢を整えて改めて攻めてきた国親勢に蹴散らされてしまう。国親はその際、公文将監らの援軍のことを考えてのことだろうか、逃げていく横山、下田勢に対して、深追いはせず、慎重な対応をしている。

この敗北を受けて、横山氏の家臣たちは多勢に無勢として和議を横山九郎兵衛に再度進言する。今度は九郎兵衛もこれを受け入れ、人質を国親のもとに差し出して国親の旗下に入る。

ところが、横山氏と連合を組んでいた下田駿河守はこの横山氏の和議に怒ったのか、城に籠って国親との決戦の準備を進めた。そこで、国親は八百余の兵を下田城に向けて進発させた。

その下田城攻めに関して『土佐物語』に次のような話が載っている。

(下田城に向かおうとした福留隼人《ふくどめはやと》のもとに、一人の老尼がやってきて語った。)

「是は下田の百姓の妻にて候。夫は死して、常陸と申す一子を持ちて、杖杜とも憑《たの》み候所に、去年の秋、年貢所納遅滞したる科《とが》に、是非なく殺されて候。明日をも知らぬ老の身は、寄る方なき儘に、所縁の者に扶けられ、今日迄存命候。此度下田へ御旗向けられ候はば、みづから城中へ手引致し、御手をもくだかれず、城を焼崩させ、下田殿に思ひ知らせ、一子が供養に備へ、老尼が恨を晴し度候」と申しも敢ず、声をあげてぞ泣きにける。

「私は下田の百姓の妻だが、夫は死んで既にいない。常陸という子供が一人いたが、去年の秋に年貢が遅滞した科で、その頼みの綱のわが子を殺された。私にはもう何の望みもなくなった。縁あるものに助けられてここまで来たが、下田に旗を向けられるのなら、私が城中に手引きいたしましょう。下田城に火をつけて焼き払い、下田を思い知らせ、わが子の供養にしたいと思う」、と語ってその場で声をあげて泣き崩れた、という内容である。

さらに、『土佐物語』によると、戦いは次のような展開となる。

この老尼が三人の若い兵を下人に仕立て、下女一人を連れ、下田城のある蛸魚《たこ》の森にやってきて、城中に入り込んで櫓《やぐら》などに火をつけた。福留隼人隊の二百五十騎がこの煙を合図に城中に攻め込み激戦となったが、下田駿河守はその弟の七郎右衛門とともに討ち死にした。七郎右衛門の死については次のような歌が残された。

いでもせで焼崩したる蛸魚の森いかなる人の料理なるらん

岡豊勢が攻めてきてもいないのに、なぜ城が焼けたのか、いったい誰の仕業であったのか。

公文将監は徳善の城に引き下がっていたが、下田城が落城し横山氏が国親の旗下に入ったのを知って、国親に和議を申し出た。

また、現在の高知市内に当たる布師田《ぬのしだ》金山《かなやま》の城主で、細川氏の流れをくむ石谷民部《いしがいみんぶの》少輔重信《しょうしげのぶ》という者がいた。金山の領地は国親のそれに接していた。石谷は一宮《いっく》高賀茂大明神《たかがもだいみょうじん》の神職でもあり、三千余石があった。岡豊城と城が近かったので、国親の武名などがよく聞こえていて、神職七十五人をともなって国親の旗下となった。諸情勢を見て早めに降参しておいた方がよいと判断したのだろう。これにより国親は土佐郡の東部までにも勢力を広げることになった。国親は横山氏、公文氏、そして石谷氏ら帰順した武将を巧みに家臣に組み入れて、長宗我部軍団の強化を図った。国親の家臣団の拡充作戦はさらに続く。

八　十市に国親の二女を嫁す

現在の南国市十市《とおち》に十市城があり、その城主を細川備前入道宗桃《びぜんにゅうどうそうとう》といった。宗桃には、嫡男と二男の豊前守頼定という二人の息子がいた。頼定は現在の高知市の池城主であった。

十市の城内では、国親が山田、大津、下田と次々に討ち取って勢いを増してきているのを気にして、和議を結び、長宗我部の旗下に入るのが得策ではないか、という声が強くなってきていたようである。

城主の宗桃は、豊前守頼定にも意見を聞いてみようと考え、池城に使いを出した。すると、豊前守の家中も大勢は和議に傾いていたが、重臣の一人で岩松七郎経重《いわまつしちろうつねしげ》という者がいて和議に反対したという。このため、十市、池ともに和議の提案を見送った。

これにより、国親は十市、池を攻める構えを取った。しかし、家中の中島大和が、十市で池万五郎という者を知っているので、まずその人物を使って調略をしてみたいと提案をした。そこで、国親は十市、池の両城を攻めるのはもう少し時節を待つこととした。その長宗我部の十市、池への調略の様子は『土佐物語』などからみると、概略は次のようなことである。

中島大和は池万五郎に金銀、馬、太刀などをたびたび贈って、万五郎の信用を得る。懇《ねんご》ろとなったころ、中島は、自分は池城の重臣の岩松七郎経重という者に遺恨があるので岩松七郎を討ってくれるよう万五郎に頼む。貢物をもらっている手前、万五郎は木陰から鉄砲で岩松七郎を狙い撃ちして、殺してしまう。

調略が首尾よく終わったとの知らせを聞いた国親は、「近く十市、池を撃つべし」と、進発の噂を十市、池の領内に流す。噂が聞こえてきた十市、池では、「とにかく国親には敵対はできない。かといって単なる和議の申し出をしては七郎が撃たれたので臆したり、と人に思われる」と困り果て、結局二男の池頼定の嫡男である市正頼和《いちのかみよりかず》にまだ正妻がいなかったことから、国親の女《むすめ》を嫁としてもらい受けることを決めて使いを出した。

国親も、そうなれば犠牲者を出さずに十市、池を旗下に置くことができるので、喜んで二女を嫁がせることに決めた。天文二十年（一五五一年）の春のことである。十市、池も長宗我部軍団に組み入れられたのである。そこで行き場がなくなった池万五郎は、剃髪して出家したという。

九　親泰の香宗我部家への養子縁組

『土佐国編年紀事略』に次の記述がある。

> 頃年（天文十五年）香宗我部右衛門尉親秀、長宗我部国親ノ三男彌七郎親泰ヲ養子トシテ家ヲ嗣シメンコトヲ請テ国親ニ帰順ス

これは、天文十五年（一五四六年）に香宗城主の香宗《こうそ》我《が》部《べ》右衛門尉《うえもんのじょう》親秀《ちかひで》のところに、岡豊城主の長宗我部国親の三男である親泰が養子として入り、親秀はその親泰を継嗣とすることにして、長宗我部家に帰順した、という内容である。

現在の香南《こうなん》市（旧香美郡野市町《のいちちょう》）のあたりに香宗城があり、香宗我部氏の居城であった。国親のころは香宗我部親秀が城主であったが、親秀は嫡男の秀義《ひでよし》が安芸氏との戦い

で討ち死にしてしまったため、弟の秀通を既に養子として家を継がせていた。

だが、親秀も長宗我部国親が大津、下田と次々と近辺の城をうち従えていく様をみて、心穏やかではなかったようだ。香宗我部の領地は国親のそれと隣接している。一方、香宗我部には、東にも安芸氏の脅威があって強敵に挟まれた格好になっていた。

そこで、香宗我部親秀は思いを巡らせた末、長宗我部につくことにし、長宗我部との養子縁組の案を家中に提案した。

すると、長宗我部の勢いに脅威を感じ行く末を心に掛けていた家臣も、香宗我部と長宗我部の和睦策は香宗我部家の基盤を堅くすることになると考え、話がまとまったようである。

国親のもとにこの旨使者を出して伝えると、国親も香宗我部が甲斐源氏武田の一族として氏素性も知られていることから、三男の親泰を養子に出すことを決めた。これで香宗我部家は長宗我部家の一族となった。このあと親泰は兄である元親に協力して土佐、そして四国統一の偉業を助けていく。これで、長宗我部にとっても、強敵安芸に対する大きな壁が出来上がった。

だが香宗我部には、親秀がいったん跡を継がせた親秀の弟秀通の問題が残っていた。長宗我部との縁組みが決まった後、香宗我部家内に継嗣についての問題が持ち上がったのである。親秀の弟の秀通は、「香宗我部」という「家」の存続を優先して、自分を裏切った兄の親秀に激しく抵抗したようである。そこで親秀は意を決して、密かにこの秀通を討ち取ることを家臣に命じた。時は、弘治二年（一五五六年）十月のことであった。秀通は四十七歳であったという。

ただ、親秀は家門存続のためとはいえ肉親である弟を討ったことを悔いて、その後は隠居し、残った秀通の子を引き取って育てた。

こうして岡豊八幡のご託宣どおり土佐の領内での国親の評判は上がり、その勢いが日ごとに増してきた。

そこで、国親は父兼序はじめ死者の霊を弔うために安祥寺を再興して、名称を常通寺と改め、兼序夫妻の供養をした。

次いで、国親は長岡郡の南部を制圧した。そこで、いよいよ父兼序の敵の本命である本山梅慶を攻める決意をする。本山氏は長岡郡の本山を本拠としていた。永正年間に本山梅慶は、長宗我部兼序の岡豊城を攻めて落城させた後、さらに勢力を伸ばして土佐郡、吾川郡に進出し、さらに長岡、土佐の両郡の山間部をもおさえ、その勢力は長浜、浦戸の港にまで延びていた。ほぼ土佐の中央部をおさえた格好である。

岡豊城を本山氏とともにかつて落とした者に吉良氏がいる。源頼朝の弟である希義《まれよし》の後裔と称していて、当主吉良宣直は吾川郡南部の弘岡を居城としていた。ところが、本山梅慶はその宣直が仁淀川《によどがわ》で鵜飼いをする計画があることを知り、隙を突いて殺してしまう。そのため、本山氏の勢力は吉良氏の領地と併せてさらに強大なものとなった。

昨日の味方が、今日は敵となったのである。まさに戦国の世である。だが、その梅慶も天文二十四年（一五五五年）に没した。それを機に、本山氏の力にも陰りが出始めた。

十　元親初陣

国親は、梅慶の死の翌年の弘治二年（一五五六年）には、本山氏の配下であった大高坂、国澤、秦泉寺らの将を旗下に収めて、土佐郡の中央部に進出した。そして、いよいよ本命の宿敵である本山氏とにらみ合う形となった。

そこに、国親にとって格好の事件が起こった。兵糧運搬のために国親が大津から種崎《たねざき》の城に向けて船を出していたところ、本山の部下が船を襲ってその兵糧を奪ったのである。梅慶のあとを継いだ本山茂辰《しげとき》は「自分のあずかり知らぬことだ」と弁明したといわれるが、国親はそれを承知せず縁戚関係である本山氏と長宗我部はこの事件をもって断絶状態となった。

すかさず国親は、長浜城から始める本山攻略の計画に着手する。国親の旧臣に福富《ふくとみ》右馬允《うめのじょう》という者がいた。福富は国親に仕えていたが子細があって浪人し、長浜に住み大工として長浜城の仕事をしていた。

永禄三年（一五六〇年）五月二十六日、国親はこの福富の手引きで長浜城を奇襲、城を落とす。その素早さと当夜の激しい風雨のためか、近くの浦戸城にいた本山勢は誰も長宗我部軍の動きに気がつかなかったらしい。朝倉城で様子見をしていた茂辰のもとに急使がようやく届き、慌てて茂辰は二千五百の兵を結集させて長浜に進めた。本山軍出陣のこの知らせを受けた国親は、待ってましたとばかりに嫡男の弥三郎元親、そして二男の左京進親貞《さきようのしんちかさだ》をともなって種崎に兵を進め、御畳瀬《みませ》から慶雲寺（現在の雪蹊寺）に集結した。一千余騎である。

国親らは雪蹊寺で必勝祈願をし、長浜・戸ノ本で敵軍とぶつかる。元親はこの時二十二歳であった。この長浜の合戦が元親の初陣となる。そして、この合戦で元親は長宗我部家の家臣団に評価されるみごとな戦いぶりを示した。

その様子を、『土佐物語』にみてみよう。

　覚世の子息弥三郎元親十八歳、今日初陣成りけるが、いかゞしてか味方を離れ、戸の本の西の方に、廿騎計《ばかり》にて控へ給ふ。吉良の士是を見て、願ふ所の幸なりと、大窪美作・其子勘十郎・吉良民部・宇賀《うか》平兵衛・長《ちやう》越前・河村四郎左衛門を始めとして、五十騎計り驀直《まつしぐら》に打つて掛る。元親少しも擬議《ぎぎ》せず、鑓取て近付き、敵三騎、弓手《ゆんで》馬手《めて》に突伏せ、大音声《おんじやう》を挙げて、「昨日までも互に肩をならべ膝を交せし同僚ぞかし。爰《ここ》に引退きて、何の面目有りて再び人に面を合すべき。夫《それ》武士は、命より名こそ惜しけれ。一足も引くべからず」と、駆出で〳〵下知し給へば、元よりはやりをの若者共、此詞に励まされ、黒煙を立てゝぞ打合ける。

覚世（国親）の嫡男である元親は、十八歳（実際は二十二歳）であった。今日が初陣となるが、なぜか味方の部隊から離れて、戸ノ本の西の方に二十騎程で控えていた。この姿を見て、本山軍の大窪美作ら五十騎程が討ってかかった。元親はこれを少しも恐れずに、槍を取って敵三騎を突き伏せ、「昨日まで肩を並べていた同僚である。ここを引いては面目が立たない。武士は命より名を惜しむべきである。一歩も引くな」と大音声を挙げた。この元親の言葉に励まされて、黒煙を立てての打ち合いとなった、という内容である。

元親の奮戦ぶりがわかる。そして、この長浜・戸ノ本での戦いは、数の上では劣勢であった長宗我部軍の勝利となり、本山茂辰は浦戸城に逃げ込む。そこで国親はこの浦戸城を包囲する。

長宗我部元親の初陣となったこの長浜・戸ノ本の戦いは、お互いの陣の配置や戦いの展開などについては『土佐物語』よりも『元親記』の方がわかりやすい。『元親記』で、その流れをみてみよう。

長宗我部軍は、五月二十七日の朝七時頃に長浜城下に入り、雪蹊寺の前の戸ノ本で最

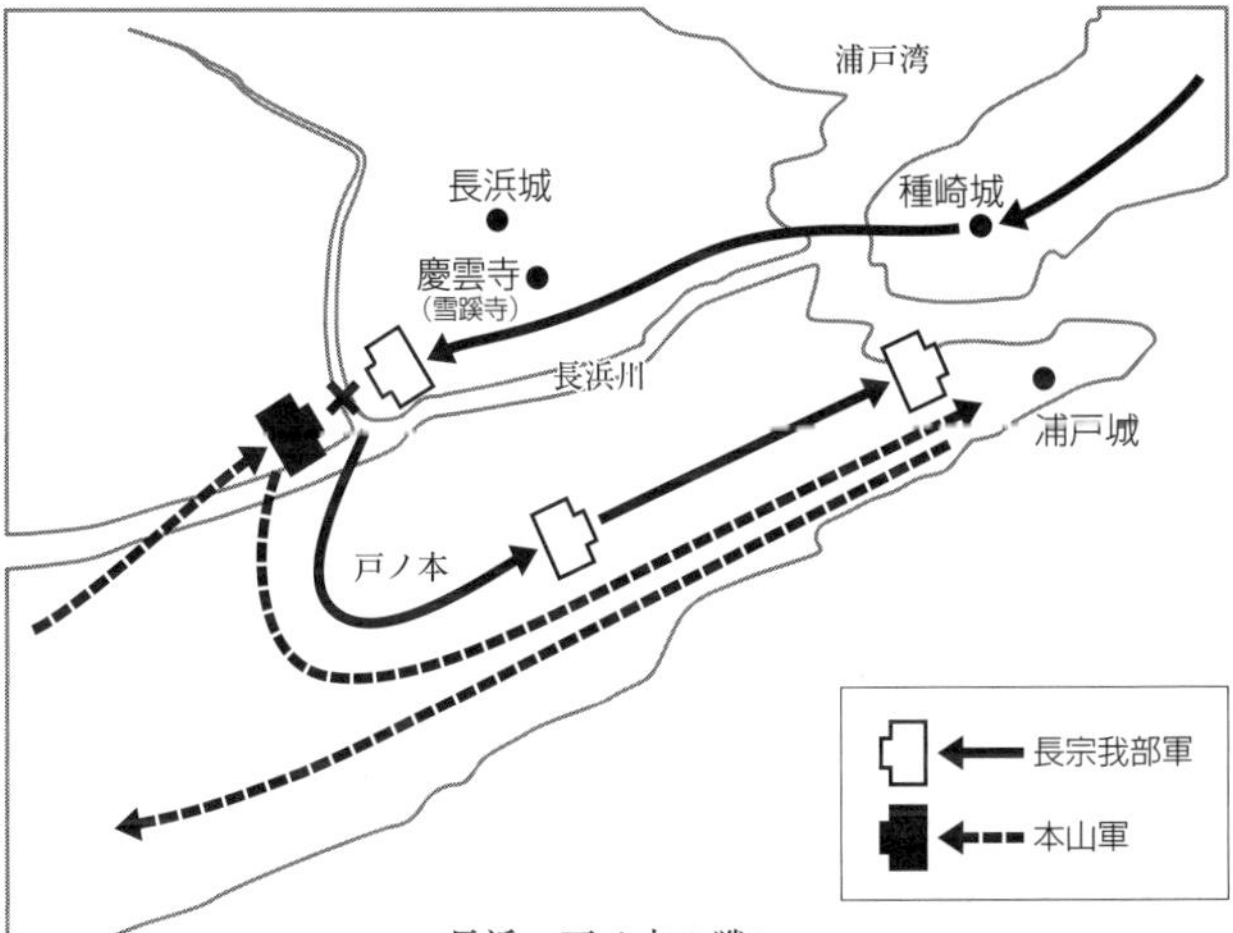

長浜・戸ノ本の戦い

初の槍合わせをした。火花を散らして二刻《ふたとき》（四時間ほど）斬り結んだが、長宗我部軍が劣勢となった。そこで元親が五十騎ほどを指揮して乱軍のなかを突き抜けて、形勢は逆転した。本山軍は弘岡の方に敗走した。翌二十八日、本山茂辰は浦戸城から若宮表《わかみやおもて》に出た。これに対して、元親の弟の親貞（左京進）が槍合わせをして追い立てた。茂辰らは浦戸に引き揚げて籠った。ところが、五、六日を経過した後、国親は何を思ったのか、若宮口の囲いを解いて茂辰を朝倉城に逃がした。

『元親記』は、国親が追い詰めていた茂辰を逃がした理由については何も書いていない。

　本山茂辰を袋の鼠としたにもかかわらず、国親はこの包囲網を解き、種崎経由で岡豊城に引き揚げたのである。

本山茂辰が逃げ出したのを見届けたうえで、国親は浦戸城に二男の親貞を、種崎城には小備後親家をそれぞれ城代として残す。長浜城は廃城とした。かくして、土佐の中央部海側である長浜、浦戸、種崎は、長宗我部の勢力圏となった。

十一　国親の遺言

そして、本拠地に引き揚げた国親はそのまま病床につき、それから二十日ほど後に岡豊城内で死去する。五十七歳であった。

国親は、死の床で次のように嫡男の元親に言い残したといわれる。『土佐物語』による。


さる程に覚世は、岡豊に帰り給ひ、種々の医療を尽されけれ共、針灸調剤の術も絶え、既に臨終に及びしかば、弥三郎を呼びて「我病命今にせまりぬ。本山は怨敵の張本なれば、報讐の志深しといへども、時至らずして打過ぎぬ。然るに今度び彼が領内に入りて一戦に打ち勝ち、三ヶ城を乗取る事、生前の本望、死後の思出なり。されば我為には、本山を討つより外に供養なし。我死せば、一と七日の間は、世法に随ひて、汝が心に任すべし。夫過れば、喪服を脱ぎて甲冑にかへ、軍議を専にすべし。此の旨堅く心得よ」と宣《のたま》ひ、永禄三年六月十五日、五十七歳にて、遂に卒去し給ひけり。

本山茂辰は恨み多い敵である。長い時が経過したが、今回はこの敵の領内に入って三城を奪うことができた。本山とは決して和睦してはならない。自分は亡き父の恨みを晴らすことをもって孝行であると考えてきた。だから元親も、本山を討つ以外に私への供養はないと思え。しかしながら、親の死後に仏事を為さないと世間に笑われる。だから七日の間は世の慣習に倣い喪に服し、その後は喪服を脱いで甲冑《かっちゅう》に替え軍議をいたせ。

このことをかたく心得よ、という内容である。

また、『元親記』によれば「吾は軍神となって長宗我部家を守る」と、国親は元親にきっぱりと強い決意を言い残している。そして、岩原信守校注の『土佐物語』では「もしも、元親がこの遺訓に背くようなことがあれば、いくら供養をしても自分は受けないだろう」との国親の思いを述べた文言が付け加えられている。

浦戸落城を目の当たりにしていただけに、父兼序の敵を討てなかった国親の悔しさがにじみ出ている。ただ、浦戸城の包囲は成功していたのだから、もう一歩でそれは達成できていたはずである。それをしなかったのは、自分の女《むすめ》を嫁がせている相手に対してのの、国親のせめてもの情けではなかったかという見方もある。あるいは本山攻め、つまり兼序の敵討ちという仕上げは、嫡男である元親に残しておこうと考えたのかもしれない。いずれにしても、遺言を残して国親は逝った。長宗我部家の今後を兼序が国親に託したように、国親もまたその嫡男である元親に長宗我部家の将来をかけたのであろう。

第三章　中興　長宗我部元親伝

土佐の浦戸湾の入り口にある桂浜は月の名所といわれる。その桂浜の背後にある小高い山の上に、四国を統一し天下をも夢見た長宗我部家の中興の祖、元親の居城である浦戸城があった。だが、現在そこには城に関するものはほとんど残されておらず、不思議なくらい静かである。

浦戸城址に立つと、かつては鯨が泳いでいたその浦戸湾から吹き上げてくる風が背中を突き、また太平洋側から突き上げてくる風とぶつかり合って激しく舞う。土佐は風の強いところだ。

信長、秀吉、家康の三英傑が覇を争っていた時代、浦戸城を包むように巻きあがる風のなかに立ち、太平洋の白い波頭の向こうに、元親も天下に思いを馳せたのではないだろうか。初陣の長浜・戸ノ本の戦いで、元親が浦戸城をまず攻めとったのは、中央へと開ける土佐の海の玄関口をおさえたかったからであろう。

長浜・戸ノ本の戦いから土佐一国の制覇にほぼ十五年、そして海部《かいふ》から阿波に入り、伊予、讃岐にも侵入した元親が、まず対峙しなければならなかったのは織田信長である。信長との対決は、明智光秀が起こした本能寺の変により何とか避けられたが、次には秀吉との対決が待っていた。

近代的な装備と圧倒的な兵力によって一敗地にまみれ土佐一国へと領地が縮小され、秀吉に夢を砕かれた格好となった元親ではあったが、その後は秀吉の臣下として九州の島津征伐、朝鮮半島に遠征した文禄・慶長の役にも元親は参加して戦った。その一方で、元親は土佐の検地を進め、元親百箇条を整備するなど、家臣と領民のため内政を固めていった。

元親は慶長四年（一五九九年）に伏見邸で死去するが、結局天文《てんぶん》年間に生まれた三英傑のなかで最も若かった家康が、元親の死の翌年に関ヶ原の戦いを起こし、豊臣政権を崩壊させ天下を手中に収めることになる。そして元親亡き後、長宗我部家もその家康の天下取りの思惑のなかで翻弄されるのである。

エピソードをひとつ。

長宗我部元親は豊臣秀吉に四国の陣で敗れ臣下となったが、その秀吉からある日、当

- 国親《くにちか》
  - 元親《もとちか》
    - 信親《のぶちか》
    - 親孝《ちかたか》（親和《ちかかず》）
    - 親忠《ちかただ》
    - 盛親《もりちか》
    - 女　嫁　一條
    - 女　嫁　吉良
    - 女　嫁　佐竹
    - 女　嫁　吉松
  - 親貞《ちかさだ》　吉良左京進
  - 親泰《ちかやす》　香宗我部左近大夫
  - 親房《ちかふさ》　島弥九郎
  - 姉女　嫁　吉良
  - 二女　嫁　十市
  - 三女　嫁　波川
  - 四女　嫁　津野

時京都の政庁兼邸宅であった聚楽第《じゅらくだい》に招かれて接待を受ける。

その場での秀吉と元親のやりとりのなかに、元親の思いが垣間見える。それぞれの会話や情景描写は吉田孝世の『土佐物語』に基づく。

半分は戯れであろう。秀吉が宮内少輔元親に聞いた。「何と宮内少輔は四国を望みたるか、天下に心かけたるか」と。

すると元親は、即座にその問いに答えた。「何しに四国を望み候べき、天下に心をかけ候」。

秀吉はさらに突っ込む。

「宮内少輔が器量にて天下の望みはいかで叶べき」

これには元親もむっとして、反論する。

「あしき時代に生れ来て、天下の主に成損じ候」

そろそろ畏れ入るだろうと思っていた予想に反して、元親がまじめに答えてくるのに驚いた秀吉は、「それはいかに」とさらに問いただす。

流石に元親も「天晴他人の天下に候はゞ、恐らくはと存じ奉り候へども、大慶《たいけい》の君の世に生れ合せ、望みを失ひ候へば、あしき時代に生れ来るにて候」と秀吉のご機嫌を取ってこの場をおさめた。


秀吉が上機嫌になったのは、もちろんである。だが、元親のほうは天下を手中にして有頂天になっている秀吉の振る舞いを前に、「人の気持ちをわきまえぬ、この成り上がり者のジジイめ」と、苦々しい気分にさせられたのではないだろうか。

もともと長宗我部元親は、秀吉よりも家康のほうに強い関心を抱いていたようである。というよりも、秀吉に対して好意を抱いていなかったのではないか。秀吉も、多くの場面で自分に対抗する構図をとってきた元親の心の奥を見抜いていたであろう。だからこそ、このようないやみな問いかけをしたのかもしれない。

一　天文の雄

群雄が割拠したこの時代には多くの優れた人物が相次いで誕生している。天文年間に生まれた英傑といわれる人をみてみよう。

元親の生誕は天文八年（一五三九年）だが、織田信長は天文三年（一五三四年）、豊臣秀吉が天文六年（一五三七年）、そして徳川家康が天文十一年（一五四二年）である。わずか八年の間にこの四人は生まれている。しかも、元親以外の三人の出生は信長、秀吉、家康ともいずれもが、日本の臍《へそ》といわれる中心部の東海地方である。そのなかで最後に生まれた家康が七十五歳ともっとも長生きをした。秀吉は六十二歳、信長は四十九歳、そして元親は六十一歳で亡くなっている。

元親が生まれたのは信長が「鳥無き島」と馬鹿にした辺境の地、土佐である。そして、信長は元親のことをその鳥無き島の「蝙蝠《こうもり》」とまであざけった。

元親が家臣の中島可之助《なかじまべくのすけ》を使者に立てて、信長に元親の嫡男信親の烏帽子親になることを依頼したときのこと、平尾道雄著の『長宗我部元親』（人物往来社）の中に、面白い話が載っている。それによると、信長は「鳥無き島の蝙蝠」を「ムチョウトツノヘンプク」と音読みでからかった。これに対して、可之助は信長のいったことがわからないまま「さらばお上は、ホウライキュウノカンテン（蓬莱宮の寛典、という意味であったのだろうか）と見上げたてまつる」と述べ、信長のほうもまた可之助のいった意味がほとんど理解できないまま「さようか」と答えたという。なにやら未開の国から使いが来たときのような会話だ。いずれにせよその対応ぶりを見ると、信長は元親をかなり軽く見ていたようだ。

信長が元親を低く見ていたことについては理由がある。当時の土佐は国の政治の中心、京の都から距離的にも遠く離れていた。それに土佐は神亀元年（七二四年）に配流の制度が定められて以来、配流の地としてその歴史をたどっている。つまり、華やかであった信長らの活躍する尾張、美濃、三河などから見れば、人無き島と見えたのである。

確かに、天下を望むには極めて不利なところである。だが、そこから長宗我部元親は立ち上がり、四国を統一し、さらに海を渡って中央へと飛躍していく夢をみたのである。

二　姫若子

長宗我部元親は、長宗我部家二十代の当主国親と、美濃の守護代を務めていた斎藤利良《さいとうとしなが》の女《むすめ》との間に、岡豊《おこう》城で生まれた。公式の場で元親が使っていた名は「長宗我部宮内少輔秦元親《ちょうそがべくないのしょうはたのもとちか》」である。

父親である国親には、長女が大永四年（一五二四年）に生まれてからしばらく子供ができなかったが、ようやく嫡男が生まれ幼名を弥三郎《やさぶろう》と称した。

元親の容貌や所作について、『土佐物語』に記してあるのでそれをみてみよう。

長宗我部元親像

此元親は、生得背高く色白く、柔和にして、器量骨柄天晴類なしと見えながら、要用の外は物いふ事なく、人に対面しても会釈もなく、日夜深窓にのみ居給ひければ、姫若子《ひめわこ》と異名を付けて、上下囁き笑ひけり。「されば当家も末になりぬ」と、覚世深く嘆き給ひ……

元親は、背が高く、色白で柔和にして、器量骨柄天晴れ類いなしとみえるけれど、必要なこと以外はほとんど口を利かない。人に対面したときも会釈もせず、いつも屋敷の奥に籠っているので、「姫若子」と呼ばれて、城の中では笑われていた。そのため「嫡男がこういうことであれば、長宗我部家も、もう末となった」と、父親である覚世は残念に思っておられた、という内容だ。

「生まれながらにして、背が高く色白で柔和」は、元親の長男の信親についてもそうであった。長身、色白は長宗我部家の血統なのかもしれない。ちなみに、この文章を記している私は色白ではあるものの、身長は百六十二センチ、短足である。しかし弟は二人とも百八十センチ近くあり、すらりとして背が高い。ともあれ、元親はこのように外見は立派だったが、所作が女性っぽかったということであろうか。家臣団も「姫若子」と呼んで、笑い合っていた。

わがままではあるが、柔軟な姿勢も持っていたという元親の性格の一面がわかる逸話が残っている。元親の政策の矛盾を、真っ向から突いた家臣がいた。それが福留隼人儀《ふくどめはやとよし》重《しげ》である。猛将福留飛驒守親政《ちかまさ》の息子で「蛇もハミ（蝮《まむし》）もそちよれ、隼人さまのお通りじゃ」といわれたほどのこわもての武士である。

土佐は、日本で一、二といわれるくらい酒飲みの多い土地柄だ。底に穴が空いていて、自分の指を使って底に蓋をしておかないと、つまり酒をすべて飲み干さないと、次に回すことができないような盃があるくらいである。また、戦いの後に酒を飲むのは当時の武士の習慣でもあった。しかし、酒を飲むと喧嘩が多いという理由で元親は禁酒令を出した。城下では元親のこの「禁酒のお触れ」に当然のことながら不満が渦まいた。

そんなある日、隼人が自宅を出たところで、元親のために運ばれる酒樽が目の前を通った。かねがね元親がこっそり自分一人で、隠れて酒を飲んでいることに気づいていた福留隼人である。隼人はその樽を二つ三ついきなりブチ壊した。すると樽からは酒がどっと溢れ出た。『土佐物語』には、隼人が慌てふためく使いの者たちに向かって次のように言ったとある。

「諸人の鑑と成人の、其法を背き給はゞ、豈《あに》其道立んや、形正しからざればかげ曲る。民を苦しめて、独り楽み給ふ事、無道と云に余りあり。是を諫ずんば臣たるの道にあらず。若し御承引なく御とがめあらば、諸人の為に一命を失はん事、素《もとよ》り望む所なり」

「諸人の鑑であるべき上に立つ人が、法に背いていては正しい道は成り立たないであろう。形が正しくないと総てが曲がっていく。民を苦しめて、上に立つ自分だけが楽しみごとをしていては、無道も甚だしい。このような主人であるなら、それを改めさせなければそれは家臣ではない。自分がこれを諫めて殿が承知せず、一命を隼人が落とすことになったとしても、それは望むところだ」、という内容である。

この出来事を聞いて元親はうろたえ、報告に来た家老たちに向かって次のように言ったという。『土佐物語』による。

「察するに是元親を強く諫る所なり。天晴元親大果報の者なり。長宗我部家運長久疑ひなし。元親飲酒禁制の法令を出して、却て元親是を犯す。不義是より大なるはなし。尤《もつと》も人の悪《にく》む所、国を亡し家を失ふの基なり。隼人元親が為に一命を抛《なげう》て諫る事、伝へ聞く王子比干《ひかん》に異ならず、尤も義有り忠あり、臣たるの手本、武士の鑑なり」

思うにこれは元親を強く諫めるために隼人がやったことである。天晴れと思う。元親は果報者である。このような家臣を持ったことで、長宗我部の家運は長久だ。禁酒の法を出しておきながら、自分で反する。こんな不義なことはほかにない。最も人々が悪く思う行為であって、国をほろぼし、家を失うもとである。隼人が命をなげうつ覚悟で主人である自分を諫めたことは、言い伝えにある殷の王子比干にもひけをとらないほど義であり忠である。家臣の手本で武士の鑑でもある、という内容である。

なお、岩原信守校注本では、元親の言葉に次が加えられている。

「古人の詞に、『君ニ諫ムル臣有レバ、無道ナリト雖《いへど》モ其ノ国ヲ失ハズ。父ニ諫ムル子有レバ、無道ナリト雖モ其の家を失ハズ』と言へり」

「古人が言った言葉に、『諸侯に主君の非道を諫める家臣がいたら、たとえその国の君主が道に外れたことをしても、その国が亡びることはない。父にその非行を諫める子があれば、無道であっても、その家を失うことはない』というのがある」、という内容である。

ところが、ここが元親の土佐人としての偏屈というか洒落っ気のあるところで、『土佐物語』によると、そう言いつつも元親は「一度出した法をすぐに変えてしまうのはよくない。だから自分は福留の諫めに従って以後一切酒をやめる」といったんは言い張ったのである。隼人にすれば、今回の行為はむろん元親への諫めからではあるが、酒好きであった自分自身も元親の禁酒令で酒が飲めずに困っていたのであろう。家老たちも酒を飲ませないと民は納得しないと思っている。さらに家老と元親のやりとりがいくつかあり、ようやく次の触れを元親が出すことで、この一件は落着した。『土佐物語』の記述は次のとおり。

今度酒を禁ずる事法令のあやまり也。依て是をあらためゆるすなり。但乱酒すべからず。
元親
と書て、在々所々へ触られければ、諸人其真実の御志をぞ感じける。

「酒を禁じた法令は誤りであった。これを許すが、乱酒はしてはいけない。元親」と記した立て札を多くの在所に回した。城下の者も、その元親の臨機応変に改める心を知り感じ入ったのである、という内容である。

元親が柔軟な頭で、この頃は政策実行に当たっていたことがよくわかる。元親と家臣の関係もうまくいっていたはずである。

また、元親は土佐、あるいは阿波、讃岐、伊予と四国統一を進める過程で、命乞いをしてきた敵将をほとんど殺していないし、その嫡男などの子供が他国に逃げていくのを承知のうえで見逃したり、自分の城下に引き取りその後の面倒を見たりしている。少なくとも嫡男の信親死後の継嗣問題が起こるまでの元親は、戦国時代に生きながら寛《ひろ》い心を持った人間性豊かな人物であったと思われる。

江戸時代の讃岐の儒学者である中山城山が編纂した『全讃志』に次のような記述がある。

如長曽我部氏、時雖悍狡乎、亦寛厚愛人、是以其威偎四州也、

長宗我部氏は、ときとして乱暴でずる賢いと思われることもあるが、また人を愛していて、厚く寛い心を持っている。これによって四国に威を広めることができたのである。

この『全讃志』の一文は元親が侵攻した讃岐の人間が、元親についての評判を記しているものである。仁愛の精神に基づいているとみられるこうした元親の人間性は、戦場においても失われてはいない。

ところで、元親は土佐を統一した段階で、土佐一国では満足せずさらに四国統一へと踏み出していくが、それは如何なる思いからであったのか。『土佐物語』のなかに元親

自身が語ったという言葉が記されている。元親は、やはり『土佐物語』にもあるように「秦一族の人間として、一国の主で終わるのは本意ではない」と考えていたようである。

宮内少宣ひけるは「亡父入道殿、常に仰られしは、我秦の始皇の末流たりといへども、僅かに三千貫の領主にて、斯る田舎の片ほとりに暮す事こそ口惜けれ。身を立て道を行ひ、名を後世に揚るを、孝行の第一なりと、文宣王の金言なり。謀計を以て、威名を振ひ、国家を持つは、勇士の本意とする所なり。先祖の為身のため子孫のために軍を起し、秦家興隆せばやと仰せられしが、不幸にして世をはやうし給ふ。元親その志しを継ぎて旗をあげ、国中不日に掌握に落ちぬ。然れども唯一国の主といはれんは、先考《せんこう》の本意にあらず。責て南海・西海の主と仰がればや（後略）」

宮内少輔元親が言ったのは、「亡き父である入道殿は自分は秦の始皇帝の末流だといっても、わずか三千貫の領主に過ぎない。さらにこのような田舎で過ごしているのである。身を立て道を行い名を後世に残すことが第一の孝行であるというのは孔子の金言である。国を支配するのは勇士の本意とするところである。先祖のため、わが身のため、子孫のために軍を起こして、秦家を興隆したいと思っておられたが、不幸にして入道殿は早く世を去ってしまわれた。元親がその志を継いで、旗を挙げて土佐一国をわずかな日数で掌握した。けれどもただの一国の主では、国親のいう秦氏の本意ではない。せめて、南海道といわれる紀伊、淡路、阿波、讃岐、伊予、土佐の六ヶ国、さらには西海道といわれる九州全域の主と仰がれたいものである」、という内容である。

元親は先祖から秦一族としての矜持を受け継いできた身として、初めから、紀伊、淡路を含め四国全域、さらに九州全土も手中にして天下を目指す、それが叶わないまでも日本の西の王者となることをその生きる目標としていたのであろう。

三　元親の信望

「南海・西海の主と仰がればや」という夢を抱いて、長浜・戸ノ本の初陣に参加した元親であったが、実際、長浜、浦戸の合戦で見事な働きをした。家臣の信頼を一気に得る。初陣こそ二十二歳と遅かったが、その後は父国親の「喪服を脱ぎて甲冑にかへ」という遺言どおりに、破竹の勢いでまず第一の目標である土佐統一に走る。

瀬戸内海側から土佐に入るためには、四国の背骨のように連なる山岳地帯を越えて行かなければならない。かつて電化がまだなされていなかったころ、本州から四国の高知に行くにはまず高松行きの宇高連絡船で岡山県の宇野から海を渡って、そこからまた汽車に乗り換えて土讃線で高知に向かう。高知に着くまでには、途中いやというほどの数のトンネルがあった。

電化される以前は、老人がトンネルの中で汽車の煙のために息が詰まって死んだという話を聞いたことがある。私も汽車で家に帰って、さっそく風呂に入り耳の穴に指を突っ込んだら奥のほうから黒い石炭の粉がぼろぼろ出てきた思い出がある。

だから、汽車などがない時代に、当時の中心地であった京の都や尾張などに行くには、船に頼らねばならなかった。とすれば良好な港が必要である。元親は、かねてから浦戸の港に目をつけていた。

長浜・戸ノ本での本山との戦いで元親は初陣を見事に果たすが、続いて一気に浦戸城を包囲する。

ちなみに、元親が浦戸城をわが手にしたほぼ同じ頃の永禄三年（一五六〇年）五月十九日、織田信長が京を目指す今川義元を桶狭間で打ち破り、その存在を一気に天下に示している。そのときの、今川軍の先鋒は松平元康（徳川家康）であった。

実は、長浜の初陣で元親が見事な働きをしたのには裏がある。元親は、世間には「姫若子」といわせておいて、かねてから密かに武術の手ほどきを受けていたのである。その師匠は、小備後《しょうびんご》と呼ばれた長宗我部の一族である。小備後は正式には江村備後守親家《えむらびんごのかみちかいえ》という。元親は、戦場での心得を徹底的に小備後に教え込まれていた。だが、その親家も天正年間に亡くなり、後を嫡男の孫三郎に継がせたが、彼は以後元親の家臣として活躍する。

国親の死で、元親は名実ともに長宗我部家の当主となった。長宗我部家は、文兼ら先祖から引き継がれた中央とのつながりを持っている。また、父国親の努力で一領具足《いちりょうぐそく》を育て、軍事力も充実しつつあった。いま、力のある本山さえ破れば、土佐の領主たちの多くは一気に長宗我部になびき、土佐一国の平定は容易にできるはずである。土佐さえ手に入れば、二万くらいの兵は軽く動かせるようになる。となると、その先には四国統一の道筋が見えてくる。

四国がわが手中に入れれば、中央の勢力と戦うことも夢ではない。これまで、辺境、遠流《おんる》の地とされてきた土佐から、逆に中央に向かうことができるのだ。そしてそのためには、宿敵本山との一戦はどうしても避けられなかった。

四　本山氏を倒す

元親は本山勢と再び戦う前に、秦泉寺城主の秦泉寺《じんぜんじ》豊後守《ぶんごのかみ》を攻めている。秦泉寺氏はかつての盟友であり元親の初陣の折は助けられたが、その嫡男の時代となって元親と相争うようになっていたのである。元親はその秦泉寺を破って、さらに勢力を増した。

そして、元親は本山茂辰《しげとき》と連携していた大高坂《おおたかさか》、国澤、久万《くま》の城に圧力を掛け、次々と落としていった。ここにいたって、本山と長宗我部の対決姿勢は鮮明となった。元親が描いたとおり、土佐の関ヶ原ともいわれる両雄決戦の構図ができあがったのである。

目指す敵、本山茂辰は義理の兄に当たるが、永禄五年（一五六二年）九月十六日、ついに元親は、三千の兵を集めて本山の本拠地である本山城と朝倉城に攻撃を仕掛けた。

本山は長浜での長宗我部軍との合戦で、一度長宗我部軍に敗れている。しかし、土佐の中央部で勢力を張り続けてきたというプライドは高かった。

長宗我部軍が鬨《とき》の声を挙げると、籠城戦を取っていた本山勢もこれに応じて、城中で鬨の声を作る。そして、辰の刻（午前八時ころ）より「矢合わせ」が行われた。その合戦は『土佐物語』によると次のような展開であった。

目立ったのは茂辰の嫡男である本山将監親茂《もとやましょうげんちかしげ》の戦いぶりであった。親茂は元親の甥に当たる。親茂は、緋糸縅《ひいとおどし》の鎧に同毛の甲冑、龍の頭を打った兜を着けて、ただ一騎のみで葦毛の馬に乗り、大門を開いて登場している。そして、こう呼びかけたという。

「われは本山将監親茂である。叔父に向かって弓矢引かんことは恐れ多いことではあるが、うけてご覧候へ」

そして、親茂は元親めがけて矢を射た。その矢は元親の前に立っていた兵の、兜の金物を射削り、元親の鎧の草摺《くさず》りの裏まで付き通して立った。

元親がこの矢を抜いてみると、「本山将監親茂」と漆で、その姓名が書き込んであった。それを見て、元親は「いつの間にこれほど弓矢の腕を上げたのであろう」と、感心したという。このとき親茂は十六歳だったが、背が高くて骨格たくましく、心も剛直であった。祖父の本山梅慶は無双の大将であったが、その孫の将監は父の茂辰を越え、祖父よりも優れた人物であるかもしれないと人々は噂したという。

さて、この日の合戦は親茂らの働きによって、長宗我部軍は押され、現在の高知市神《こう》田《だ》に当たる神田城に引いた。

しかし長宗我部軍は態勢を立て直し、翌々日の十八日に再び決戦を挑んだ。

本山茂辰は朝倉城を出て、鴨部《かもべ》の宮ノ前に馳せ向かって戦った。この時、長宗我部軍は「茂辰を討たずんば、又何をか期すべき」「千騎が一騎に成るまでも引くな、進め」「子は親を捨てて戦ひ、従者は主に離れて斬り合ひけり」と、三十余度の合戦をした。午前六時ころから、午後六時ころまで戦ったのである。

そして結局、元親は岡豊に引き揚げ、茂辰は朝倉の城を守った。本山方は、一族同胞二十三人、郎党八十五人、そのほか軍勢二百三十五人を失った。元親側の討ち死には五百十一人であった。激しい戦いであったと『土佐物語』は記している。

永禄六年（一五六三年）正月、本山茂辰は朝倉城に自ら火をかけて、本山城に引き下がることにした。朝倉合戦の後、本山の家臣らが長宗我部に靡《なび》いて去っていく者が多く、茂辰は朝倉を引いて本山に再結集するという策を取ったのである。

さらに、隣郷の吾《あ》川《がわ》郡弘岡の吉良城を守っていた本山の軍が城を捨てて逃げてしまったので、元親の弟の長宗我部親貞がその城を乗っ取ってしまった。これにより長宗我部家は仁淀川を境として、土佐中央部を確保することになった。そして、これ以降親貞は吉良の姓を名乗るようになった。

本山茂辰は、永禄七年（一五六四年）瓜生野《うりうの》に要塞を造り、本山城から後退した。その本山城は家臣の吉井修理に守らせていたが、これを元親が攻めて勝ち取った。この間に茂辰は病死する。

そのため、本山茂辰の嫡男、親茂は降参し、本山一族は長宗我部元親によってついに倒されたのである。時に永禄十一年（一五六八年）の冬であった。

本山一族には長男親茂のほか、二男内記、三男又四郎の男子三人に、女二人と元親の姉で茂辰の妻がいたが、元親はいずれも岡豊に引き取った。そして、親茂は岡豊城下に住み、内記は吉良親貞に預けられ蓮池（高岡郡）で知行を得た。また、又四郎は元親の重臣である西和田越後の婿に入った。

長浜城での元親の初陣以来、実に八年かかったが、これで兼序の無念は完全に晴らしたのである。それを機に元親は上方から宮大工らを呼んで、このときの戦火で焼け落ちた一宮《いっく》土佐神社を再建している。

本山を討った元親の次の狙いは、東に勢力を張る安芸国虎《あきのくにとら》と西の一條兼定となる。だが、一條氏には恩義がある。そこでとりあえず元親の関心は東の室戸の手前にいる強敵、安芸国虎に向かった。安芸には土佐東部の豊かな平野がある。

安芸氏は、壬申の乱に関わった罪で土佐に流された蘇我赤兄《そがのあかえ》の末裔といわれ、歴史のある家柄であった。また、国虎は土佐一條家から女《むすめ》を迎えて、一條房基と姻戚関係にあった。

その安芸国虎は、元親が本山と戦っているさなかの永禄六年（一五六三年）、長宗我部の隙を狙って一度岡豊城を攻め、留守を守っていた福留隼人らに追い払われている。だが、そのときは元親と国虎は一條氏の仲介で和解した。国虎も、土佐で急速に勢力を伸ばしてきている長宗我部元親を目障りに思っていたのである。

五　安芸国虎を襲う

長年にわたる本山との紛争が決着した翌年の永禄十二年（一五六九年）の四月初旬、元親は安芸国虎に宛てて書状をしたため使者を発した。元親の調略の始まりである。書状の内容は『土佐物語』によると次のようなものである。

「先年不慮の事出来て、互に確執に及び候へぬ。然りといへども戦国の習ひなれば、必ずしも是を始終の怨敵と云ふべきに候はず。殊更一条殿の御扱にて、合体せしむる上は、いかでか宿意あるべき。然るに近年中郡の悤劇《そうげき》に依りて、終に会談にあたはず、猶隔意あるに似たり。近日岡豊へ御来臨候へ。対面をとげ、互に天神地祇を驚かし、誓約を固くして、骨肉同胞の睦をなし、過失相規《ただ》し、患難相救ひ候べし」

「先年は不慮の事態が起こって、互いに確執に及んでしまった。しかしながら戦国のならい故に、これを何時までも根に持って怨敵と思うべきではないであろう。一條殿の斡旋で和議を結んだからには、聊《いささ》かも当方には宿意はない。しかしながら、このところの慌ただしい騒ぎによって膝を交えた話もできずにいる。これでは隔意も解消されないので、近日、岡豊《おこう》にご来臨いただいて対面を遂げ、互いに天神地祇《てんしんちぎ》を驚かせるくらいに誓約を固くし、骨肉同胞の睦《むつび》をして互いの過ちを相殺し、艱難《かんなん》を取り除こうではありませんか」、という内容である。

安芸国虎の兵力はせいぜい五千で、元親はそれを上回る兵力を集めることができる。さらに、本山を併合してから元親の勢いはますます増していて、国虎がどう出てきても元親は勝てると踏んでいたようだ。

この元親からの書状を、国虎の家老黒岩越前守《くろいわえちぜんのかみ》が国虎に差し出したところ、国虎はかんかんになって怒った。その国虎の怒りを『土佐物語』はこう述べる。

「古典の法を考《かんごう》るに、戦国の時、隣《りん》国の諸侯《かう》、国の境に出で牲《いけにへ》を備へ、蘆毛馬の血をすゝり、会盟をなすといへり。互に領分の境に出でて、誓約をなさんといはゞ、さもあらんか。然るに我を岡豊に来れとは、降参せよとにや」

国虎がいうには、過去の例をとっても、和議を結ぶ際には、お互いが国の境に出て行っている。そういうことならわからないでもない。それなのに元親は岡豊に来いといっている。これは国虎に降参しろということなのか、という内容である。

それもそうで、和議については、おのおのの領土の中間点（境）で締結するのが常識である。それに、安芸国虎は公家筋である一條家の縁戚でもある。長宗我部とは格が違う、と国虎は内心思っていたようである。その後の展開について『土佐物語』を要約すると次のようになる。

国虎を怒らせて戦いを仕掛けようとしている元親の意図を見抜いた国虎の家老、黒岩越前守は、「元親は小身より身を立て、いまや土佐の中原で勢力を張っていて、さらに元親の勢力が日を追って強くなっているいまは一條家も援軍は出さない恐れがある。そのため、いまは元親の調略に乗って戦うべきではない」と国虎を諫めた。さらに安芸は阿波と国境を接していて、阿波からも狙われている。今回は長宗我部とは事を構えないのが得策であると進言した。だが国虎は、「運を天に任せ、安否を一戦に極むべし」と元親と、一戦を交える覚悟を固め、長宗我部の使者を即座に追い返してしまった。

国虎が挑発に乗ったのを見届けた元親は、永禄十二年（一五六九年）七月十日、七千余の軍勢を岡豊に集結させて進発した。この安芸攻めには先陣として吉良親貞、香宗我部親泰の兄弟を立てた。そして、安芸郡の和食《わじき》に軍をいったん勢揃いさせ、そこで兵を二手に分けた。一軍は安芸城の後方の山岳地帯を、もう一軍は浜通りを進撃した。

国虎は、五千の兵を集めて籠城戦に打って出た。

対して長宗我部軍は、まず姫倉、金岡を落とした。その長宗我部軍の勢いに、安芸勢のなかには長宗我部に寝返る者も出始めた。また、家老の黒岩越前守が予測したように一條家からの援軍は来ず、安芸城内では籠城戦における命である兵糧も尽きかけた。さらに、元親は、安芸城内宇野の井戸に毒を入れたという噂を流し、城内を攪乱させるという調略を用いた。

ここに至って進退極まった国虎は、正室と姫を一條家に逃がし、嫡男千寿丸は阿波に落とした。国虎は安芸家の菩提寺である浄貞寺に入り、元親に使いを出して家臣の命乞いをした後自刃して果てた。永禄十二年八月であった。

一條家に正室と姫の保護を願い出たのは黒岩越前である。その帰途に黒岩は、安芸から岡豊に帰る途上の長宗我部元親に会う。そこで元親は黒岩に元親の家臣になるように勧めたといわれる。だが、黒岩は国虎の法要を済ませた後、国虎の墓前で切腹して果てた。

安芸城を攻略した後、元親は安芸には香宗我部親泰を配して安芸郡安田城の惟宗鑑信《これむねしげのぶ》を降伏させ、さらに北川城を攻め、城主の北川玄蕃《きたがわげんば》を討ち死にさせた。

この北川玄蕃と、長宗我部の家臣福留隼人の父親である福留飛騨守《ふくどめひだのかみ》親政《ちかまさ》の槍を扱っての一騎打ちの話が残っている。この一騎打ちで、福留に討たれた北川玄蕃の首は、野川口から奈半利《なはり》川を越えて、対岸に落ちたと伝えられている。

また、北川玄蕃には三歳の男児がいた。家臣の妻女がこの子を連れて逃げていたが、途中で長宗我部の家臣に発見された。そこで妻女は「決して敵の手にはかけさせない」といって、懐剣で子供の首を突き、自身も喉を突いて死んだという。

一方、安芸国虎が自刃した頃土佐中村の一條兼定は、歌舞音曲や女遊びなど遊興に溺れ、世間から顰蹙《ひんしゅく》を買っていた。このような状態では、とても国虎に援軍を送る態勢は取れなかった。土佐一條家の初代は、関白まで上り詰めた教房であり、次いで二代目が国親の面倒を見た房家である。そして三代が房冬、四代が房基、そして兼定である。

土佐一條家の五代兼定は、天文十二年（一五四三年）の生まれで、徳川家康とほぼ同世代である。六歳の時に房基の後を継いだが、幼少のため叔父が後見役を務め兼定が三十歳になる頃まで実権をその叔父に握られていた。

兼定は伊予大洲《おおず》の宇都宮氏の女《むすめ》を娶ったが、離別してその後豊後の大友宗麟の女をもらう。そして、兼定はドン・パウロと名乗って、キリシタン大名となった。

ところが、兼定について『土佐物語』は、「性質軽薄にして、常に放蕩を好み、人の嘲をかへりみず、日夜只酒宴遊興に耽り、男色女色之評をなし」と、放蕩を好んで人があざけっていてもそれを顧みない、と酷評している。

六　土佐の雪女

女性の美貌が男を狂わせ、国の行方を左右してしまうこともある。土佐の平田村（現在の宿毛市《すくもし》）にお雪という女性がいたという。そのお雪の美貌が中村で噂となった。女好きであった兼定がその噂を聞き逃すはずがない。早速鷹狩りに名を借りて、兼定は平田村に出向いた。そして、父親の源右衛門にお雪を差し出させて自分の妾にし、平田に立派な家を建てて通うようになってしまった。

困ったのは重臣たちである。安芸国虎の安芸城まで陥落させ、土佐統一を狙っている長宗我部元親が、土佐で最後に残された一條家を狙ってくるのは必至と家臣らはみていた。国司の家柄であるといっても、隙を見せるわけにはいかない。そこでたまりかねた重臣の一人土居宗三《そうさん》（宗珊ともいう）が、ある日、死を覚悟で諫言するため平田御殿に乗り込んだ。兼定とお雪が寝ている寝所に入る。『土佐物語』に宗三が兼定に諫言した様子が記されている。

「恐れながら御心を静められ、事の道理を聞き召され候へ。事新しき中事に候へども、君襁褓の内より、もり立て奉り候へば、昼夜によらず、御寝所へ参じ候とて、終に人を以て案内申上たる事は御座なく候。平田御遊興の事、再三諫言中上るに付、うとましく思しめし、旧功をも忘れさせ給ひたりと覚え候。君はしろしめされ候まじ、此頃の取沙汰に、平田の御殿をば、源右衛門御所と称し、君をば平田の入聟と号《なづ》け、上下さみし物わらひに致すよし承り、偏に御家の末と存じ、あさましく候。宗三よわひかたぶき、御家の亡びんを見奉らん事、なんぼう悲しく候。あはれ諫言を入させられ、御過を改められば、御家門繁昌、御武運長久にわたらせ給ふべし。是をも猶御用ひなく、奇怪に思し召すならば、宗三が皺首を召され候て、其後はいかほども、御心の儘に働かせ給ふべし」と、涙を流し申しければ、康政大きに怒りて「夫れ諫言は人臣の常なり。然るに皺首うてとは、余り過ぎたる詞かな。さらば願いを叶へん」

「兼定の君が平田で遊興しておられることで、さんざん諫言申し上げているけれど、世の民は平田御殿を女の父の名で呼んだり、君を平田の入り婿などと嘲っています。これは御家の末と存じあさましく存じます。君の家が滅びていくのを見るのは悲しく思います。どうか、お慎みください。そうすれば一條家も繁盛し、武運長久となりましょう。この宗三の諫言を聞きいれてくださらないならば、この首を斬ってください。その後は、御心のままに」と宗三は涙を流して兼定に訴えた。ところが兼定は大いに怒って「皺首を討てとは過ぎたる詞である。さらばその願いを叶えよう」と刀を抜いてしまった。

命を賭けて兼定を諌めた忠臣の首を、あっさりと兼定は刎《は》ねてしまったのである。しかもその諫言をした宗三は、子供の頃から父親のように兼定の面倒を見ていた臣である。この事件を知った重臣たちの間では、兼定に既に平常心はない、厳しく処断するべきであるとの意見がまとまった。羽生《はぶ》、安並《やすなみ》、為松《たんまつ》の三重臣は、平田御殿に兵を送って、お雪と源右衛門を捕えて入牢させ、兼定も中村御所に幽閉した。つまり一條家の重臣らがクーデターを起こしたのである。天正二年（一五七四年）のことである。

このクーデターにより、幽閉した兼定の代わりに一條家は兼定の前妻との間にできた嫡男の内政《ただまさ》が擁立された。お雪は前途をはかなんで、渡川（四万十川）の淵に身を投げて亡くなったという。

その後兼定は、剃髪して自得宗性《じとくそうせい》と称して義父の大友宗麟のいる豊後に渡った。

一條家の重臣らは協議して、内政を長宗我部の重臣江村備後守親家のもとに送り、元親に後見を依頼している。元親はこの申し出を喜んで受け、内政を長岡郡の大津城に送った。そして、土佐中村の一條御所には元親の実弟の吉良親貞を入れて支配させた。これで元親は、幡多《はた》郡一万六千貫を掌中に収めることになった。

もっとも、豊後に引き下がった兼定もこれでは気が済まず、中村一條家への復帰を画策した。兼定は天正三年（一五七五年）、南伊予の豪族である法華津《ほけづ》播磨守《はりまのかみ》らの助けを借りて幡多郡奪回の兵を挙げた。これを知った元親は渡川で一條氏と戦ったが、一條兼定の軍は簡単に崩壊した。これで土佐中村は完全に元親の支配するところとなった。兼定は逃れて伊予の戸島に隠れた。

前関白《さきのかんぱく》の一條教房は、応仁の乱が始まった応仁二年（一四六八年）に乱を避けて、中村にやってきた。以来、都の文化をまとった名門一條家は、田舎の国司とはいえ五代、ほぼ百年あまりにわたって土佐の盟主として君臨したのである。だが、その土佐一條家も兼定の代で消滅した。ともあれ、この一條家の瓦解によって、天正三年、長宗我部元親の土佐統一が事実上完成した。

この頃、中央はどのような動きをしていたか。

天正元年（一五七三年）、十五代将軍の足利義昭が織田信長によって追放されている。また、この年には武田信玄が死に、織田信長は浅井長政、朝倉義景を滅ぼした。さらに、信長は天正三年、長篠の合戦で甲斐の武田勝頼を打ち破り、武田家を滅亡させている。天正六年（一五七八年）には、越後の上杉謙信が死去、信長の前から信玄、謙信という稀代の将が消え去った。

元親が土佐統一に向けて進んでいる間も戦国の世は激しく動いていた。

七　清和源氏の血を入れる

元親はこうした戦いの中で結婚している。永禄六年（一五六三年）のことであるから元親の宿敵本山茂辰が朝倉城を撤退した頃のことだと思われる。元親二十五歳であった。長浜・戸ノ本の戦いから三年が経っていた。

元親の正室は、石谷《いしがい》兵部《ひょうぶ》大輔《だゆう》光政《みつまさ》の女《むすめ》である。この女は織田信長の家臣、明智光秀の重臣で美濃の斎藤《さいとう》内蔵助《くらのすけ》利三《としみつ》の異父妹にあたるといわれる。光政は清和源氏、土岐氏の流れをくんでいる。

『土佐物語』によると、元親が都から正室を迎えるというので重臣らは驚いたという。元親と重臣らの元親の結婚をめぐるやりとりを、『土佐物語』は次のように描写している。

> 中島大和謹みて申しけるは「遠国よりの御縁辺、深き御了簡候か。当国は申すに及ばず、阿讃予の三国に、大名城主数輩御入候。是をこそ御縁者になされ、自然の時は、御方に頼ませ給ひ候べし。近国を閣《さしおか》れ遠境御縁組を、兼て御好色の御事など聞召し及ばせ給ひての上に候か。戦国の時節と申し、遠国と云ひ、世上の人口をも御思惟候へかし」と申しければ(後略)

中島大和が「遠い国からの御縁ということは、深くお考えあってのことであろうか。土佐は申すに及ばず、阿波、讃岐、伊予の三国にもたくさん良縁はある。これらと縁を結んでおけば味方として頼むこともできる。それなのに近国を差し置いてということは、好色が理由という、あらぬ疑いを領民に掛けられかねないのではないでしょうか」といった。

中島大和ら家老たちは、元親は石谷氏の女が美人だから目を付けたのではないか、と心配しているのである。すると元親は、「去りながら天神地祇にかけて、全く彼の息女が、容色の沙汰を聞及びたるにあらず」といって、好色のためではなく血筋の良い娘であるから、国が遠いことを厭うてはならない、としきりにその素性を家老たちに説明している。


元親は、このとき自分が織田信長、徳川家康らと肩を並べて天下に出て行くためには、長宗我部家に、秦一族だけではなく「源氏、平氏、藤原氏、橘氏」のいずれかの血を入れる必要があると考えたのであろう。元親はこの結婚により、本邦の名門清和源氏の血筋を長宗我部家に入れたかったのではないだろうか。元親の思いは、常に中央に向いていた。

元親が血筋で選んだという話を聞いて、家老らも大いに感嘆して、「天晴武将の器なり」とうなずいたという。そして、吉田左衛門佐《よしださえもんのすけ》を婚儀のために美濃に送り出し、石谷家の了解を得てきた。結婚二年後の永禄八年（一五六五年）には長男信親が、次いで親孝、親忠、盛親が誕生し、この石谷氏の女は四男、四女の母となる。

実はこの話には裏があって、元親はどうもこの結婚話のために自ら上洛をしている。

元親は、正室となった女の兄の石谷兵部少輔頼辰《いしがいひょうぶのしょうよりとき》の仲介で公家の山科言継《やましなときつぐ》のところを訪ねているようだ。頼辰は将軍足利義輝《あしかがよしてる》の側近であった。

さて、土佐一国を領地として掌握した元親は、いよいよ四国統一に目を向け始める。『土佐物語』に、元親とその弟の親泰が詠んだ句として次のようなものがある。

四方はみな汲手になびく霞哉　元親
行水のあはをによるや玉柳　親泰

元親の歌は、山中で酒を飲んでいると霞がわれに靡《なび》いてくる、つまり四国の国がすべて自分に靡いてくるようである、という絶頂期の気分をうたったものだ。また、元親は「袖鏡」という紀貫之、弘法大師らの古歌を集めた歌集を出したりもして、文人としての一端ものぞかせる。

いずれにせよ元親はこの句にもあるように四国統一に向けて動き出した。また、親泰の句は、春先の柳についた雨露が枝をつたわって糸を撚《よ》るように流れ落ちていく、とうたっている。

ところで、元親の四国統一にもかかわる重要な事件が、元亀二年（一五七一年）の春

四国の勢力図（16世紀半ば頃）

に阿波国で起こる。海部一族が阿波の那佐《なさ》（奈佐とも書く）湾で、元親の末弟である長宗我部親房《ちかふさ》（島弥九郎《しまやくろう》親房）主従を襲撃したのだ。

　国親には、長男の元親のほかに、二男親貞、三男親泰、そして四男に親房がいた。親貞は吉良家に入り、親泰は香宗我部を名乗っていた。親房は島家に入って島弥九郎親房と称していた。後述するが、この親房がわが家系の初代であり、その後を五郎左衛門《ごろうざえもん》が継いで徳川時代の土佐に残り長宗我部の流れを現代へと繋いでいく。

　この末弟の親房は、病気がちで身体が弱く、日を追うごとに「身心こゝろよからず」（『土佐物語』）という有様で、元親はこの親房に船を用意して摂津の有馬温泉に療養に出すことにした。

　この時に事件は起きた。

島弥九郎親房が、浦戸から船で有馬温泉に向かったときの様子を『土佐物語』は次のように書いている。

　元亀二年の春、浦戸より艤して漕出す。実《げ》に哉《や》、一葉の船中載病身と、白楽天が作りしは、我が身の上と思ひやり、西寺・東寺の御崎をも過て、阿波の沖に至る所に、俄に風替り浪あれければ、頓《やが》て海部奈佐の湊に船をかけて、順風を待てぞ居たりける。

　斯る所に海部の城主越前守、いかにして、其勢百騎計にて押寄せ、ときの声をあげ「長宗我部元親が弟島弥九郎と見るは僻目か、是は海部越前守とは我事なり。宮内少輔に宿意あり、同姓の弟なれば、一人もあまさじ」と、弓鉄砲を放しかくる事一通り、降る村雨の板屋を過ぐるに異ならず。

元亀二年（一五七一年）の春に浦戸から海路を摂津の有馬温泉に向かって漕ぎだした。一艘の船に病人を乗せて、室戸岬を過ぎて阿波の沖に出た頃ににわかに風が変わり、波が立ち始めた。病人を乗せているので急ぎ海部の那佐湾の奥深くに入って、順風を待つことにした。ところが、海部城主である海部越前守《かいふえちぜんのかみ》宗寿《むねとし》の手勢にその船が見つかり、宗寿の軍勢が百騎ほどで押し寄せてきた。鬨《とき》の声を挙げて「長宗我部元親の弟の島弥九郎と見たのは間違いか。海部越前守とは我がことなり。宮内少輔元親には宿意がある。同姓の弟ならば、ひとりも余さず討ち取るぞ」と、弓鉄砲を放って攻めたてた、といった内容である。

さらに『土佐物語』で、その顚末を追う。

弥九郎病床にふして居たりしが、かつはとおき、舟ばたに立出で「何を越前守が宮内少輔に意趣有て、某に敵するとや。遺恨の子細はしらねども、同じ兄弟の事なれば、尤もさも有べし。其所を引くな」と云ままに、主従僅三十余人、物の具ひしひしと指しかため、弥九郎声をあげ「我弓馬の家に生れ、病臥に死さば無念ならむ。戦場に命をおとすは武士の本懐、家門の鼻目なり。死すべき節を失はざるを以て、後代に名を汚さず。今必死の期に迫れり。いさぎよく討死にせよ。臆して人に笑はるるな」と、真前《まつさき》かけて陸にあがれば、郎等ども何の為に命をばおしむべきと、切先をならべ打上り、大勢の中へかけ入かけ入ては引組み、引組んでは指ちがへ、一足も退かず、まくらを並べて打死す。いかめしかりし挙動《ふるまひ》なり。

島弥九郎親房は病床に伏していたけれど、がばっと起き上がって、船ばたに立って「海部越前が宮内少輔に意趣があって敵するのか、遺恨の付細は解らないが同じ兄弟のことなのでやむを得ない。そこを引くな」といって、主従僅か三十余人で装備を固めて戦った。弥九郎は「われ弓馬の家に生まれて、病臥で死ぬのは無念である。戦場で命を落とすのなら武士の本懐であり、家門の鼻目である。死すべき時を失わなかったということで、後代に名を汚すことはない。潔く討ち死にせよ。臆して人に笑われるな」と真っ先に陸に上がったので、弥九郎の郎党らも切っ先を並べて陸に上がって、一歩も引かずに枕を並べて討ち死にした。勇敢なふるまいであった、という内容である。

激しい襲撃であったことがわかる。また、この事件についての元親の言葉も、『土佐物語』は書いている。

元親此よし聞給ひ「扨《さて》も無念の事どもかな。我一世の内に、海部めが首取りて、溺《いばり》の器にして、仇を返さんずるぞ」とぞ申されける。

元親はこの親房の討ち死にの知らせを聞いて、「無念のことである。海部の首を取ってイバリの器にして、敵を討ってやる」といった。いばりとは尿のことである。

親房が目を患っていたことから、この事件以後那佐では代々目の悪い人が生まれてくる、といわれていたらしい。こうしたこともあり、那佐の人々は島弥九郎主従の霊を祭ることを考えたようだ。大正十二年（一九二三年）に宍喰《ししくい》村（当時）が発行した『宍喰村誌』に次の記述がある。

三島神社は那佐港の三島に鎮座し神社明細帳に祭神溝咋耳命とあれども、寛保三年の神社相改帳及び阿波志に依れば長曾我部元親の弟島彌九郎を祭れりと云ふ……

寛保三年（一七四三年）の神社改め帳、また阿波誌によると、三島《みしま》神社に長宗我部元親の弟の島弥九郎を祭った、という内容である。親房は私の直接の先祖となる。このため、平成十四年（二〇〇二年）四月に三島神社を合祀した「吉野《よしの》神社」の境内に島弥九郎親房主従を弔う碑を建てさせていただいた。

さて、元親は一條氏を討ち土佐を統一した後、次の展開として四国統一を考えていた。そのため元親は姻戚関係にあった明智光秀の重臣斎藤利三を介して、織田信長に嫡男信親の烏帽子《えぼし》親《おや》になることと、併せて阿波への「用兵」の了解を求めている。その使者は中島可之《べくの》助《すけ》であった。中村の渡川の戦いで一條兼定を追放した同じ天正三年（一五七五年）のことである。『土佐物語』によると、そのときに可之助が信長からもらった書状は次のようなものである。

対惟任日向守書状令被見候、仍阿州面《おもて》在陣尤に候、弥《いよいよ》可被忠節事簡要候、次に

字之儀、信遣之候、即信親可然候、猶《なお》惟任可申候也謹言
十月廿六日　信長　朱印
長宗我部弥三郎殿

惟任日向守（明智光秀）に対する書状を見た。よって阿波への在陣は尤《もっと》もなことである。さらに忠節をつくすことが肝要である。嫡男の名前の件については「信」の字を与える。即ち「信親」である。なお、光秀から申すことである。謹言
十月二十六日　信長　朱印
長宗我部弥三郎殿

以上のような内容である。

信長は、この時左文字《さもじ》の太刀と栗毛の駒を元親に贈った。信長の意向は「天下布武」の発想を基本としていて、「自らの力で領土は切り取っていけばよい」というものであった。また元親の嫡男に「信親」の名が決まった。

元親は、土佐から阿波に侵攻する織田信長からの許しを「朱印」として得た。信長にしてみれば、辺境から出てきた元親にどのくらいの実力があるのかを見届け、強ければ元親がまとめたその領地を今度は自分が戴けばよい、くらいに軽く思っていたのであろう。

元親の四国制覇の戦略は、東部と西部で同時に進めていくというものであった。そして、そのための兵の使い方については、次のように考えた。つまり土佐の東部に当たる安芸、香美《かみ》郡の兵を阿波に向けて使い、西部の高岡、幡多の二郡の兵を伊予に向けて使う。そして、残る長岡、吾川《あがわ》など中央部の兵は元親の手元に置いて、東部西部の戦局に応じ、派兵するというものであった。

元親は、瀬戸内海を挟んで対岸にいる、四国での長宗我部の動きに敏感な中国の毛利輝元、小早川隆景らにも用兵承認の使者を送っている。用心深く緻密に、作戦を進めていった。

八　阿波に侵入

元親は、天正四年（一五七六年）自ら手勢を率いて岡豊を進発し、弟の島弥九郎親房主従が阿波国海部の那佐で海部越前守宗寿に襲撃された事件の仇を討つことを名目に、那佐の宍喰《ししくい》から入ってまず海部城を攻撃した。『長宗我部氏系図』の島弥九郎親房のところに「元親四国の陣、ここに始る」と記されている。元親三十八歳であった。

長宗我部軍は怒濤の如く阿波に侵入し、あっという間に海部城の兵は悉く討ち取られて、城主の宗寿は逃亡した。元親の勢いに、由岐《ゆき》、日和佐《ひわさ》、牟岐《むぎ》、桑野、椿泊《つばきどまり》、仁宇《にう》などの城主は、それぞれ人質を差し出して元親に降伏した。元親はたちどころに、阿波の南部である海部、那賀《なか》の二郡を手中に収め、香宗我部親泰を海部城主として、阿波侵攻の要とすることにした。

ところが、阿波攻略に際して難関となったのは、現在の徳島県三好市池田町にあった白地《はくち》城である。この城は強固で、なかなか落ちなかった。白地城は阿波、伊予、讃岐を結ぶ交通の要衝にあり、四国制圧を目指す元親としてはいかにしても手に入れたかった。城主は、十河一存《そごうかずまさ》の妹婿の大西覚養《かくよう》で、覚養は、土佐の足摺岬にある金剛寺の住職の実弟である。このため、元親は金剛寺の僧を使って降伏をすすめた。すると覚養はこれに応ずるかに見せかけて、人質として元親のもとに養子の上野介を送ってきた。

しかし、覚養はこの後天正六年（一五七八年）には、勝瑞《しょうずい》城（徳島県板野郡藍住町）の十河存保《そごうまさやす》（三好存保ともいう）に応じて寝返る。存保は三好長治《みよしながはる》の弟で、元親のもとで人質となっていた上野介とは叔父、甥の関係である。元親の家臣らはこの寝返りに怒って、上野介を斬首するべきだとした。しかし元親は、「覚養の裏切りは憎むが、上野介に罪はない」といって、国元に送り返す指示をしたという。

上野介は元親のこの措置に感激して、元親の阿波討ち入りの先陣を買って出た。これによって白地城は落ちた。元親の寛容な措置が、結果的には勝利を導いたのである。天正六年の二月である。元親は、白地城には重臣の谷忠兵衛を置いて、阿波、讃岐、伊予三国への作戦の要《かなめ》とした。そして、阿波の美馬郡にある岩倉城も翌天正七年（一五七九年）夏には陥落させた。

元親にはこんな話もある。天正五年（一五七七年）春のこと、元親が阿波から讃岐に侵攻するに当たって、「四国の辻」といわれるところにある雲遍寺に行った際の話である。雲遍寺は、讃岐山脈の標高一千メートル近い山頂にあり、讃岐平野が一望でき、四国八十八箇所の第六十六番札所でもある。元親は、その寺の住職に会う。『土佐物語』に、そのときの雲遍寺住職とのやりとりが書かれている。

雲遍寺の住職が、讃岐平野を眺めている元親に「何のためにあなたははるばるここまで越境してきたのか」と聞いた。元親は「讃岐を平定するためにやってきた」と答えたという。するとこの住職は、障子を開いてそこから見える讃岐の国を指差しながら、次のように元親を諭したという。『土佐物語』を見てみよう。

「見え渡りたる大国にて、多勢の城々多く候へば、国中の人数量るべからず。貴国七郡の小勢を以て、此十一郡の大国を打随へ給はん事、あれなる鑵子《かんす》の蓋を以て、是なる水桶に覆んとするに等し。底大にして蓋小なり。御志は濶大《かつだい》なりとも、いかでか叶ひ給ふべき。急ぎ是より御帰陣候へ」と申されければ、宮内少聞給ひ「元親が鑵子の蓋は、名人の鋳たる蓋にて、僅三千貫より一、二年の程に、土佐一国より阿州迄も覆ひ候。今二、三ヶ年の内に四国の蓋になして、貴僧に御目に掛候べし」と宣へば、住持手をうつて「扨々《さてさて》唐土天竺にも有まじき蓋かな」と申されければ、元親も興に乗じ、終日物語有て下山し給ひ、夫より藤目の城に立入給ふ。

「この讃岐は、見てわかるように大国である。多くの城があり、その民も多い。あなたの国は七郡で小勢であり、それでこの十一郡の大国である讃岐を打ち従えるということは、あの鑵子の蓋でこの水桶を覆ってしまおうというようなもので、底が大きくて蓋が小さすぎる。あなたの志は大きいけれど、叶うことではありません。さっさとお国に帰るのが身のためです」といった。これに対して元親が「元親のもっている鑵子の蓋は名人が作ったものだ。僅か三千貫だったが一、二年ほどで、土佐一国から阿波までも覆っている。これから二、三ヶ年のうちに四国の蓋にして貴僧にお目にかけよう」と答えたら、住職は手を打って「さてさて、それは唐天竺にもない見事な蓋ですね」といったので、元親も面白くなって、終日物語などをして下山した、という内容である。

雲遍寺の住職は、元親が四国攻めで、無理をすると思ってたしなめたのであろう。だが、元親はほぼ十年後には讃岐どころか、このとき語ったとおり、自らの力で四国全土をその手中にしている。

阿波、讃岐に入るにあたって元親は、敵の食料を削ぐために麦を刈り取っていくという「麦薙ぎ戦術」をとったが、兵に指示してそれを一畦《うね》ずつ、間隔を開けて実行するように命じた。その土地で生活している百姓たちのことに配慮したのであろう。

元親は、雲遍寺の住職のいう言葉も理解はしていたが、土佐一国にとどまることなく四国統一に向けて動くのは、自分の使命であると考えていたと思われる。

元親は天正六年（一五七八年）、阿波の白地城に続いて、池田と丸亀の中間にある藤目城（現在の観音寺市）も攻め落とした。そして、西讃岐の財田《さいた》城などを次々と攻撃しながら讃岐の中原を制圧していった。

九　本能寺の変

天正十年（一五八二年）織田信長は武田勝頼を滅ぼすと、次は西の毛利輝元を討つため羽柴秀吉に中国地方への出兵を命じている。

元親の使者中島可之助が訪れた頃の状況とは大きく違い、信長は元親が阿波南部を攻略して讃岐、伊予にも攻め込み、その領地を切り取っているのを快く思わず、元親に土佐本領と阿波南部は与えるが、阿波北部と讃岐は返上させることを決める。これは讃岐の三好氏や伊予の河野氏らの工作が功を奏したものである。

このため、信長の意を受けた明智光秀の使者として、石谷兵部少輔頼辰が元親のもとに出向いた。だが、元親はこの信長の提案を毅然として蹴った。全国制覇を目前にしていたときの最高権力者である信長の意向に反する決断を、元親はしたのである。

『元親記』には、「四国は私の力で切り取ったものです。信長公の恩義は受けていません。思いもよらない仰せを聞いて驚き入りました」と、信長に返事したと記してある。

元親が信長の意向を受け入れないため、信長は三男の信孝を総大将として丹羽長秀らの四国討伐軍を編成した。そして、信長は一万五千の部隊を四国に送るために大坂の岸和田の港に軍を集結させ、六月三日を期して長宗我部を攻めるための船出を命じたのである。この四国討伐軍の陣容からは、これまでの四国担当だった光秀は外され、秀吉の勢力で編成された。

こうした信長陣営の動きは、当然ながら元親には不愉快であったと思う。可之助を信長のもとに送ったとき、「天下布武」という信長の発想のもとに、元親の阿波への侵攻を許した信長であったはずである。元親にしてみれば「うっかり信頼していたら、裏切ってきた」というところだったであろう。

ただ、信長の命で元親のもとに出向いた石谷兵部少輔が、元親に阿波、讃岐の二国返上を本音で迫っていたのかどうかは疑わしくもある。石谷は光秀の重臣の斎藤利三の兄弟である。「万が一のこと（本能寺の変）あらば、中国路の元親による閉鎖」によって、光秀を援助することなどを、元親に石谷を通じて光秀が秘かに依頼していたということは考えられなくはない。その提案が現実にあって、かつ実現していれば歴史は大きく変わることであろう。

そして、同年六月二日の早朝に、本能寺の変が起こる。信孝、丹羽長秀らの四国討伐隊は、折しも岸和田の港から既に船を出し始めていた。その部隊に、信長が襲われて自刃したとの知らせが届いた。現場は混乱の極に達したはずである。四国の三好笑岩《みよししょうがん》（三好康長《やすなが》）も、知らせを聞くや勝瑞城を捨てて逃げ出した。海上に出ていた兵も慌てて引き返し、信孝らのもとには八十騎ほどしか残らなかったという。

『元親記』には「斎藤内蔵助（利三）は四国のことを気づかってか、明智謀叛の戦いを差し急いだ」とある。これは明智光秀とその参謀格である斎藤利三が、四国の元親のことを考慮して謀反の決行を急いだ、ということである。この記述をそのまま信ずることはできない。しかし、結果的に元親は明智光秀に助けられたのである。

本能寺の変が起こったときの信長の四国討伐隊の慌てぶりを、『土佐物語』は次のように記す。

　天正十年四月下旬、御子息三七殿を四国の守護に補せられ、大軍を率し泉州岸和田に着陣有、既に艤して渡海せんとし給ふ所に、六月三日の夜、京都より飛脚到来し、惟任日向守反逆を企昨日二日信長公・信忠卿、御生害を被遂《とげられ》候とぞ告たりける。

天正十年四月下旬、（信長は）ご子息の信孝殿を四国の守護に補され、大軍を率いて岸和田に着陣した。すでに船を出して四国に向けて渡海しようという六月三日の夜、京都から飛脚が来て、明智光秀が謀反を起こして、二日に信長公、信忠卿が、ともに御生害を遂げられたと告げられた、という内容である。

なお、岩原信守校注本では、次の一文も挿入されている。

信孝を始め諸軍勢大浪に楫緒《かじお》絶え、暗夜《あんや》に燈《ともしび》消えて、唯呆《あき》れ果てたるばかりなり。

織田信長が死んだとの知らせを聞いて気力が萎えて、船出した信孝軍は慌てて、楫を取ることもできず、暗い夜に灯火も消えて、ただあきれ果てるばかりであった。

一方、この知らせを受けた元親の嫡男信親は、海部城に手勢を集めて入り、この際一気に勝瑞城を攻め落とす態勢をとった。そして、元親の命令を待った。好機到来とばかりに「本格的な総攻め」を元親に強く進言したのである。

ところが、このときの元親の動きは不可解であった。岡豊城にいた元親はなぜかかたくなに動こうとはしなかったのだ。血気にはやる信親と元親の弟香宗我部親泰ら重臣に時期を待つようにとどめている。元親についての気がかりな記述が『土佐物語』にある。

長宗我部弥三郎此由を聞、急ぎ父の前に出「かやう〳〵に承り候。哀《あはれ》此事疾《とく》聞え候はゞ、衰乱の幣《つひえ》に乗て、笑岸を討取申べき物を。手に入たる敵をもらし無念に候。其上一宮・夷山を取られ、其儘《さしをき》閣候事本意にあらず。信親馳向ひ、両城を取返し、勝瑞《しやうずい》を攻取候べし」と申ければ、宮内少「申所は理りなれ共、元親今不正の時気に侵され、身心少し快からず、暫療養を加へ、来る秋に至て発向せしめ、阿州悉く平均すべし。此度の出勢は、無益なり」と宣ひける。弥三郎「畏り候」と答へ立給ひしが、「いや〳〵是は此頃の御病気に、御心もゆるまり、緩々の御沙汰と覚るなり。敵に城を取られて闇時は、彼に気を呑る丶のみならず、味方の心変ずべし。さきんずる時は人を制す、急ぎ軍勢を指越せ」と、老臣共に申付、手廻りの人数少々召供《ぐ》し、阿波の海部に着陣有て、跡勢を待給ふ。

長宗我部信親は、本能寺の変のことを聞いたので元親にこう申し出た。「敵が慌てふためいているので、この機に乗じて三好笑岩（岸）を討ち取れたのに、それを逃してしまったのは残念です。この信親が、この際、一宮《いちのみや》、夷山《えびすやま》の両城を取り戻し、勝瑞城も討ち取りましょう」。だが、元親はこの信親の言葉に対して、「理のあるところだ。だが、いま季節の変わり目で体調が悪く、不正の時期にある。心身が良くない。しばらく療養を加えて秋になったら攻め、阿波をことごとく平らげよう」といった。信親は「かしこまりました」と答えはしたが、「父はこのごろの病気で、心が弱くなっている。そうしたことによる御沙汰だと思う。敵に城を取られてそのままにしておくと、味方の心も変わり、士気が緩んでしまう。先んずるは人を制すという。急ぎ軍勢を集めよ」と重臣らに申し付け、海部城に入って兵の集まるのを待った、という内容である。

元親はこの信親の動きを聞いて激しく怒り、結局八月まで兵の動きを止めてしまう。元親の四国侵攻の過程を振り返ってみると、波川玄蕃《はかわげんば》の内乱があった天正八年（一五八〇年。元親四十二歳）である。天正八年は内乱と兵の疲れがその理由だった可能性もあるが、天正十年（元親四十四歳）五月にもいったん兵の動きを止めている。そしてまた、この天正十年は信親が進言したように一気に勝瑞城を攻める絶好の機会であった。『土佐物語』が書いているように元親は病気で、それもかなり重かったのではないだろうか。兵を動かさなかったいずれのときも、五月、六月の季節の変わり目で、体調が崩れやすい時期である。

『土佐物語』によると、このときの元親と信親の衝突は激しく、結局信親と海部城主であった親泰が「『怒《いか》レバ則チ其ノ気逆《さか》フ』、医家の説なりと言へり。御病気御保養の障《さわ》りにも成るべきなれば、旁《かたがた》以て不幸なり」ということで、あまり怒らせると、元親の命にもかかわると判断して、表向きは「御諚一々畏まり奉り候」ということを家臣を通じて元親に伝え、二人は互いに引くことにした。これまでにない元親の心の乱れが表に出た場面である。このときに現れた元親の病は、後の継嗣問題の決断の場面にも、影響を与えたのではないだろうか。

元親は、ようやく天正十年（一五八二年）の八月に意を決した。讃岐、伊予への攻略戦の総決算ともなる阿波勝瑞城攻めの決断をしたのである。そこで元親は、嫡男の信親、そして信頼する弟の親泰らを再び中富川に出陣させた。中富川とは「四国三郎」とよばれる現在の吉野川のことである。軍は総勢二万三千であった。元親は今回の勝瑞城の決戦が、四国平定のカギを握ると考えて、総力を結集する決意をした。

勝瑞城には、三好家の一族で十河《そごう》家に養子に入り、鬼の十河といわれていた十河存保《まさやす》が五千の兵を率いて籠っていた。元親は、中富川筋と南の二手に分けて兵を進めた。元親の兵の進め方を見て、十河存保は城外に出てきた。

中富川では野外戦となった。そして、勝瑞城方は三百余騎が討ち死にして、長宗我部軍が勝利を得たのである。この戦いには紀伊の雑賀《さいか》衆も長宗我部軍に加わり援護した。その後、勝瑞城に十河存保が立て籠ったため、長宗我部軍は城を取り巻きやがて陥落させた。十河存保は起請文《きしょうもん》を差し出して、讃岐の虎丸城に逃れた。

勝瑞城を攻め落とし阿波を手中にした元親は、さらに讃岐に進軍する。まず、藤尾城を攻め落として東讃岐に入り、次いで岩倉から山越えをして、二男親孝（親和）の軍と合流し総勢三万六千で、讃岐の木田郡の十河《そがわ》城を包囲して落とす。

一方、元親が様子を見ていたであろう秀吉と柴田勝家の争いは、賤ヶ岳の戦いにおいて、元親の思いに反して勝家が秀吉に敗れ、天下は秀吉の掌中へと流れを速めていく。

十　傾国の妖女、小少将《こしょうしょう》

ところで、元親が攻め落とした勝瑞城には女城主がいて、元親はその女城主であった小少将を土佐に連れ帰ったといわれる。ここでこの小少将について、少し触れておきたい。

織田信長は五十歳前に亡くなっているが、正室の濃姫（斎藤道三の娘）の他多くの側室がいて、その子供は数多く、一説によると二十人以上いたといわれる。戦国時代は、子供を養子や養女に出すことにより、勢力を広げていく政略結婚が多かったし、病気による早世もあったので、側室を持って子供を増やすことは当たり前であった。

ところが、長宗我部元親はその性格が気まじめだったのか、側室は複数いたとの説はあるものの、系図上で見る限り小少将一人しか記録がない。子供は男子が信親、親孝、親忠、盛親の四人で、女子が一條内政卿室、吉良親実室、佐竹蔵人親直室、吉松十右衛門室の四人である。

勝瑞城攻めをしたとき、元親は四十四歳である。そして、小少将は正確な年齢は不明だが、四十代に入っていたといわれている。当時としては相当の年齢と思われるが、それにもかかわらず「絶世の美女」とか「妖艶な女」といわれ、女としての魅力がかなりあったようだ。

小少将がいた勝瑞城は、南北朝の戦乱期に、守護であった細川詮春《あきはる》が守護所を秋月城（阿波市土成町）から現在の板野郡藍住町《あいずみちょう》に移したものであり、平城《ひらじろ》である。中富川の河口に造られたということは、その城から船を使って瀬戸内海に容易に抜けられたわけで、京、大坂への人や物資の輸送ができる非常に重要な位置にあったといってよい。
また、地名からもわかるように、このあたりは藍の産地である。川の氾濫《はんらん》が頻繁にあり、米は育ちにくい。そのため、地元では藍を奨励して、繁栄の基礎を作ったという土地柄だ。

阿波の藍については『延喜式』にも記述があり、南北朝の時代にはすでに大量に生産されていた。だが、藍の加工技術が阿波に導入されたのは戦国時代の末期といわれる。

小少将は、そのころに生きた女性である。

足利一族の政権構想に深くかかわっていた細川一族の細川持隆《ほそかわもちたか》が城主の時に、小少将は登場する。持隆は京都を好んでいたため、あまり勝瑞城には帰らなかったといわれるが、たまたま帰城した際に、中富川を遡った所にあった西条東城に行く。そのときに城主であった岡本美作守《みまさかのかみ》牧西《ぼくさい》の女《むすめ》に持隆の目がとまった。女好きといわれた持隆が瞬時にして見初めたのだから、その容色は相当なものだったのであろう。小少将が十五歳の頃のことだ。持隆が気に入っていることに気がついた牧西は、持隆に取り入るためにその女を差し出す。持隆は小少将を寵愛した。だが、足利政権の政治向きの仕事をしていた持隆は、勝瑞城を家臣の三好義賢《みよしよしかた》に任せて京に出向くことが多かった。

義賢は、土佐の長宗我部が勢力を伸ばしてきていることを警戒して、留守がちで中央ばかりを気にしている持隆に批判的であった。「まず足元の阿波を固めていくことが先決である」というのが彼の考えであった。

しかも、義賢はまだ二十代で、磊落《らいらく》な性格だったといわれる。小少将としては公家意識が強く留守がちの持隆よりも、いつもそばにいる三好義賢に次第に惹かれるようになっていく。あるいは義賢が小少将の色香に迷ったのかもしれないが、とにかく二人はとうとう深い仲になってしまった。

それを知り怒った持隆は、見性寺に義賢を呼び出して処罰しようとした。しかし、これを内通するものがあり、義賢は逆に持隆を二千の兵で見性寺に襲って討ち取ってしまう。天文二十二年（一五五三年）に起こった「見性寺の乱」である。つまり、小少将は愛人と計って夫を殺し、その妻におさまってしまった。

三好義賢と小少将の間には、二人の子供が生まれる。三好長治《ながはる》と三好（十河）存保《まさやす》である。だが、権勢を得てきた小少将に、城下では厳しい批判が出だした。

義賢と小少将は世間体もあり、形式的には、義賢と小少将の間にできた長治、存保ではなく、持隆と小少将の間にできた子供である真之《さねゆき》を守護として、義賢と小少将が実質的には政務をとる。ところが、義賢は大坂の和泉の戦いで永禄五年（一五六二年）にあえなく死亡する。そのため義賢の後は、義賢と小少将の間にできた三好長治が継ぐことになる。しかし、長治は幼かったため、三好家の家老でその政治手腕が評価されていた篠原長房《しのはらながふさ》とその弟の自遁《じとん》の兄弟が後見役となる。自遁は鳴門の木津城主であった。

ただ、義賢を失って三好家を長治に継がせても、小少将は守護の真之の母でもあり、実質的には小少将が勝瑞城の女城主となっていた。そこでまたもや小少将の女の虫が疼き始め、今度は自遁を愛人にしてしまう。そしてこんな小少将の生き方に、その淫乱を咎めるような落首が城下に見られるようになった。

自遁の兄の篠原長房は、弟の自遁に小少将との関係を誡めた。だが、この長房の行為が小少将を怒らせたのである。小少将の子の長治と自遁は、長房の居城である上桜城を襲って長房を殺害してしまう。

さらには、そうした複雑な城内の関係の中で、後を継いだ三好長治と真之との間で係争が起こるが、その最中に長治が亡くなり、三好家は十河に養子に出していた十河存保を呼び寄せて後を継がせた。

長宗我部元親は、その十河存保の治世となった勝瑞城を総攻撃した。そして、天正十年（一五八二年）九月二十一日に勝瑞城は落ちた。その際、女城主として君臨していた小少将がどうなったかについては明確な記録はない。ただ、地元の藍住町に「小少将は敵将の長宗我部元親が連れて行った」という伝承が残されている。また、わが家に残る『長宗我部氏系図』にも小少将の名前が側室として記載され、元親との間に子供が一人（右近大夫）生まれたとあり、その添え書きには「母妾小少将」とある。また、『土佐国蠹《と》簡集《かんしゅう》』に記載されている長宗我部家系図では、右近大夫のほかにもう一人女が生まれていて、その添え書きに「已上二人妾小少將所生也」とある。

もっとも、この系図上の小少将が、阿波の勝瑞城の女城主であった小少将と一致するという記述は長宗我部側にも残ってはいない。しかし、小少将のその男遍歴から見ても相当の容色であったと思われ、元親にも勝瑞城を落とすという接点があり、やはり元親は土佐にこの小少将を連れて帰ったのではないだろうか。

足利家、斎藤家などとのつながりを持っていた石谷氏の血を引いた元親の正室は、その翌年の天正十一年（一五八三年）七月に亡くなっている。元親は、京の都からはるばる土佐まで嫁いでくれた女性に対して、岡豊の城下に寺を造って弔っている。だが、小少将がもし長宗我部家に側室として入っていたとしたら、正室の亡き後、長宗我部家の政治向きに、この老獪《ろうかい》な「妖女」が口を出さないわけがない。長宗我部家には、かつてなかった妖艶な女の影が差してきたであろうことが容易に想像できる。

十一　伊予攻め

話は元親の四国統一の動きに戻る。土佐統一後、長宗我部元親は阿波侵入の翌年天正四年（一五七六年）に、既に南伊予への侵入を始めている。このあたりは山筋が連なる山岳地帯であるが、ここを越えて長宗我部の兵は南伊予に入ったのである。

この南伊予には、長宗我部軍の攻撃がしばしばあったようで、「泣いたらチョウソガベが攻めてくる」といって泣く子をあやす子守歌があったと、ノーベル賞作家の大江健三郎が語っていたのを聞いたことがある。大江健三郎は、長宗我部が伊予で最初に攻めた愛媛県の喜多郡大瀬村の出身である。元親は、伊予ではまずこの喜多郡と宇和島の二郡をおさえた。そして、この地の郡代として久武内蔵助親信を配し、伊予侵攻の拠点とした。

長宗我部のこうした動きに、もともと先祖代々伊予湯築《ゆづき》城を本拠としていた河野《こうの》通直《みちなお》は、瀬戸内海を挟んで隣国となる中国の毛利輝元に助けを求め、小早川隆景の手勢八千が河野方の支援に渡海してきた。敵が増援部隊を得て勢いを増したことから、伊予戦線は膠着状態に陥った。

長宗我部軍は大野直之を大将にして攻めたが、形勢は不利であった。このため、元親は妹婿であった波川玄蕃《はかわげんば》清宗《きよむね》を援軍として送る。だが、それでも戦局はいっこうに好転せず、一進一退を繰り返す。

そこで、伊予戦線に問題が起こる。長宗我部軍の波川玄蕃が、小早川隆景・河野通直の誘いに乗り、元親の許しを得ずに一時休戦の話に応じてしまった。

ところが、その申し出は罠であった。一時休戦成立の隙を狙って、河野・小早川軍は長宗我部方の大津城（現在の大洲）を攻めた。そのため、大津城主の菅田《すげた》隼人《はやと》直之《なおゆき》が自刃させられてしまうという悲劇が起こった。この菅田隼人の死は、元親の四国戦線を一時的にではあるがつまずかせた。

十二　土佐内乱

長引く戦いに疲労していた玄蕃は、うかつにも敵方の甘い誘いに乗ってしまったのである。ぎりぎりの戦線のなかでの玄蕃の軽率な動きは、当然総指揮を取っていた元親の厳しい叱責を受ける。玄蕃はこの失策で、中村の山路《やまち》城から引き揚げさせられ、本領である波川城に戻される。これが、波川家に翳りが見えた最初で、波川一族の悲劇の始まりでもあった。

波川玄蕃は、もともと日頃の素行について、あまり評判が良くなかった。義理の父にあたる元親の威勢をかって、しばしばあるまじき振る舞いをしていたようだ。そのあたりについて、『土佐物語』の記述をみてみよう。

玄蕃いつしか心侈り、酒宴博奕淫乱を事とし、鷹狩鹿狩《しし》に日を暮し、諸士に対して無礼を尽し、郷民を虐げ、万づ我意に任せて行跡《ふるま》へば、上下爪弾きをしてぞ疎みける。

玄蕃は心が驕って、酒色に溺れ、鷹狩り鹿狩りなどの遊興ばかりをしている。また、領民をもいじめているので、諸士に疎まれている。

玄蕃は領民の評判を落としていたうえに、今度は伊予攻撃で失敗し、義父の元親に叱責されたのである。そこで玄蕃は逆恨みをする。

このときの玄蕃の心中などについて『土佐物語』はこう書いている。

玄蕃は本領波川に帰り、世上の面目を失ひ、人口を塞ぐに所なければ、人来れども対面せず、居城波川・奥谷・葛城の嶺に籠居して居たりけるが、己が不義をばかへりみず「我誤なくして、山路の城を取上らるゝ事、生涯の恥辱是に過ず。察するに讒《ざん》者の所為と覚たり。然るに実否の糺明もなく、罪を我に帰せらるゝことこそ遺恨なれ。所詮元親に思ひ知せん」と、潜《ひそか》に謀叛を企て、忍び〳〵に、四州の城々へ、廻文をぞ遺しける。

元親に叱責され、玄蕃は波川城に引いた。面目を失い、人と対面もせず居城に引き籠っていたが、「自分は誤っていないのに、山路城を取り上げられたのは恥辱である。人を陥れる者の仕業とみた。それなのに、事実かどうかの解明もなく罪を着せられることは悔しい。元親に思い知らせてやる」と、密かに謀反を企てて城々に廻文《まわしぶみ》を出した、という内容である。

何の釈明もさせてもらえず山路の城を取り上げられ、面目を失うことになった。生涯の恥辱である、と玄蕃は怒っている。よほど悔しかったようである。だが、「四州の城々へ、廻文をぞ遣しける」というのは明らかに謀反である。この廻文に応ずるものは一人もいなかったものの、長宗我部元親にとってこれは歴然とした反乱であり、当然その怒りを買うことになった。

そこで、玄蕃は先回りをした。阿波を経由して高野山に逃げることを考え、当時海部城主であった元親の弟の香宗我部親泰のところに助けを求めていく。しかし、それを知った元親は親泰に玄蕃を切腹させよ、との命を下す。

だが、世は戦国時代である。謀反ということになると、張本人の玄蕃一人の死だけでは事態は収まらない。玄蕃の長男弥次郎と二男の虎王、三男千味《せんみ》ら一族は追われる身となってしまう。

元親は、玄蕃の一族をことごとく滅ぼすよう指示をする。弥次郎、虎王らはそれを知り、仁淀川の流域にある鎌田城に籠って元親軍と戦った。

鎌田城は焼け落ちて、弥次郎と虎王は討ち死にをする。鎌田城の戦いで死んだ弥次郎、虎王のほか、玄蕃の弟の五郎太夫、家臣の寺田源助らの墓は、伊野（現在の吾川郡いの町）の本願寺などにある。

元親は本山との戦いなどでもそうだが、これまでの戦闘では決して徹底的な殲滅《せんめつ》戦は行っていない。ところが、今回の波川での戦いは元親にとっては初の反乱ということもあり、玄蕃に対して切腹を命じ、さらに元親の妹の子供たちをも攻めて討つという厳しい措置をとった。このことが「姫若子」と呼ばれ、殊の外繊細であった元親の心に深い傷を残したと思われる。

一方、元親の妹である玄蕃の室は、鎌田城が焼け落ちる数日前に城下の土居屋敷を後にして、仁淀川《によどがわ》を遡って逃れる。乳母に玄蕃の三男でまだ幼少の千味を背負わせて、闇にまぎれての行動だった。

土地の者の助けを借りて、渦の谷の上流の浅瀬を渡って逃げ延びた。この浅瀬は流れの変化の少ない所で、土地の者にしかわからない場所だという。鎌田城が落ちたのは、天正八年（一五八〇年）五月二十八日のことである。

逃げ延びはしたものの、長宗我部元親の妹、波川玄蕃の室はこのあまりの悲劇に尼となり、慶寿院養甫（養甫尼）と号し、一時は成山地区に身を隠していた。しかし、手を尽くしてこれを探し出した元親から養甫尼は土地を与えられ、千味を育てるとともに夫・玄蕃や子供たちの供養を続けた。元親は岡豊に来るように誘ったが、養甫尼はこれを固辞して助けた三男の千味とともに成山にとどまることを選んだのである。

養甫尼はこの成山で、その人柄の偲ばれる心のこもった供養を行った。彼女は仁淀川の川石を袂《たもと》に入れて、仁淀川沿いの山の上にある「うばが森」まで運んだのである。

仁淀川の川辺の石は、長い年月にわたって流れに洗われ、角がなくなり平らになっている。また、その色も緑、青、黄、橙、黒、あるいは白とさまざまである。養甫尼は、それらの石のなかで小ぶりなものを袂に入れ、男でも大変な山道を日々登った。そして、夫や子供らと楽しく暮らした城址を眺められるところで一日を過ごし、その石は祈りとともに城址の見えるその地に養甫尼の手で埋められた。それが「うばが森の袂石《たもといし》」である。

養甫尼が山上に運んだ石についての話は、紙の里、伊野に土地の言い伝えとして残されていた。それを執拗に調べて実証した人がいて、彼女の埋めた石が見つかり、川石が山上のその地から数え切れないほど出てきたのである。平成十九年（二〇〇七年）、その地に地元の有志によって「袂石の供養碑」が建てられた。

また、養甫尼は伊野の七色紙など、紙の産業についても功績を残している。もともと伊野は、紙の原料となるミツマタが採れるところである。そのこともあって、紙の生産に養甫尼は関わるようになったのだが、これを手助けする重要な人物が二人いた。その一人は、元親が滅ぼした安芸国虎の二男、安芸三郎左衛門家友《いえとも》（幼名、鉄之助）である。長宗我部元親が強敵安芸国虎を攻めたのは永禄十二年（一五六九年）七月である。激しい攻防戦の末、安芸城は落ちた。そして、この時八歳だった家友が、めぐりめぐって養甫尼のもとにやってきた。もう一人は、伊予の日向谷《ひゅうがい》村出身の新之丞である。四国行脚の途中土佐で病に倒れた新之丞を養甫尼が助けたことから、彼はそれまでになかった全く新しい紙のすき方を養甫尼と家友に教え共に研究を重ねた。そうして誕生したのが土佐の七色紙である。七色とは黄色、浅黄色、紫色、桃色、萌黄色、柿色、青色である。

この土佐和紙は後の山内藩下においても重要な産業に育ち、徳川将軍家にも献上されるようになる。

さて、土佐和紙の歴史にまで話は展開したが、この元親の妹婿であった波川玄蕃の起こした反乱は、それまで一枚岩できた長宗我部家にとって衝撃であった。また、元親の四国統一に向けた激しい侵攻のなかで、この頃は兵の間に疲れが目立ってきた時期でもあったようだ。元親は、この内乱後しばらく動きを止めている。波川玄蕃の息子たちの守る鎌田城が落ちた天正八年、元親は厄年でもある四十二歳になっていた。

その後、再開した戦いで元親は阿波の勝瑞城を陥落させ、讃岐に入り引田《ひけた》で仙石秀久を破るが、讃岐・伊予での戦いのさなか、天正十二年（一五八四年）に家康と秀吉による小牧・長久手の戦いが起こる。

十三　小牧・長久手の戦い

元親のその後にとって大きな影響を及ぼしたと思われるのが、この小牧・長久手の戦いである。この戦いで元親は家康と手を組み、紀伊の根来《ねごろ》・雑賀衆の協力も得ている。小牧・長久手の戦いにおいて元親は、東から攻める家康と息を合わせて、四国から援軍を出し、根来・雑賀衆とともに大坂城を攻めて秀吉を挟撃する計画であった。

これが成功すれば、元親は秀吉を撃退できたはずである。そのために元親は四国戦線の終結を急ぎ、兵を整えるのに努力した。だが河野通直は、家康・元親連合を察知していた秀吉から援軍を得ており、讃岐の十河城・虎丸城での戦いが難航した。その一方で、家康は矢継ぎ早に親泰を通じて元親に、出陣の催促をしてきている。

元親は十河城を徹底的な兵糧攻めにして、ようやくこの年の六月に落とし、家康に援軍を送るため渡海用の船造り、鉄砲の整備などに本格的に取り掛かった。虎丸城は八月に落ちた。家康の援軍として二万近くの兵を準備し、それを知らせるため元親は、渡辺和泉、江島太郎左衛門の二人を家康のもとに飛ばした。井伊《いい》兵部少輔《ひょうぶのしょう》直政《なおまさ》を通じて「出兵の準備完了」を家康に報じたのである。

ところが、家康はその時にはすでに秀吉との和議を結んでしまっていた。和議は天正十二年（一五八四年）十一月十五日であった。結局間に合わなかったことから、『元親記』によると、家康は「さてさて、この情報が十日前にもたらされていたならば、上方軍は敗れて、我々の勝利は間ちがいなかったものを」と、残念がっている。

家康は、この小牧・長久手でうまくいかなくても、いずれまた次のチャンスがあると考えていたのであろう。だが元親は、必死で兵をかき集めたのである。元親は、家康からこの作戦が成功したら、淡路、摂津、播磨の三国をもらう約束をしていたとみられる。

結局元親にとってはこれが、海を越えて中央に出ていく最初で最後のチャンスであったといえそうだ。家康と秀吉の和議成立で、元親の天下を目指す夢は砂上の楼閣と崩れ去った。

元親は、この中央進出への思いを嫡男の信親に託すことを、これ以降考えるようになる。そのため、元親は京の都から師匠を招いて、信親に対して徹底的な帝王教育を進めていく。それは弓術、馬術などの武芸から、手習い、音曲、連歌などの文芸、そして諸礼にいたるまで幅広いものとなった。だが、それも結局は思わぬ形でむなしく消え去ることとなるのだが、このときの元親はそれを知る由もない。

十四　四国統一

波川玄蕃の謀反まで引き起こした伊予侵攻作戦は、敵方河野通直を応援する中国の毛利の存在が響いて難航した。この戦いで長宗我部の軍代で元親が最も信頼していた久武内蔵助親信《ひさたけくらのすけちかのぶ》が、大森城の支城である岡本城を攻める際に本丸への潜入を図り、逆に銃撃されて戦死している。久武だけではなく元親は重臣の多くを伊予戦で失っている。このように伊予の攻撃は順調には進まず、このため元親は一時阿波、讃岐の侵攻を伊予より優先させたのである。

そして、四国戦線で最後に残った伊予に元親が再度攻撃を集中したのは、天正十二年（一五八四年）から翌年にかけてである。元親は、深田、岡本などの城を落として、二万近い大軍で伊予の道後湯築城に迫った。河野通直はやむを得ず、家老の平岡《ひらおか》伊豆守《いずのかみ》房家《ふさいえ》を人質として岡豊に送り降伏する。元親の四国制覇は、これをもって成就したのである。天正十三年（一五八五年）の春であった。天正三年（一五七五年）の春に土佐を統一してから十年の歳月が流れ、元親は四十七歳となっていた。

元親の四国統一はこれでほぼ完成したが、そこでさらに大きな危機が元親には迫っていた。本能寺の変以降の元親の動きを苦々しく思っていたのが、羽柴秀吉である。

東の家康との和議が整った後の秀吉の当面の不安要因は、四国の元親、そして九州の島津であった。だが、島津は四国よりもずっと距離的に遠い。そこで秀吉は、小牧・長久手で家康と手を結んだ長宗我部をまず叩こうと考えたのだ。

秀吉は四国討伐令を出す。先に記した聚楽第《じゅらくだい》にての「天下を狙ったのか」という秀吉の元親に対するからかい半分の問いも、この小牧・長久手でのことを考えるとよくわかる。

元親も、羽柴秀吉の四国攻めを予測した。そこで谷忠兵衛を秀吉のもとに派遣して、交渉させる。しかし、柴田勝家、徳川家康を支援し、いずれの戦いでも敵方にいた元親に不快の念を抱いていた秀吉は、「元親は四国を横領している。阿波、讃岐、伊予の三国を差し出せ」と迫った。

これに対し、元親は伊予一国の返上という妥協案を出すが、むろん秀吉はそれを蹴る。しかし、秦一族であり四国の雄としてのプライドが元親にもある。秀吉にただ屈服する

全国の勢力概略図（1585年頃）

わけにはいかない。元親は秀吉との決戦を決意する。

秀吉にとっても、家康と気脈を通じている元親をこのままにしておくと西に不安が残る。和議を結んだとはいえ家康のことである、また何時牙をむくかもしれない。この際元親を叩きつぶしておく必要があると秀吉は考えたであろう。

そこで、まず紀州の根来・雑賀勢の征伐をしたうえで、秀吉は四国征伐の大軍を用意した。天正十三年（一五八五年）の六月には秀吉は十万を超える兵を、淡路、備前、安芸の三方面から大船、小船を仕立てて四国に向かわせた。堺の港を発した総大将の羽《は》柴《しば》秀長隊の三万は、明石からの副将の羽柴（三好）秀《ひで》次《つぐ》（後の豊臣秀次）隊と淡路島の福良《ふくら》で合流して、阿波の土《と》佐泊《さどまり》に上陸した。また、宇喜多秀家から二万三千は屋島から攻めた。一方、小早川隆景、吉川元長《きっかわもとなが》らの毛利隊は伊予の新居《にい》に入った。

十五　秀吉に屈する

これに対する元親軍は総勢四万で、阿波の白地《はくち》城を本拠として対抗した。だが、伊予に上陸した毛利軍の攻撃を受けて、金子元宅《かねこもといえ》の弟の金子元春の守る伊予の金子城が七月十四日に落城、次いで元宅の高尾城も落ちて、元宅は一族郎党とともに討ち死にした。

こうして、東伊予一帯は毛利軍に制圧され、毛利軍は川之江の仏殿《ぶつでん》城に拠って、元親の白地城と対峙した。秀長は、谷忠兵衛の守る一宮《いちのみや》城を攻めた。また、秀次隊は白地城の防御線であった比江山親興が守る岩倉城を攻め落とした。さらに秀次隊は、国親の弟長宗我部親吉《ちかよし》が守備する脇城を攻め、外構えを壊して城の水手を閉じた。「一領具足」という独特の兵といっても、兵士と農民の分離がいまだできていない長宗我部の兵は、整備された秀吉軍の敵ではなかった。谷忠兵衛が守る一宮城も落城寸前まで追い込まれた。そこで、ころあいをみて秀長は谷忠兵衛を自らの陣に呼んで和議を提案した。一宮城が落ちれば、元親のいる白地城まではすぐに迫れることになる。谷忠兵衛は秀長の和議の提案を持って、元親のもとにいく。『土佐物語』をみてみよう。

去る程に谷忠兵衛は、急ぎ羽久地へ参り、元親に見《まみ》へて、羽柴美濃守秀長御扱の趣、委細に申上げければ、案のごとく宮内少気色を損じ、大に怒て宣ひけるは「凡そ籠城する者は、叶ざる期に臨ては、腹を切が本意なり。汝今秀長にたらされ、城を捨て遥々《はるばる》来て、大要の場をはず、事、未練の第一なり。譜代の士を勝《すぐ》って、定番《ぢやうばん》に遺し置は、か様の時の為にてこそあれ。其甲斐もなきは、頭たる者の臆する故なり。いかなれば金子備後守は、元親が譜代の家臣にあらずといへ共、一度約せし詞を違へず、毛利輝元に攻干されても、降を乞ず腹を切る。是をば汝聞ざりけるか。是をこそ武士の本意とはすれ。仮令《たとひ》岩倉・一宮を攻落さるゝ共、海部へ引請一合戦すべし。（中略）西国にて、名を知れたる元親が、一戦もせずやみ〳〵と無事せん事、尸《しかばね》の上の恥辱なり。夫程の不覚者とは思はず、城を預けたるこそ越度《おちど》なれ。急ぎ一宮へ帰りて腹を切れ」と、あらゝかに宣ひければ、忠兵衛兎角に及ばず退出したり。

谷忠兵衛は、秀長の和議の提案を持って、急ぎ元親のいる白地城に向かった。そこで元親に和議の案を申し上げたが、元親は思ったとおり、気色ばんで大いに怒った。「籠城する者は、勝てないと思えば腹を切るのが本意である。お前は秀長にだまされて、城を捨ててはるばるここまできた。譜代の士を預けているのはこのような場面に対するためである。その甲斐もない様は将たりえない。金子元宅は元親の譜代の家臣ではないが、約定をたがえず、毛利に攻められても降参せずに腹を切った。このことをお前は聞いていないのか。たとえ岩倉・一宮を攻め落とされても、海部に引き揚げて一合戦するべきである。（中略）西国で勇士と名を得た元親が、一戦もせずむざむざと無事で居ることは恥である。忠兵衛がそれほどの不覚者とは思わなかった。城を預けたことは自分の落ち度であった。急いで一宮城に帰って腹を切れ」と声を荒らげていったので、忠兵衛はどうしようもなく退出した、という内容である。

元親は、海部に信親の後詰めの部隊一万八千を置いていて、まだ戦うつもりだったのであろう。だが、戦況をみていた元親の重臣たちには、長宗我部軍が秀吉軍に押され続けていることがよくわかっていた。そこで、「土佐一国を安堵する」という条件での和議について、再度元親を説得することになった。そのあたりをさらに『土佐物語』でみてみる。

斯て諫め諍ふ事三日三夜なり。元親宣ひけるは「此間旁《かたがた》詞を尽し理を極めて諫るといへ共、我怒の余り承引せず。却て雑言に及ぶ所に、旁其義を顧、押返し諫むる事、元親が為を真実大切にして、身を忘れたる所なり。尤も感悦するに絶たり。然る上は兎も斯も、旁が異見に任せん。さり乍ら我思ふ子細あれば、判形をば出すまじ。汝等宜しく計らひ、返牒《へんてふ》すべし」と宣へば、家臣共頭を地につけ、斜ならず喜び、則ち連署を認《したため》、忠兵衛に渡しければ、忠兵衛も喜び勇み一宮へぞ帰りける。

　こうして、元親に対する重臣らの諫言は三日三晩にわたった。そこで元親はこういった。「この間、皆が詞をつくし、理を極めて諫めてくれたが、自分は怒りのあまりに承知せずにかえって雑言を繰り返してきた。しかし、お前たちは元親のためを思って大切にしてくれていることだ。嬉しいことである。このうえはお前たちの意見に任せる。けれど自分にも思うところがあるので、署名捺印はしない。うまく取り計らって返事をするがよい」。重臣らは元親のこの言葉に、頭を地に付けて喜んだ。そこで連署して忠兵衛に渡したので、忠兵衛はこれを持って一宮に帰った、という内容である。

　元親は和議に応じたのである。これに対し、秀長は一宮城の谷忠兵衛、江村孫左衛門に宛て、「元親に土佐一国を保証すること。五日間の停戦を了解すること」の二点について、誓紙にしたためて渡し、元親に示した。

　この停戦からほぼ一ヶ月後の八月二十三日に、秀吉軍は四国から引き揚げた。秀吉もこの四国征伐に出陣する構えであったが、病のため避けた。これによって、長宗我部元親が苦労して切り取ってきた阿波、讃岐、伊予の三国は秀吉の手中に落ち、秀吉にとって西からの脅威は大きく薄れ、残すは九州の島津のみとなった。

　この元親との和議の時に秀吉が元親に送った朱印状をみてみよう。天正十三年

（一五八五年）七月十二日付けである。『土佐物語』による。

徒《いたつらニ》在《テ》レ国令《ニ》レ悩二乱四国黎民《ノ》一、剰《ニ》於二殿下《ヘ》一致二競望一之旨依二叡聞一、某《それがし》罷向可レ令二討伐一、蒙二勅宣一一卒指二向阿讃両国一、所々於二城郭一楯籠者、則時踏落到二住国一、可二責伏一之刻《きざみ》降参之旨趣致二言上一候條、土佐一国宛行畢《ヌ》、名字御寛宥被レ成、如レ此被二仰出一事、頗叶二天道之冥慮一者歟《か》、自今以後無二二心一可レ抽二忠節一者也。

天正十三年七月十二日　秀吉

長宗我部宮内少輔どのへ

いたずらに四国の民を悩ませあまつさえ殿下（秀吉）に競望《けいぼう》いたすの旨、正親町《おおぎまち》天皇が聞こしめされたので、それがしが罷り向かい討伐せしむべきとの勅宣を受け、兵を阿波、讃岐の両国に差し向け、城郭に立て籠る者を踏み落としたが、元親が降参したので、天皇の勅宣により、土佐一国を与える。長宗我部が名家であることによって寛容されるものである。このように仰せらるること、これは天道の冥慮であろう。以後二心無く忠節を尽くせ、という内容である。

秀吉による領地の再配分は、『全讃志』におさめられている「豊公四國行封記」によると、次のようになっている。

土佐國　二十四万四千石
長曽我部元親
伊豫國　三十八万八百二十石
小早川左衛門隆景　三十五万石
安國寺二万三千石
徳居三千石
阿波國、二十五万七千九百石
蜂須賀彦右エ門尉正勝
赤松次郎則房　一万石
讃岐國　十八万石
仙石權兵衞秀久　十六万石
十河民部大輔存保　二万石

四国戦線で元親に徹底的に抵抗したにもかかわらず、元親がその命乞いに応じて助けた三好存保の二万石は、讃岐の旧領十河虎丸城に存保が復帰したことによるその所領分である。

四国全体の石高を、この書きつけにより計算すると、ざっと百万石を超える。つまり、元親は百万石の大名の位置を得ていたことになるが、それも瞬時にして消え土佐一国となった。元親の体からは力が抜け落ちていったことであろう。

十六　秀吉表敬

元親は、それでも土佐一国を改めて秀吉から与えられたことから、その年の天正十三年（一五八五年）秋に浦戸を出帆して、堺経由で京に上り秀吉に対面している。精鋭五十人を連れての上洛である。このときは、既に人質となっていた二男の香川親孝の交代要員として、三男津野親忠を同行した。その際、土佐の御用商人の宍喰屋が堺港で出迎えた。

ところでこの頃、戦国武将の多くが茶人との交流をよく図っていた。元親も茶人の今井宗久の家を京都での宿舎とした。秀吉は、自分のもとにやってきた元親を例によって歓待した。以後精一杯元親を利用するのが狙いであったのだろう。接待役は四国戦線にも参加した羽柴秀長、そして藤堂高虎である。藤堂高虎とは、以降因縁が続く。

元親は進物として、「国行」の太刀、御馬代として金十枚等を贈り、秀吉からは備前兼光の名刀、金百枚等が贈られた。元親としてはわが身の暗殺もあり得ると思って精鋭を連れてきたが、それとは相反して秀吉は下にも置かないもてなしをした。こうして初回の対面は終わった。

元親は、秀吉の臣下となったことから、けじめとして翌天正十四年の正月にも、大坂城に移った秀吉のもとに年頭の出仕をしている。秀吉は元親が遠路も厭わずやってきたことを大いに喜んで歓待した。そして、帰国した元親は岡豊の城に家臣を集め、大坂からの帰国報告をした。これは土佐一国の主となった元親主従の再出発の決意の確認でもあった。

元親は次のような挨拶をした。『土佐物語』による。

然れ共近年の忩劇《そうげき》に、家中軍功の者共に、郡県をも与へ、妻子を心易く扶助せさせんと思ふ所に、元親さへ一国の主となれば心底に任せず。生前の報謝こそならず共、せめて戦死の跡を弔ひ、修羅の苦みを扶けばやと思ふなり。

厳しいこれまでの戦いではよく働いてくれた。家中の軍功者には土地を与え、労に報い、家臣らの妻子をも心安くすごさせたいと思っていたが、この元親さえ土佐一国の主となったので、心に任せてはやれなくなったことが誠に残念である。せめて戦死した者を弔い修羅の苦しみに報いたいと思う、という内容である。

元親は、これからは土佐一国という限られた領内で、新しい態勢をつくり、家臣にも満足を与えていかねばならない。そのためにも家中の結束が大切であった。

それに加え、兵農分離を進め、中世的システムから近代的な封建家臣団に再構成していくことが急務である。また、新田の開発なども行い、実質的に領地を増やしていく新しい事業なども進めなければならない。法整備のほか経済策にも、元親はそれ以降積極的に取り組んでいった。

土佐国の総検地を元親が実施したのは、天正十五年（一五八七年）から慶長三年（一五九八年）までで、三百六十八冊に及ぶ。また、長宗我部の分国法の「掟書」である「長宗我部元親百箇条」は、慶長二年（一五九七年）に制定された。その基礎は早くからあり、天正二年（一五七四年）の天正式目（十五箇条）などを整備、拡充して、元親・盛親親子が完成させた。

百箇条は宗教から始まり、家臣、領民、寺社にまで及び、広くかつ細部にわたって規定したものである。第三十四条には、男が留守の時には座頭、商人ら、たとえ親類でもほかの男を門内に入れてはいけないという細かい決め事まであるが、軍に入って遠征している家臣団らに元親が配慮して盛り込んだものではないだろうか。

元親は、雪蹊寺に収められた画賛入りの肖像画に描かれた顔から推察する限り、芯は強いが、神経が細やかそうである。領国内の治安維持のための法整備に真面目に取り組んでいた姿勢がこの表情からも読み取れるようだ。

土佐の人間は大酒飲みが多く、酒の上でのトラブルがよく起こる。元親もこのことを気にしていたらしく、禁酒令を出したり、それを緩めたり、酒では相当頭を悩ませていたようである。井上和夫著の『長宗我部掟書の研究』（高知市立市民図書館）に掲載されている元親百箇条のうち禁酒に関する条項をみてみよう。

第三二条……（前条に準ズ）

（法文）『一諸奉行儀者不及言上下共大酒禁制之事付酔狂人之事軽者科銭三貫重者可成敗人を害打擲仕類者可斬頸事』

（訓読）「諸奉行ノ儀ハ言フニ及バズ、上下トモ大酒禁制ノコト。付ケタリ、酔狂人ノコト、軽キハ科銭三貫、重キハ成敗スベシ。人ヲ害シ打擲仕ル類ハ頸ヲ斬ルベキコト。」

酒をたしなむのはよいけれど、酔っ払ってしまって乱れると軽いのは罰金となる。だが、人を傷つけたりすれば厳しくは斬首の刑まである。

十七　秀吉に鯨を贈る

元親が、秀吉のご機嫌を取ったことがある。

それは秀吉との四国決戦も終わり、元親が精神的にも落ち着いた天正十九年（一五九一年）正月下旬のことである。元親は浦戸城を整備して岡豊からそちらに本拠を移していたが、その浦戸湾に鯨が入ってきた。

重臣たちを呼び寄せて席を設けていたところ、元親は鯨を見て、それを生け捕って秀吉に送り土佐人の豪快なところを見せた。その一部始終を『土佐物語』をもとに要約して紹介しよう。

「これは吉慶である。自分はまだ生きた鯨を見たことがない。行ってみよう」そう元親は家臣に声を掛けた。

そして、鯨漁師が生け捕った鯨を持ってくるのを見て感心し「初めて鯨というものを見た。自分でさえそうだから、まして都では見ることはまずないのであろう。それなら関白殿に進上してやろう」と、元親は思った。

漁師は、その鯨を檜の角材で囲んで船数十艘で引き、一月二十八日に出て一日がかりで大坂の川口に運んだ。その距離は百余里（約四百キロメートル）であった。

そして、二日後の三十日には人夫七百人を使ってその鯨を大坂城に運び込み、城の庭に置いた。そこに秀吉を招いて、丸ごとの鯨の姿を見せたのである。もちろん珍しい物が見られるとあって、城中からは多くの人が庭先に集まった。

そこで、秀吉は「鯨というのは大海で、悠然と泳ぎ回っているものではないか。それが浦戸の港に入ってくるというのは、すこしおかしいのではないか」と疑問を呈した。

元親の使者は「殿下のおっしゃる通り鯨は大海に住むものですが、わが城のある浦戸は日本一の大湊で、広く海も深いので鯨が入ってくるのです。五台山という霊地もあって毎年節分の夜には鯨が入ってきて、その五台山の磯際で夜を過ごして出て行くのです」と答えた。すると、秀吉はご機嫌甚だしくよく、「鯨を丸ごと見るのは初めてのこと。前代未聞の贈り物じゃ」と語ったという。当時は浦戸湾にも鯨が泳いできていたのである。

そして、秀吉は次のような御朱印状に、俵子《ひょうす》（米俵）八百石を添えて、使者に渡した。

音問《いんもん》（贈り物）トシテ丸鯨到来、未曾有ノ儀、初メテ上覧ニ備へ、喜ビ思シ召シ候、猶増田右衛門尉申スベキナリ

二月三日　御朱印

土佐侍従どのへ

秀吉に鯨一頭を丸ごと贈ったのは後にも先にも、長宗我部元親のみである。土佐の男の心意気が表れた場面であった。

十八　島津征伐

四国を平定した秀吉は、いよいよ九州で勢力を広げていた島津征伐に着手する。薩摩の島津義久は九州統一を目指して、豊後の大友宗麟《おおともそうりん》を攻めていた。この大友宗麟が、天正十四年（一五八六年）、落城寸前という状況に陥っている鶴賀《つるが》城への援軍を秀吉に要請してきたのである。秀吉はこれを機会に島津を倒し、九州を併合しようと考え、兵を送ることを決めた。このため元親は、讃岐の仙石秀久、十河存保らとともに秀吉から九州出陣を命じられた。

豊後戸次川《へつぎがわ》に到着した土佐、讃岐、阿波の各軍は、さっそく軍議を開いた。集まった面々はつい最近まで敵同士であった。軍議が順調に進むわけがない。土佐の歴史に詳しく当家の系図を整理していただいた寺石正路氏が著した『戸次川合戦』（土佐史談會）を基に、その様子を記す。

戸次川は現在の大野川のことであり、豊後と日向の境界となる祖母山《そぼさん》の麓から発して戸次平野を流れ豊後の海に注いでいる。この戸次川から鶴賀城が遥かに見える。この城に島津義久の兵が迫ってきていて、その救援の先発隊が元親ら四国軍であった。軍議はもめた。

「秀吉が着陣し全軍が集結するのを待って、攻めるべき」という秀吉の命にもかかわらず、このときの軍監に任命されていた仙石秀久は戸次川の強行渡河を主張する。

しかし、対岸には大量の島津軍が伏せていて得意の「釣り野伏戦法」に出てくる恐れがある。「釣り野伏戦法」とは、軍を三隊に分けて、その内の二隊を左翼と右翼に伏せさせておき、正面の部隊と戦っている敵を両翼から囲んで殲滅させる戦法である。元親は「ここは慎重に攻めるべきであって、命令通り秀吉の本隊を待とう」と主張するが、仙石は功を焦ってか強行突破しての渡河を決めてしまう。

やむなく長宗我部軍は右翼に位置して、先陣に桑名太郎左衛門一千、第二陣に信親一千、そして後陣に元親が一千の兵を率いてついた。

左翼には十河存保が一千を率い、その後陣に仙石秀久がついた。その他、豊後の戸次《べっき》統常《むねつね》らが予備隊として加わって総勢は六千であった。

これに対する島津勢は二万。それを四隊に分けた。

戸次川渡河作戦は、同年十二月十二日の夕刻に火ぶたが切られ、翌日の十三日まで両軍の決死の戦いが展開された。十河、仙石が川を渡り、次いで右翼の長宗我部も川を渡って、鶴賀城との連携を図った。ところが、かねてから秀吉軍の渡河を満を持して待っていた島津兵は、戸次平野に進出して決戦を挑んできたのである。

全体の戦力比を冷静に考慮した島津のこの戦法に対して秀吉側はひとたまりもなかった。まず進撃を主張した仙石勢が、いち早く川を戻って逃げた。長宗我部勢は、信親が父親の本隊との連絡を絶たれて孤立し、奮戦空しく討ち死にした。

十河も討ち取られ、元親はこの戦いで最愛の嫡男信親をはじめ、福留隼人・桑名太郎左衛門、またこのとき長宗我部の家臣となっていた石谷頼辰ら有力な重臣の多くを失うという悲劇に見舞われたのである。元親自身も命からがら宇和島（愛媛県）の日振島《ひぶりしま》にまで逃げた。

元親は大きなショックを受けた。司馬遼太郎は、長宗我部元親の生涯を描いた作品『夏草の賦』（文春文庫）で、元親が信親討死の知らせを聞く場面をこう描いている。


弥三郎信親の馬の口取りの中間《ちゅうげん》が追いついてきて、

「自分は戦場から脱出せよと命ぜられた。若殿は討死なされた」

という旨を報告し、力つきて松の根方に倒れた。

元親は、沈黙した。馬が元親を運んでゆくが、すでにこの男は、この瞬間から地上における壮志のすべてをなくしたといっていいであろう。

一里ばかり行ったとき、

「そうか、弥三郎は死んだか」

とはじめてつぶやき、馬上で背をかがめて泣き、恥じらいもなく泣きつづけた。

「おれの世もおわった」

司馬遼太郎は、元親という男の生涯を俯瞰して、この戸次川での信親の死が元親に与えた打撃が計り知れないくらい大きかったことを、この作品で描き、その後の元親を「愚人にかえった」と冷徹に評している。

十九　信親討ち死に

長宗我部信親は、永禄八年（一五六五年）に元親の嫡男として生まれた。幼い時から聡明で勇気もあったこの長男を、元親は早くから継嗣と定めていた。その信親は石谷兵部少輔頼辰の女を正室に迎えて一女があった。『土佐物語』によると、信親は身長が六尺一寸（約百八十五センチ）、色白で柔和、聡明であったという。頼辰は石谷光政が養子に迎え入れていて、元親の正室の兄にあたる。

私は子供のころ高知市中心部から海側に寄った長浜に住んでいたが、家にあった土蔵に入ったことがある。その地は、長宗我部元親が初陣の長浜・戸ノ本の合戦の際に集結した長浜城に近く、雪蹊寺のあたりにあった。土蔵には私の祖父の長宗我部親《ちかし》の荷物があり、火鉢とか衣類とか古銭とかが無造作に放りこまれていた。そこに忍び込んだとたん、その場所で足がすくんだがその一方で、なぜか不思議なときめきのようなものを感じたのを今も覚えている。

蔵の中には一枚の奇妙な掛け軸があった。その軸を広げると、白馬にまたがった美丈夫の武士が描かれていた。それがなぜ奇妙かというと、その武士は鞍のあたりにいくつもの生首をぶら下げていたのだ。そのうえ、肩に担いだ槍の先にも生首が突き刺さっている。そして、その武士の兜のあたりには矢が一本刺さり、折れ曲がっていた。わが家ではこの掛け軸に描かれていた人物は信親ではないか、と伝えられてきている。

ともあれ、戸次川での長宗我部元親、信親父子の戦いは、戦国時代の日本の合戦史に残るものでもあった。司馬遼太郎をはじめ、津本陽など多くの作家がこの戦いのことを書いている。明治の文豪である森鷗外も、『長宗我部信親』と題する長文の詩を残している。

森鷗外は、軍医として小倉に駐屯していた時に、戸次川の戦いの悲劇のことを聞いて、興味を持った。自ら現地に行って取材をし、その戦いぶりに感動して森林太郎の名で長恨歌を残した。

その詩は、次のような書き出しで始まる。

頃《ころ》は天正十四年《てんしやうじふよねん》
しはす十二日《じふにゝち》の　朝《あさ》まだき、
筑紫《つくし》のはても　冬闌《ふゆた》けて、

靈山《りやうざん》おろし　吹《ふ》きすさむ
戸《へ》次《つぎ》の川《かは》の　岸《きし》ちかく、
仙石權兵衛《せんごくごんびやうゑ》ノ尉《じやう》が家《いへ》の子《こ》
三好《みよし》田宮《たみや》が　率《ひき》ゐたる
一千餘騎《いつせんよき》の　つはものども
先《さき》を争《あらそ》ひ　押《お》し寄《よ》せたり。

また、信親の戦う姿について、こう描く。

中《なか》にも大将《たいしやう》　信親《のぶちか》は
唐綾縅《からあやおどし》の　甲《よろひ》を着《き》、
蛇皮《じやひ》の冑《かぶと》を　戴《いたゞ》きて
馬《うま》を縦横《じゆうわう》に　馳《は》せめぐらし、
四尺三寸《しゝやくさんずん》の　長刀《なぎなた》を
閃《ひらめ》く稲妻《いなづま》　石撃《いしう》つ火《ひ》と
見《み》まがふ迄《まで》に　打ち揮《ふる》ひ、

そして、信親の最期の場面の記述は次のようになっている。

乗《の》りたる愛馬《あいば》　内記黒《ないきぐろ》も
數箇處《ずかしよ》のいたでに　倒《たほ》れければ、
徒立《かちだち》となり、長刀《なぎなた》棄《す》て、
太刀《たち》抜《ぬ》き放《はな》つて　戰《たゝか》ひぬ。
そも此太刀《このたち》は　信親《のぶちか》が
元服《げんぷく》のをり　引出物《ひきでもの》に
總見院殿《さうけんゐんでん》の　賜《たま》はりし
二尺七寸《にしやくしちすん》の　左文字《さもじ》なるを、
けふしもおもふ　よしありて
日《ひ》ごろ佩《は》きたる　兼光《かねみつ》の
太刀《たち》に代《か》へてぞ　帯《お》びたりける。

信親の戦いぶりが眼に浮かんでくるようである。ただ、この中の表記で私が気になるのは、信親が使った刀についてである。森鷗外、司馬遼太郎がともに、その作品の中では織田信長から信親元服の際の引き出物としてもらった「左文字」としている。だが、実際は違うのではないか、と思われるような資料が残っている。

長宗我部信親の姿と伝えられている掛け軸

二十　「牛丸」の添え書き

肥後熊本に移り住んでいた久武家に残る『秦長曽我部家舊記』によると、信親の刀について次のように記されている。

「信親大長刀ヲ以テ敵八人薙伏長刀ヲモ打折リ刀打ニ成テ六人ドヲ切ニシテ捨テ終ニ討死シケリ」

信親は大長刀をふるって敵を八人薙ぎふせ、、刀で六人を胴切にし、終に討ち死にをした、という内容だが、熊本の久武家に残るもう一つの文書には次のような記述がある。これは『牛丸』という刀の添え書きとして残されていたものだ。

「牛丸」は、熊本の久武家によると長宗我部家に伝えられてきていた宝刀である。この添え書きでは戸次川の戦いについて次のように表現されている。

「信親、雄を揮って大長刀にて、敵八人を薙ぎ伏せ、長刀も打ち折れ、牛丸刀にて四人を胴切り、乱軍の中に、討ち死に。よって牛丸の刀も島津の手によりて残る」

以上のような表現になっていて、信親は長宗我部家に宝刀として先祖より残されていた「牛丸」を持って戸次川で戦ったことが明記されている。牛丸の由来は暴れ牛が突き進んできたため、それを正面から一振りで薙ぎ倒したことから名付けられた。

細かい様子は『秦長曽我部家舊記』とは異なるが、信長から貰った刀ではなく、長宗我部家に伝わっていた宝刀で戦ったとみるほうが現実的なような気がする。そして、「牛丸」は、島津軍の手で信親の遺骸とともに元親のもとに返されたのであろう。

左文字説は、戸次川の地元の人々の間に広く伝わっていた「信親が左文字を使って戦った」という話を森鷗外が耳にして詩に書き込み、それが一般的な認識になっていったと思われる。

ただ、戸次川での信親の奮戦ぶりを書き、さらに使用した太刀にまで書き及んでいる古文書はこの牛丸の添え書きしか残されていない。この添え書きには、「牛丸は長さ二尺（約六十センチ）」とある。

戸次川での長宗我部軍の戦死者は、七百人超とされているが、『土佐物語』によると二千七百二十七人である。寺石正路氏も一族郎党らを総て入れるとこの三千近い数字はそれほど違ってはいないだろう、としている。

島津軍は、戦いが終わって戸次川の戦場を点検した際に、信親を中心にその若き将を守るように折り重なって多くの家臣が死んでいる姿を発見した。その主従の結束ぶりをみて島津軍も涙した、と伝えられている。

土地の人々も、この戦いの悲惨さと長宗我部軍の勇敢な死にざまを見て丁寧に弔った。元親の命で谷忠兵衛が信親の遺骸を受け取りに行ったが、掘り起こした遺骸のあまりのむごさに現地で荼毘《だび》に付して元親の元に届けた。

その時の元親の命は「遺骸をそのまま持ち帰れ」であったが、谷は自らの判断でその命に背いた。また、谷が同時に持ち帰った信親の遺品を元親はみたが、兜には矢が当たった痕跡がおびただしく残り、刀はノコギリのように激しく欠けていた。それをみて元親は号泣したといわれる。

これだけ勇猛な家臣団に守られていたなら、彼らに退路を切り開かせて逃れることも可能であったかもしれない。だが、武門の出である身として、純潔な生き方を祖父国親の遺言とし、さらにそれを父元親に直接教え込まれていた信親は、自分の体に流れるその血のままに正面からの戦いに挑み、最悪の局面でも引くことなく家臣団とともに命尽きるまで戦ったのであろう。

元親の胸中には大きな穴がぽっかりと空いたはずである。その後の憔悴ぶりは秀吉ら周辺の諸大名にも伝わっているが、信親が死んだとの知らせを聞き、自分も自害して果てようとしたほどの悲しみようであったという。


ところで、仙石秀久は広く語られているように本当に功を焦ってという理由のみで、

「秀吉の本隊を待て」という命令を破ってまで圧倒的に数の多い島津軍の真っ只中に攻め込んだのであろうか。

　秀吉が仙石に密命を与えていたということは考えられないだろうか。秀吉は、それぐらいのことをしかねない梟雄《きょうゆう》であった。

　仙石秀久がこの戦いで本当に戦果を挙げようと考えていたのなら、仙石こそが川を渡りきって攻め込むべきだろう。にもかかわらず、仙石はあまりにも逃げ足が速かった。仙石隊はさっさと引き揚げて、秀吉の本隊到着前に攻め込むことに反対していた長宗我部軍と十河軍が取り残され、島津軍の餌食となった。

　ひょっとして、秀吉は、九州討伐に行く仙石に「長宗我部軍を島津隊にさらして、消耗させろ。あわよくば元親、信親親子を戦死させてもよい」と唆《そそのか》していたのではないだろうか。秀吉にとって、徳川と通じていると疑われる長宗我部は邪魔な存在である。また、仙石も長宗我部にはこれまでさんざん苦しめられている。

　事実、信親の死は長宗我部家のその後に、決定的といってもよいほどの打撃を与えたのである。

　戦後、確かに仙石秀久はこの戦いの責任を問われて、秀吉から所領を没収され高野山に追放された。だが、またすぐに小田原征伐（天正十八年＝一五九〇年）での功を理由に信濃の小諸に領地を与えられて大名として復帰している。あまりにも出来すぎている。

元親はわが子の信親をはじめ戸次川で戦死した家臣等の位牌を作らせ、それを長宗我部家の菩提寺である雪蹊寺に安置し、元親が没するまで毎年大供養を行っている。位牌には戦死した武将のそれぞれの名が刻まれている。そのことから戸次川で勇敢に戦い、そして逝った土佐武士の名は現在までその多くが残されている。

また、元親は信親主従が戦死した豊後戸次川の地に家臣を送り、その地に住まわせてまで終生の供養をさせている。私が戸次川を訪れた際、供養のために土佐から元親が送り込んだと思われる人々の代々の墓があると、土地の人から教えられた。その家臣らしき人々の墓は信親の墓を取り巻くようにしてあった。

秀吉はやがて二十万の兵を用意して、島津攻めを実行した。元親も日振島からこの戦いに参加したとき、秀吉に会っている。秀吉は、元親に島津の所領のうち大隅半島を与えようと提示した。だが、元親はこの申し出を断っている。それだけ、信親の死は身に堪えたし、秀吉に功もなく所領をもらうわけにはいかなかったのだ。

二十一　継嗣問題

ひとつの家を守り、かつ長く保っていくために重要なのは、当然のことながら継嗣である。どんな家であれ跡継ぎを間違えると家の箍《たが》が揺らぐ。江戸時代の大名廃絶はその多くが継嗣がらみである。

信親は、織田信長からその名の一字をもらい、英才教育を施され、一族の将来に希望を託されていた。その信親を、元親は天正十四年（一五八六年）に亡くした。しかし、その時点で、元親にはまだ親孝、親忠、盛親と三人の子が残っていた。

信親死後の継嗣について、家臣の間に、やはりといおうか亀裂が起こった。二男親孝擁立派と、三男親忠擁立派、それに末子の盛親（千熊丸）擁立派ができて城内は割れた。信親を亡くした元親を哀れに思った秀吉は、二男の親孝の相続を認める旨を元親に信親の死後直ちに伝えている。

だが、元親は、継嗣問題を二年ほど棚上げにした上で、天正十六年（一五八八年）十月に末子の盛親を後継者として指名する。同時に元親はまだ幼かった信親の女《むすめ》を盛親の正室として迎えるということを決めた。だが、これは十四歳の盛親と二、三歳の女との結婚である。元親、信親、そして信親の女と続いている血の流れを繋げたかったと推察されるがそれは近親婚でもあるし、通常長男が亡くなれば二男、それに不都合があれば三男の順で世継ぎを決めていくのが自然であろう。しかも、元親はこの結婚に異を唱えたということで、元親の弟の親貞の子である吉良《きら》親実《ちかざね》、さらにもう一人国親の弟の国康の子である比江山親興を切腹させ、そのほかにも反対する者を徹底的に処断している。

特に、親実の場合、その家臣七人も殉死したといわれる。その後、親実の墓から亡霊が出るという噂が城下に広まった。その亡霊に出会った人は高熱に浮かされて死んでしまうという「七人みさき」伝説である。また、比江山親興は妻子たち六人も死罪となったといわれる。長宗我部の今後を支えてゆくべき家臣団の結束は、ここにきて大きく乱れた。人間愛を持っていたといわれ、敵国内にすらその寛容さを評価する者もいた元親が、この継嗣問題について人が変わってしまったような錯乱を示したのである。元親の行動や発言などを点検すると、元親の異変についての兆候は、波川城での内乱、そして本能寺の変あたりから出始めていた。元親の不可解とも思われる動きの背後には、後継に盛親を推していた家老の久武内蔵助親直がいた。親直は、その兄親信をして主君元親に「重用《ちようよう》しないでほしい」と言い遺させた男である。さらには、老獪な妖女小少将の影もあったのかもしれない。

秀吉から後継者としての朱印状をもらっていた二男親孝は、落胆のあまりに断食の果てに悶死している。こうしたいきさつから、秀吉と元親の間の亀裂は前にも増して大きくなったのではないだろうか。元親は、五奉行の一人で秀吉に近い増田長盛《ましたながもり》に盛親の烏帽子親を頼み、その「盛」の一字をもらって盛親としている。秀吉は、一度は後継について朱印状を与えているということからか、とうとうこの長宗我部家の継嗣問題を放置した。

三男の親忠も、継嗣をめぐる内紛に巻き込まれて鬱状態となる。それを「親忠が元親に不満を抱き藤堂高虎を頼って、京の都に逃げようとしている」といった噂を流す者が出てきて、元親は親忠を岩村（南国市）の寺に幽閉してしまう。

盛親を後継者と決めた天正十六年には、元親は五十歳になっていた。五十歳というのは肉体的にも精神的にも、人生におけるひとつの節目であろう。また、元親が天正十年（一五八二年）の本能寺の変の頃、重病にかかっていたことは、『土佐物語』にも書かれていた。

本能寺の変が起こった当時、元親が病んでいたという病気が何であったかは正確にはわからない。だが、そのときの信親、親泰の気の使い方や動きなどを見ていると、どこか身体の欠陥に加えて精神面も病んでいたような気がする。察するに「気の病」、現在でいう鬱病だったのではないか。そのために物事に対して冷静な判断がしにくくなっていたのではないだろうか。長宗我部家の将来について、最重要問題である後嗣を決めなければならないにもかかわらず、このときの元親には、自分に意見をする家臣の言葉に耳を傾ける心の寛さや平静さが見受けられない。

元親は、島津征伐の後、秀吉の朝鮮攻略にも参加している。文禄元年（一五九二年）、自慢の大船大黒丸を用意して土佐の浦戸を出航した。大黒丸は海洋国の土佐を象徴する、毛利の日本丸にも匹敵するような大船であった。元親五十四歳、兵は三千を連れた。

秀吉は名護屋に陣を置き、ここで指揮した。秀吉の部隊は壱岐対馬を経て、二十日がかりで京城に着いたが、元親の部隊は晋州《しんしゅう》城攻略戦を行い、一千以上の首を取った。また、このとき虎狩りをしている。

あるとき、唐島（巨済島）で冬籠りをしていた元親の陣に、猛虎が侵入してきた。それを討ち倒したのは、家老の吉田市左衛門政重《よしだいちざえもんまさしげ》であった。ちなみに、この政重の子孫が幕末に活躍する吉田東洋である。唐島は韓国ドラマ『冬のソナタ』にも登場している。『土佐物語』では、その虎退治の様子を次のように描写している。

元親は唐嶋《からしま》に在陣ある所に、いづくともなく大き成虎一つ蒐来《かけきた》り、元親の軍兵あまた喰倒され、陣中騒動する事斜ならず。津野孫次郎親忠の家臣下元《しももと》勘助・同与次兵衛兄弟、隠れなき鉄砲の上手、不敵ものなりければ、いで物みせんとかけ出、勘助ねらひすまして打ければ、弟与次兵衛もつゞいて打たりけるが、虎は是を事ともせず、いよ〳〵たけって本陣へ近付ければ、大高坂七三郎、十五歳なりけるが、本陣へ入立じと、小太刀を抜て一文字にかけ向ふを、虎飛懸り、七三郎が胴中を横ざまにくわへて、蒐出んとするを、吉田市左衛門政重、走り懸て首のもとを丁度きる。虎は七三郎を打捨て、市左衛門が首を只一口にと喰付たりけれど、甲よければくだけず、市左衛門虎の咽笛に手を掛て、七刀ざさいたりける。さしもの虎も急所をさゝれぬ、鉄砲にては打れぬ、立ちすくんでぞ死たりける。

元親は釜山の西南方にある唐島に陣を置いたが、どこからともなく大きな虎が一匹駆けてきて、元親の兵がこの虎に数多く食い倒された。このため陣中は大騒ぎとなり、津野孫次郎親忠の家臣の下元勘助・同与次兵衛兄弟が鉄砲の名手だったので、駆け出して狙いすまして撃ち、与次兵衛も続いて撃ったが、虎はこれをことともせず平気でいよいよ猛狂って本陣に近づいてきた。大高坂《おおたかさか》七三郎はそのとき十五歳だったが、本陣に虎を入れないように、小太刀を抜いて一文字に虎に向かった。すると虎は飛びかかって、七三郎の胴を横様に咥《くわ》えて、そのまま走って逃げていこうとした。そこで、吉田市左衛門政重が走りかかって、虎の首の元を丁と斬った。虎は七三郎を打ち捨てて市左衛門の首にパクッと食いついた。だが、市左衛門の兜がよかったので砕けず助かった。そこで市左衛門は虎の喉笛に手をかけて、七たびも刺した。さすがの虎も急所を刺されて立ちすくんで死んだ、という内容である。

唐島でのこのときの虎退治では、七三郎の命も助かったので、元親は大いに喜んで、市左衛門に感状とともに康光の太刀を与え、さらに帰国後　千石を加増している。加藤清正の虎退治はよく知られているが、元親の陣でも勇ましい物語があったのである。

この朝鮮の役は文禄二年（一五九三年）に和議が成立し、いったん引き揚げることになる。元親も文禄三年（一五九四年）に釜山より帰国したが、このときに朝鮮から八十名を連れ帰っている。彼らに町屋を建ててやって土佐の街中にできたのが唐人町である。彼らには豆腐の商いをさせたりして、後に秋月姓を名乗らせた。異国から連れてきた人々の将来にも気を配ったのである。

二十二　元親死す

長宗我部家には謎が多いが、とりわけ気になることが一つある。それは、長宗我部元親の墓に関することである。

「みなさま左手に見えますのが、四国の雄といわれた長宗我部元親の墓でございます」。土佐で観光バスに乗ると、今人気の坂本龍馬像に向かう途中で、バスガイドがそんな案内をする。目的が龍馬像なのだから、長宗我部元親の墓所といえども、客がバスから降りることはまずない。

その墓は、長浜の雪蹊寺近くの天甫山《てんぽやま》といわれる小高い山の中腹にある。昔は、マムシが出るといわれていて、木切れを持って周りをたたきながら墓参したものだ。ここが長宗我部元親の墓といわれているところで、高知県が発行する観光案内書にもそう書かれている。

しかし、元親の墓を現在の位置とすることに疑問を呈する人もいる。元親の諡《おくりな》は「雪蹊恕三」、戒名は「雪蹊恕三大禅定門」である。『長宗我部氏系図』には「葬吾川郡長濱」とあり、元親の墓は天甫山ではなくて長浜の雪蹊寺におかれるべきではないか、というのがその説の根拠である。

『土佐国編年紀事略』は元親について「吾川郡長濱村慶雲寺ニ葬ル」と記している。慶雲寺とは雪蹊寺のことである。さらに土佐軍記が元親を天甫寺に葬るとしているのは信親と混同したものであることを付け添えている。

現在、雪蹊寺には元親の長男の信親のものといわれる墓があるが、信親の戒名は「天甫寺常舜禅定門」で天甫殿と呼ばれていた。土佐の歴史に詳しく寺田寅彦研究で知られる山田一郎氏も「元親の墓と信親の墓が何かの理由で入れ替わったのかもしれない」と語っていた。

さらに、寺石正路氏が、わが家に残してくれている一枚の絵があり、そこに「長宗我部元親の墓」として描かれているのは天甫山のあの墓ではなく、もっと質素な塁のようだ。そして雪蹊寺のものがそれであるように思えるのだが、どうであろうか。

元親は、慶長四年（一五九九年）五月十九日に伏見邸で病死した。天竜寺で火葬され、その遺骨は土佐に送られた。そのあたりのことが『土佐物語』に書かれている。


御遺言に任せ、洛陽天竜寺にて火葬す。導師は策彦和尚なり。遺骨をば土佐国へ下して、吾川郡長浜高福山慶雲寺を造営して御骨を納め、木造を安置し位牌を立、山号は本《もと》の如く寺号を改て、雪蹊寺と号す。寺の額は近衛三藐院信尹公《このえさんみやくいんのぶただこう》の御筆なり。賛は城州南禅寺惟杏和尚に請て書せらる。

元親の遺言によって、遺体は嵯峨野の天竜寺で火葬した。導師は策彦《さくげん》和尚であった。

遺骨を土佐に運び、吾川郡の長浜に高福山慶雲寺を造営して、遺骨を納め木造を安置し、位牌を立て、山号は元のごとく、寺号を雪蹊寺と号した。寺の額は近衛三藐院信尹公の御筆である。画賛は城州南禅寺（現在京都市左京区にある）の惟杏《いきょう》和尚に請うて書いてもらった、という内容である。

『土佐物語』のこの記述でも、雪蹊寺に遺骨が納められたことになる。そして近衛三藐院信尹公の肖像画と、城州南禅寺の惟杏和尚の画賛は現実に雪蹊寺に残されていた。思うに、元親は質素な葬儀をするよう遺言したのではないだろうか。

ところで、盛親の烏帽子親となった増田長盛は、豊臣政権で最も経済など内政に長けた人物であった。おそらく元親は盛親に内政を担当させ、しばらくの間軍事、政治、外交面は自分が差配するつもりであったのだろう。検地帳や百箇条は、盛親とともに作成している。百箇条の最後には慶長二年（一五九七年）三月二十四日という日付の後に、元親、盛親親子の花押が二つ並んでいる。だが、天下の情勢をみると、秀吉亡き後、徳川家康が実権を狙ってあからさまな動きを既にとり始めていた。風雲は急を告げていたのだ。元親は、若き盛親にとってはいまだ厳しい時代だと思っていたのであろう。

元親の失敗は、盛親を支えるいわば盛親付きの強力な家臣団を速やかに構築できなかったことである。元親としては自分が、一国の政権交代ともなる可能性をはらんだ大戦を乗り越えてやり、その後に実権を盛親に譲ろうと思っていたのかもしれない。だが、予想以上に早く、元親の寿命は絶えてしまう。死を悟った元親は、盛親を慌てて枕元に呼び、遺言するということになってしまった。内容については次章にて述べるが、「戦《いくさ》構え」しかなかったという遺言はいかにも奇妙に思われる。

　慶長四年（一五九九年）、元親は亡くなっている。六十一歳であった。

　戦国時代の真っ只中で、謀略によって領地を奪われた兼序の復讐に燃える国親の長男として生まれ、戦うことが宿命とされていた元親である。父国親の遺言は、宿敵本山を倒し秦一族の人間として武名を天下にとどろかせよ、ということであった。その国親の言葉を胸に刻んで、土佐を平定するまでほぼ十五年を要した。そして、太平洋の荒波寄せる土佐から発して、信長、秀吉の圧力をはね付けながら四国統一を果たすのにさらに十年ほどがかかった。だが、息つく間もなく、元親の前に大きく立ちはだかったのは、ほぼ天下を掌握した秀吉である。その秀吉は近代的装備に身を固めた最強軍団を率いていた。いまだ兵農未分離の土佐兵などは所詮秀吉の敵ではなかったのだ。やむなく涙をのんで、土佐一国の大名に引き下がった元親ではあったが、秀吉の時代はそう長くは続かないとみていたと思われる。

　秀吉が死んで、徳川家康の力が急速に大きくなっていくという不安定な時代の流れのなかで、元親は長宗我部家の家臣団が一枚岩のように結束した態勢を、結果的に二代目の盛親には引き継いでやれなかった。元親は秦一族の中興の祖であり、長宗我部家における最大級のヒーローといってもよい人物ではあったが、その後に流れを繋げていくという秦一族最大の課題については、晩節を汚したのではないだろうか。時の流れは厳しく、家康が天下を狙った天下分け目の関ヶ原の戦いが元親の死の翌年に起こり、長宗我部家の命運は暗転する。

第四章　暗転　長宗我部の滅亡

元親の後を継いだ盛親をもって、長宗我部家は歴史の表舞台から引き摺り下ろされる。

盛親は男兄弟の末子でありながら、長宗我部家の二十二代当主となった。元親をはじめ家臣の誰もが、長子の信親が長宗我部家の次期当主と考えていた。ところが、信親の戦死という不幸な出来事により盛親が継嗣となる。

だが、その相続の過程では長宗我部一門の間で強硬な反対意見が続出し、元親は異論を唱えた者の制裁を実行する。盛親の相続は血塗られたものであった。

元親に従って軍に加わり、小田原征伐や文禄・慶長の役で朝鮮に渡るなど、盛親は戦いは経験していたものの、頼るべき父亡き後の長宗我部家の当主としては今ひとつ精彩を欠いた。

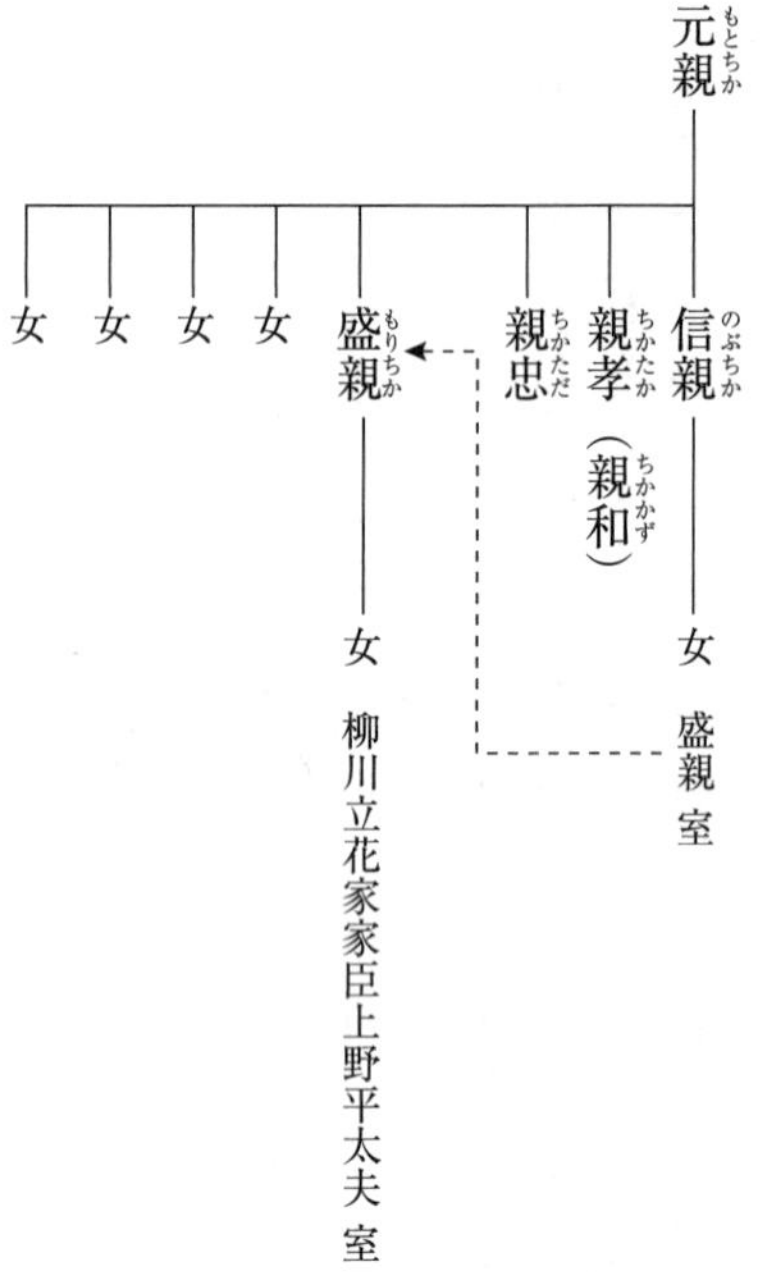

関ヶ原の戦いに際し、盛親は元親と気脈を通じていた徳川家康に味方するとの判断を下し、家康に密使を送る。だが、その密書は家康のもとには届かず、本意を伝達できなかった。そして、なぜかそのまま盛親は石田三成方となる。

　また、関ヶ原の戦いの後、敗者の領地扱いが検討されていた重要な時期に、盛親は兄の親忠を切腹に追い込んだ形となり、家康が土佐一国を取り上げるための格好の材料を作ってしまう。

盛親は、思いがけなくも長宗我部家を継いだ。だが、長宗我部家の頭脳ともいうべき家臣団やその武力などの資産をほとんど使えないまま、盛親は領地である土佐を奪われ、長宗我部家の本流は絶える。盛親の最期は浪人生活の果て大坂の陣に加わり、市中引き回しの上で斬首されるという惨めなものだった。この結果、盛親を最後に長宗我部家は領地はおろか、その姓すらも剝奪されることになる。

一　元親の遺言

太閤秀吉は慶長三年（一五九八年）三月十五日、京都の醍醐寺で秀頼をはじめ、北の政所、淀君といった近親者、諸大名千三百人を従えて盛大な花見をした。だが、そのときの秀吉にはもう生気はなく、華やかに見える表舞台の裏側では、豊臣政権の先を睨んだ腹の探り合いや駆け引きがおおっぴらに行われていた。秀吉は、この花見からほぼ半年後の八月十八日に亡くなる。また、秀吉のかつての友であり五大老の筆頭であった加賀の前田利家も、翌慶長四年（一五九九年）の閏三月三日に死去する。

小牧・長久手の戦いでは、心底では自分が優勢にあるとの思いを持ちつつも和議を結び、秀吉の臣下として隠忍自重を続けてきた徳川家康は、秀吉、利家が相次いでいなくなったのを機に、天下を取るための様々な動きを鮮明に打ち出してくる。慶長四年九月に起こったといわれる家康暗殺計画の暴露もその一つである。これは家康に与《くみ》する藤堂高虎の陰謀であったとの説が強い。これにより代を継いだばかりの加賀の前田利長はその首謀者とされ、母親の松を人質として江戸城にとられ家康に手足を縛られた形となる。家康は天下取りに向けて露骨に動き始めた。

長宗我部元親は、将来に不安を感じていた秀吉から、文禄四年（一五九五年）に、豊臣家の後を継ぐ秀頼に忠誠を守ることを約束した誓書を諸大名とともに書かされている。だが、その元親も前田利家が没した後、五月十九日に伏見邸で死去した。

ところで元親は死ぬ九日前の五月十日に、病床の枕元に継嗣の盛親と立石助兵衛らの家臣を呼び込んでいる。

幕末までの土佐関係の著書を部類別に集めた吉村春峰編による『土佐国群書類従』のなかの「桑名弥次兵衛一代記」によると、元親が遺言したときの様子は次のごとくであった。

元親公五月十九日ニ御果被成候ニ同五月十日ニ盛親公へ御遺言ニ被仰置候所立石助兵衛中内兵庫町又五郎豊永藤五郎慥《たしか》ニ承申候御果被成候後長宗我部家ニ如何様《いかやう》之武道者出来候共先手者弥次兵衛中そなへハ久武内蔵助跡ハ宿毛甚左ヱ門ニ被仰付候ヘト御書付御座候巳上

元親公は、五月十九日に亡くなられたが、五月十日に、盛親公に対し御遺言を述べられ、立石助兵衛、中内兵庫、町又五郎、豊永藤五郎も確かに承ったことは、元親公が亡くなられた後、長宗我部家にどのような武道者が現れようとも、つまりどのような戦《いくさ》が起ころうとも、先鋒は桑名弥次兵衛、中備えは久武内蔵助。殿後《どんじり》は宿毛《すくも》甚左衛門《じんざえもん》に仰付けられよとのことで、書付もある、以上、という内容である。

元親は、家康に対抗する力を持っていた前田利家が秀吉に次いで没したことによって、家康が確実に動くだろうと読んだ。だからこそ大戦が起こることを考えて、家臣が結束を図るようにこのような遺言を残したのだろう。また角度を変えて桑名弥次兵衛のこの記録をみてみると、この頃は元親は戦のことばかりを考えていたのではないだろうか。つまり自分の歳をさて置いて、いよいよ待ちに待った天下分け目の合戦が間近に迫ったことを考え、ひょっとしたら元親自身が天下を狙う好機が再び訪れる、と胸をときめかせていたのかもしれない。ところが、ふと気が付いたら、自分の死期が、もうすぐ目の前に見えてしまった。そこで慌てて立石らの重臣を枕元に呼び込んで、大戦に備えて家臣団が一枚岩になって盛親を支えるように頼んだのがこの場面だろう。だからこそ、元親は戦構えしか言い残さなかった。元親はできることなら、自分が戦いたかったのだろう。元親が夢にまでみたのは、天下取りが絡む戦であった。

盛親は、元親の遺言を受けて、土佐を継承するとすぐに国中の武力の総点検をしている。土佐の歴史に詳しい寺石正路氏の『長宗我部盛親』（土佐史談會）でみてみる。

元親逝去に及び盛親封を継ぐや国中武士の数を点撿して其の実力を知らんと欲し之を久武内蔵介に命じた内蔵介下僚を遣はし国中隈なく探り廻し之を簿冊に記し調べ見たところ左の通り

一、十歳以上直侍　九千七百三十六人
一、其中更に倔強の者　六十一人
一、領地持の社寺　五百
一、大工屋敷持　五百
一、水夫屋敷持　七千三百余

元親が死んだので、盛親は土佐を継いですぐに自国の武力を点検して、その実力を知ろうとし、調査を久武内蔵助（介）に命じたのである。

それによると、「直侍」と記されているのが戦闘部隊であるが、この調査は十歳以上をすべて入れているので、このなかで実戦に役立つのは、ざっと三分の二として五、六千程度であろう。「水夫《かこ》屋敷持」というのは水軍のための漕ぎ手のことだが、これが意外に多い。水軍に強い編成だった。

盛親のこの調査では、兵力はやはり通常は田を耕し、戦があれば具足一領を携えて参戦するという一領具足がいまだ主力で、従者を持たない兵、つまり単独兵が多かった。ともあれ、世の中は戦闘モードとなり、急に慌しくなった。盛親は元親の葬儀もろくにできなかった。『土佐物語』に次のような記述がある。

弥三郎信親の菩提寺浦戸山の天甫寺をばこぼち、高福山に移し、御霊屋等造営有べしとて、其役々を定め、大工小工をあつめ、事始有ける所に、盛親石田三成の反逆に与し、土佐国没収せられしかば、彼造営の沙汰もなくなりぬ。

弥三郎信親の菩提寺である浦戸山の天甫寺を毀《こわ》して雪蹊寺《せっけいじ》に移し、新たに御霊所を造ろうとして盛親は大工たちを集め工事を始めていたけれど、関ヶ原の戦いが起こって盛親は土佐国を召し上げられてしまった。それで、その工事もなくなった、という内容である。

盛親は元親が亡くなったので、元親の葬儀を行うとともに、信親の墓も合わせて長宗我部の新たな墓所を雪蹊寺に造ろうとしていたのではないだろうか。そのために天甫寺を毀そうとしたが、関ヶ原の戦いが起こってしまい工事も沙汰やみになったのだろう。元親は慶長四年の五月に亡くなっているので、戦が迫るなか、盛親はその葬儀のために土佐に帰るなど慌しい日々を送っていたことが窺える。

元親の葬儀など生活にかかわる繁忙は、政権をめぐって激しく動く政治的な流れを見失ってしまうことにもなりかねない。特に長宗我部家の実権が、盛親が二十五歳になるまで父の元親にずっと握られていたとすれば、盛親は国の命運を左右する判断を行わねばならない立場にいきなり立たされたわけである。

また、長宗我部家の家臣団は、血塗られた継嗣騒動があったこともあり、それぞれが周囲の動きを窺いながら身の処し方を決めるという、まとまりのないものになっていた。そうしたなかで、盛親には元親に可愛がられていた久武内蔵助親直がついていたため、必然的に内蔵助が家臣団のなかで実権を持つことになった。


天下の情勢は待ったなしで大きく動いていた。

慶長五年（一六〇〇年）に入ると、七月に徳川家康が上杉討伐を諸大名に指令する。一方、石田三成ら豊臣方も秀頼の仰せと称して、家康に謀反の疑いがあることを理由に大坂に馳せ参ずることを命じた奉書を全国の諸大名に送る。豊臣方の総大将は毛利輝元、そして秀頼が居る大坂城を守るのは増田《ました》長盛《ながもり》たちだった。

盛親のもとにもその奉書が届けられ、盛親の居城である浦戸城ではそれをめぐって、盛親と家臣たちとの評議が行われる。盛親の烏帽子親は石田方の増田長盛であったが、盛親はこの奉書を疑っていた。『土佐物語』にそのあたりのことが述べられている。

盛親家老の面々を集め、披見有て申されけるは、「此奉書かた〴〵は何とか思ふ。盛親は曾て信用せず。其故は秀頼公、今年僅に八歳に成給ふ。何の弁《わきま》へ有て、内府《だいふ》を亡せと仰られ候べき。察するに奉行中私の宿意を遂んため、秀頼公の命と称ずる所疑ひなし。さあればとて又捨置べきにあらず、何とか計《はから》ふべき」と各異見を問る。一座異議区《まち》々にして一定《てう》ならざりしを、盛親暫く思案して申されけるは「亡父草創の始より内府と御入魂あり。先に尾州小牧山合戦の時も、内府の御方《みかた》として大坂を攻傾けんとの内通ありし事も、面々知所なり。かやうのよしみあれば、内府に属せん」と宣ひしかば、郎従みな「御尤も至極に候。一途に思召極め給ふべし」とぞ申しける。「さあらば先づ使者を関東へ参らせ、此心緒を述べし」とて、十市《とをち》新右衛門・町三郎右衛門を使者として、一通の檄書を関東へつかはし給ふ。

盛親は重臣たちを集めて「家康を討つべしとの奉書がきたが、みんなはどう思うか。自分はこの奉書を信用しない。なぜなら秀頼公は今年僅かに八歳で、まだ物事を判断できる御年ではない。どうして家康を亡きものにせよとおおせられるのか。これは取り巻きの家臣らが自分らの思うところを通そうと考えてのことであろう。だが、たとえそうだとしても、奉書がきた以上は捨て置くわけにはいかない。評議したい」と家老たちの意見を求めた。するといろんな意見が出て、座は紛糾した。そこで、盛親は暫く考えたうえで「亡き父である元親は家康と早くから入魂《じっこん》であった。小牧山の合戦の際も家康の味方として大坂を討たんとしたことはみんなが承知していることである。こうした経緯があるので家康に味方をしたい」といった。そうすると郎党らは「ごもっとも至極です」といい、さらに「関東に使者を出して、この考えを伝えましょう」ということになった。そこで十市新右衛門と町三郎右衛門を使者として、一通の「檄書」を関東に向けて出した、という内容である。

盛親が、浦戸城での評議でこれだけ明確に意見を述べている文書はほかにみない。しかも、この評議では冒頭に意見を明確に述べている。これは父元親の意をくんでの発言だったのだろう。これで長宗我部は家康に味方することが決まった。

浦戸城でのこの評議を受け、家臣二人が盛親の密書（檄書）をもって、会津の上杉討伐に向かって動いている家康の後を追う。寺石正路氏の『長宗我部盛親』でこのあたりのことをもう少しみてみる。

かくて十市《とをち》新右衛門、町《まち》三郎左（右）衛門を使者として一通の教書を関東に遣はす両使も夜を日に継ぎて急く所に長東正家江州水口に関所を搆へ固く往来の人を止めければ両使も詮方なく空しく帰り来つた盛親は十市新右衛門、町三郎右衛門を使者にして、家康に宛てた密書を届けるために土佐を出発させた。二人の使いも昼夜を問わず急いだ。しかし、石田方は近江の水口（現在の甲賀市水口町）で関所を構え、往来の人を止めて堅く警戒していたので、一人はあきらめて空しく帰った。

なんとも優柔不断な結論の出し方である。使者は信念を曲げずに当初方針どおり、死を賭しても当主の意向を家康に届けねばならないはずである。天下分け目となるような戦いに関する密書である。その密書には土佐一国の運命もかかっているのである。そのあたりの緊張感が、元親の時代と違ってこの頃の盛親を含む家臣団には感じられない。その『土佐物語』もこの密使が「空しく帰上りける」と書いている。空しく帰った、というのはどういうことであろうかと思う。最初から届ける気はなく、この使者は、石田方に抱き込まれていたのではないか、とも疑いたくなるくらいである。

この一件を考えるにつけ、長宗我部家を支えるべき家臣団のシステムが崩壊していたのではないだろうか。元親が実権を長く握り過ぎたことで、盛親を中心に据え、参謀を入れた家臣団の構造がまだ形成されていなかったのだろう。だから意思決定をしてもそれを徹底して実行する形がとられなかった。長宗我部軍には、盛親が自ら調べたように七千三百もの漕ぎ手を抱えた水軍がいた。重要文書であればそれを使って海からの別ルートで持って行くこともできただろう。長宗我部家の長い歴史の流れのなかで、最も重要なポイントになる時代に、内部統制ができていなかった。それが、関ヶ原の戦いだけではなく大坂の陣などその後の盛親の行動をすべて狂わせ、ひいては長宗我部家の命運を暗転させる結果となった。

さらに、信じられないようなことが起こっている。盛親は、密使を送るという結論を出してすぐに、兵をそろえて浦戸を出発して、既に大坂に向かっていたのである。このあたりの状況を『土佐物語』で順次みてみよう。

是をばしらず盛親は、内府に与力せんと国許を立て、大坂に至る所に、両使帰来りければ「此上は力及ばす只運に任せよ」と石田にぞ与《くみ》せられける。

盛親は、送り出した密使が家康に密書を渡せずにそのまま帰ってきてしまっているとは夢にも知らず、家康に味方をしようと兵を引き連れて土佐を立って大坂に着いた。そして、そこで目的を果たせないで帰ってきた使者に会った。「こういう結果になったのであれば、仕方がない。後は運に任せよう」ということで、石田方につくことになった、という内容である。

盛親には、将たる条件が満たされていない。仮にも長宗我部家を代表した密使である。それが届いていないと知ったなら、もう一度白紙に戻して長宗我部家の行動を根底から考え直すことが必要だったはずだ。それに二人の密使にも問題がある。命を賭けても届けねばならない内容の書である。密書を渡せなかったとするなら、それこそ腹切りものである。盛親はその使者の処断をしないで放置しているが、これでは家臣に対して示しがつかないのではないか。当然、その後の家臣の動きにも影響したはずである。

この時、どのような形であったにせよ、「家康に味方する」との意思を遅ればせながらも家康に伝えていたなら、仮に家康に味方できないという場面に遭遇したとしても、言い訳は立ったはずだ。

また、兵の移動にも疑問が残る。家康方に味方するのであれば、それまでに家康側と意思を交わしたうえで動くべきである。家康に味方するというのは、元親が小牧・長久手の戦いに際して決めた長宗我部家の方針である。元親は、秀吉と家康を天秤《てんびん》にかけたうえで、その器量を見抜いて決めていたのだ。盛親は、その長宗我部家の戦略的判断を貫くべきだったのではないか。『土佐物語』は次のように嘆いている。

去る程に、盛親の志いつしか徒《いたづら》に成て、関東へ達せざるは、家運の極《きわめ》といひながら本意なかりける事どもなり。

盛親の家康に味方をするという志はいつのまにか駄目になってしまった。関東に盛親の意思が伝わらなかったということは、家運を大きく決めてしまうこととなったが、それは本意で起こったことではないのである、という内容である。

家康の味方をするという決断が本意としてあったのであれば、盛親本隊は浦戸城にいて、意思が通じるまで動かないという手もあったはずである。それに長宗我部軍は密書が届かなかったと知ったら、なぜか「運を天に任せよ」ということでそっくり石田方に付くことになってしまったというのである。

このように、とても将としての器とはいえない盛親がなぜ当主になってしまったのか。元親が若く、そして可愛い末っ子を継嗣に選択してしまったことに加え、元親の側近であり奸臣ともいえる久武内蔵助が扱いやすい盛親を推したということもあるかもしれない、さらには小少将が元親の側室としていたとすれば、彼女も同じ理由で盛親を望んだはずだ。こうして凡庸な暗君が作られ、盛親を支える強固な家臣団の再構築もなされないまま、長宗我部家は天下分け目の大戦に突入することになる。

ともあれ、大坂に着いた盛親はそのまま石田方に編入されて、伏見城の攻撃に参加、伊勢路を進み関ヶ原に向かった。

二　関ヶ原

慶長五年（一六〇〇年）、関ヶ原の戦いがいよいよ始まる。

徳川家康は、天下の政権を完全に掌握するためには、豊臣秀頼を擁立する石田三成ら豊臣方との一戦が不可避であると考えていた。一方、豊臣政権維持のために徳川家康を倒すべく石田三成らは八月、家康に対する兵を動かし大垣城に入る。上杉征伐のため東上していた家康は、石田らの動きを察知すると、反転して八月には江戸城に入り、九月には兵を率いて本命の敵を目指して小田原に向かう。そして、関ヶ原に両軍が集結して、決戦の火ぶたが切られた。

盛親はというと、いったん家康に味方すると決めたにもかかわらず、石田方に寝返ったという曖昧な動き方だったために、その旗色が徳川方にも西軍にも明確ではなく、結局関ヶ原の主戦場では、西軍といいつつも、どちらにも信用されない形で配置されていた。

九月十五日、徳川家康の軍は七万に膨れ上がって、桃配山《ももくばりやま》に着陣した。先鋒は左翼が福島正則、右翼が黒田長政の指揮で、これに藤堂高虎、加藤嘉明《かとうよしあき》らが続いた。西軍は宇喜多秀家を総帥に、左翼に島津義弘、小西行長、石田三成を配し、右翼に大谷吉継、小早川秀秋、吉川《きっかわ》広家という陣容だった。長宗我部盛親は南宮山《なんぐうざん》の麓の栗原村に陣を敷いた。西軍の兵力は八万であった。

同日朝、関ヶ原は濃い霧が立ち込めて、ほとんど視界がきかない状態であったという。午前七時すぎ、ようやく霧が晴れた。と同時に、家康軍の井伊直政が、石田方の宇喜多秀家隊に向かって攻め込んだ。関ヶ原の開戦である。続いて、先鋒と決められていた福島正則も宇喜多隊に向かって鉄砲を打ちこんだ。この銃声をきっかけに、藤堂高虎らの徳川方が、石田方の大谷吉継隊を攻撃した。戦況は一進一退ながら、石田方が有利な展開であったといわれる。だが、正午過ぎ、模様眺めをしていた石田方であったはずの小早川秀秋が裏切り、大谷吉継隊に向かって鉄砲を一斉に打ちかけて鬨《とき》の声を挙げた。これで流れは一気に徳川方に傾き、大谷吉継ら石田方の諸将は討ち死にし、午後三時頃には戦闘はほぼ終わった。ちなみに、小早川秀秋はこのときの功績で備前国岡山五十万石の城主となるが、継嗣がなく一代で断絶している。

長宗我部軍は主戦場から遠く離れていた。しかも、長束《なつか》正家《まさいえ》らとともに家康軍の側面を突く予定であったが、霧が立ち込め戦況がわからない状態だった。さらにいえば、南宮山上にいた吉川広家は家康と通じていて、盛親の動きを監視していたのである。これでは動きようがない。

長宗我部軍が石田方の敗戦を知ったときには、既に島津義弘が敗走を始めていて、盛親も急ぎ逃げざるを得ない事態となっていた。天下分け目の関ヶ原の戦いはあっけなく終わってしまい、あっというまに敗者側となってしまった盛親は多羅尾山《たらおやま》から伊勢路を指して大坂に向かった。勝者となった徳川方の追撃を受けるその姿は無残であった。

部隊は大将である盛親の前後を守りながら、討手の隊をけん制しつつ、やってきた路を逆に伊勢路から伊賀路を抜けて和泉国に入り、大坂の天満の邸に向かった。その間、東軍の討手との激戦で百人を超える戦死者を出し、隊列も乱れさんざんな状態に追い込まれた。

這這《ほうほう》の体《てい》とはこのことである。寺石正路著の『長宗我部盛親』によると、天満の邸に入る前に、一揆に遭って何とかそれまでまとめてきた兵も再び散り散りになりそうになった。だが、このとき小姓のひとりの福良助兵衛が真っ先に戦い、一揆の衆を蹴散らしたという。

結局のところ盛親は、関ヶ原では様子見に終始し、まともな戦いはまったくしていない。

一方、長宗我部盛親とともに石田方として参加した島津義弘の軍は、撤退の仕方が盛親とはかなり異なっていた。島津義弘が率いる島津軍は、敗戦を知ると敵の正面突破作戦を敢行した。戦史に残る島津軍のこの行為については、無謀、狂気、あるいは勇敢なとこれまでいろいろ批評されてきた。しかし、この作戦は状況をよく把握した素晴らしいものである。つまり、戦いの後まで家臣団の結束が保てる戦い方だったのである。郷里の薩摩ではこのときの島津義弘の行動をたたえるとともにこの恨みを晴らすべきであるとの思いが、徳川政権となって以降も一貫して流れ続けた。

毎年鹿児島で行われている島津義弘を祀った妙円寺《みょうえんじ》への「妙円寺詣り」という行事がある。正面突破した島津隊をはじめ関ヶ原の戦いの様子を書いた詩を歌いながら行進するのである。薩摩では、この徳川方に対する恨みのエネルギーが関ヶ原から幕末まで続いた。

その歌の何節かは次のようになっている。

運命何《いづ》れ　生か死か
ここを先途《せんど》と　鞭《むち》ふるひ
奮迅敵《ふんじんてき》の　中堅《ちゆうけん》に
活路《みち》を求《もと》めて　かけ込《こ》ます

篠《しの》を束《つか》ねて　降る雨に
横《よこ》たふ屍《かばね》　湧く血潮
颪なまぐさく　吹き巻きて
修羅《しゆら》の巷《ちまた》の　それなれや

旧暦で関ヶ原の戦いがあった前夜に、現在も薩摩の人々は毎年この詩を歌いながら妙円寺に参っている。この歌は全部で二十二番まである。むろん徳川幕府の時代は密かに行われていたようだが、明治維新以降は公になった。現在歌われているこの歌の作詞は池上真澄（蕉月）である。

敵の正面突破を敢行した島津軍は、そこで一致団結して戦ったことにより組織は結束を固め、逃げるにしても敵と戦うという前向きの精神が維持できたのである。

その点、長宗我部軍はまったく違った。ひたすら負けるのみの流れにはまり込んだ組織は、もう壊滅の路を歩むしかなかった。

三　盛親、土佐に逃げ戻る

盛親は天満の邸にしばらく滞在していたが、少しずつ残兵を土佐に返しながら自分も密かに土佐の浦戸城に戻った。そして、家臣の立石助兵衛、横山新兵衛を家康のもとに差し向け、井伊直政を通じて西軍に加わった罪の許しを乞うた。

しかし、井伊直政は「浦戸城にいながら石田方に加わった罪を許せというのはどうか。自ら家康のもとにまかり出て、赦罪《しやざい》を乞うべきであろう」との意向を示した。さらに盛親を説得するために井伊の家臣である梶原源右衛門、川手内記の二人を、立石、横山とともに浦戸城に向かわせた。これを聞いた盛親は、家臣を集めて今後の処し方について城内で評議した。

だが、その結論が出る前に盛親は浦戸城に兵を集める指令を出している。つまり、和戦両様の構えをとったわけである。

『土佐物語』によると、そのときの城内での評定は次のような展開となった。

まず盛親が切り出した。

「井伊殿の指図どおりに、大坂に行くべきか、あるいは籠城するべきであるか」

　この問いに対して、大黒主計《おおぐろかずえ》がまず進み出て次のようにいった。

「井伊殿が取り持ってくれるというのならば、間違いはないと思うけれども、公儀のやることは策略もあり、見極め難い。軽率に大坂に行くと敵の虜となって、臍《ほぞ》をかむことになる恐れもあろう。敵方に与《くみ》してしまったのは不運である。曖昧に考えるのはやめて、この際運を天に任せて、籠城の覚悟をお決めになってはと思うが、方々いかがであろう」

　久武内蔵助がこれを聞いて言った。

「主計殿の考えはごもっともであるが、それでは籠城の手立てはどうするおつもりか」

　大黒が答えてこういった。

「浦戸城は出入りはしやすいが、大軍を迎えるにはよくない。土佐は国中に山林、要害が多くあるので、妻子を隠しておいて、安心して合戦をしたらどうか。昔から土佐の土地に大軍が寄せてきた例はない。昔平家の将が屋島の合戦で負けて柳瀬に忍んで一生を暮らした、五年も十年も籠城して悩ますほどであれば寄せ手も退屈して困るであろう」

　次に戸波《へわ》右兵衛が、進み出た。

「主計殿の言うことも一理あるが、今回は天下分け目の戦いである。今籠城するに及んでは天下を敵にすることになる。天下の軍勢を受けるとなっては限りがある。長宗我部が賊徒に与して逃げ回っているといわれるのも口惜しい。この城を墓所と定めて、打って出て潔く討ち死にして、武名を末代まで残すよりほかにはない」

そういったら、大方がこの意見に同意した。そこで久武内蔵助が発言した。

「右兵衛殿の仰せは尤《もっと》もである。そうではあるが私の愚案を申したい。長宗我部家は家康公と年来御入魂《ごじっこん》の所《ところ》に、このたびは運の悪い行き違いで、やむを得ず石田殿に与したものである。そうであれば井伊殿の御内意に任せて大坂に行って真実を申しあげれば、家康公も旧好を思し召され、本領を安堵していただけることに相違ないと思う。大坂に行かれるのが肝要です」

すると、一転してこの内蔵助の意見に一同が同意した。

浦戸城内で、盛親を交えて行われた関ヶ原後の長宗我部家の行方を決める大会議の様子はざっとこのような形で推移して「当主の盛親が家康のいる大坂に謝罪に行く」ということで決着した。

『土佐物語』は、この項目「盛親帰国の事付家臣評議の事」の末尾でこう書いている。

かくて三日詮議ありけるが、久武が権勢にやおもねりけん、又愚案にや落けん上らるべきにぞ極りける。

このようにして三日間評議したけれど、久武の権勢に阿《おも》ねる結論となってしまった。そしてまた、愚かしい案で決まることになり、盛親は大坂に行くことになってしまった。

『土佐物語』をみると、この頃の長宗我部家では、久武内蔵助が権勢をふるって取り仕切っていたことがわかる。それは盛親を擁立した功績によるものだ。また、元親も内蔵助を重用していた。主君が歳を取るとその家は、何事にも反対せず主君の意見に同意して阿る奸臣に掻き回されるようになる。『土佐物語』を読む限り、元親も久武の意見を重用していて、それが盛親の代にも引き継がれていたように思われる。

ともあれ、この日の評議の結論に従って、盛親は十一人の家臣と雑兵百八十人を連れて、敗軍の将として十月に上坂することになった。

「なんとふがいないことか」と思う。武門の家に生まれながら、盛親は関ヶ原で正面から一度も戦わずに逃げ帰った。にもかかわらず、その反省もなく家老に調整役をまかせっきりである。しかも、長宗我部家の命運を決するともいえる重要なテーマの評議で、自分の意見を出していない。せっかく籠城説でまとまりかけていたのにもかかわらず、なぜ簡単にそれをひっくり返してしまったのか。これでは当主としての存在感がまったくない。鷹揚で貪欲さがなかったともいわれるが、なぜそんなに考え方が変わってしまうのか。盛親はこのとき血気盛んな二十六歳である。家臣団を引っ張るリーダーとしての明確な発言がこの場では不可欠であった。いずれにせよ、優柔不断で軟弱ともいえる姿勢が、以降の盛親の、ひいては長宗我部家の命運を決めてしまった。「当主の盛親への一任をとりつけたうえで籠城も辞さず」ということでまとめておけば、徳川方とまだまだ交渉ができたはずである。また、盛親が大坂に行ってしまっては浦戸城内の態勢がもたなくなる。

家臣の主計が評議のなかでいみじくも語っていたように、土佐は大きな背骨のような山脈の裏側にある。そう簡単には人の踏みこめない遠流の地であり、実際に土佐は国境を越えて他国から侵攻されたことのない国である。食糧も野菜、米、魚、それに山岳地には蕎麦がある。自然の恩恵を受け豊かな土地である。だからこそ、井伊直政や藤堂高虎らを使って、家康はあの手この手で盛親を手中に引きずり込み人質に取ろうとしていたのである。ここで肚を決めて、家康に勝負をかけるのが将たる者の採るべき道であった。評議はいったん籠城に決まったのである。それに当初盛親も和戦両様の構えをとって、兵の召集をしている。なぜそれを貫けなかったのであろう。直政の使いが様子を探りに来ているのだから、気骨のあるところを見せれば、島津、毛利のように、縮小されたとしても領地は残ったはずである。最後は、ゲリラ戦を展開する気になればよかったのである。ちなみにこのとき、一領具足のなかには実際に山岳地帯に入り込んで山内政権に抵抗した者たちもいた。

四　親忠の切腹

崩れかかった家は、かくももろいものである。やはりというか、盛親が家康に「本領安堵」を願い出る前に、足元の土佐の領内で城中の箍《たが》が緩み、家内内乱ともいうべき事態が起こってしまった。久武内蔵助が、疑心暗鬼になり余計なことを盛親の耳に入れる。

元親は戸次川《へつぎがわ》で戦死した信親の女《むすめ》を盛親の正室にするなど、盛親に家督を継がせることに決していた。だが、それを不満に思っていたのが元親の三男で盛親の兄に当たる津野孫次郎親忠である。思い起こせば、この親忠が絡み長宗我部家の家督相続をめぐって波乱があったことがある。

久武内蔵助はそのことを考え、関ヶ原の敗戦によって土佐一国が動揺しているうちに、再び親忠が権力闘争に浮上してくることを危惧した。そして、次のように盛親に進言した。『土佐物語』から。


久武内蔵助進み出て申けるは「此度大坂へ御上り候はゞ津野殿をば御切害候べし。其子細は、津野殿は藤堂和泉守殿と御入魂に候へば、此度反逆に与し給ふを幸にして、半国は津野殿へ宛行はれ給ふやうに取持たるゝ事疑ひなし。其時は御後悔候とも甲斐候まじ、急ぎ孫次郎殿をたばかりよせ、詰腹きらせ給べし」と申ければ、土佐守顔色替て「是は内蔵助とも覚えぬものかな。盛親庶子なれども、弥三郎殿は討死あり、五郎次郎殿は不幸にして早世せられぬ。孫次郎殿は他家を継給ふによりて、盛親家嫡となる。是併《しかし》実は亡父の慈愛深きによりてなり。然るに此度謀反に与する上は、天下の御赦免計がたし。殊更兄に腹をきらせては重科遁《のが》るべからず。此事たとへ披露なしとも兄を殺して身を立ん事勿躰なし」と苦々敷申ければ、久武も兎角の言葉なく退出す。

久武内蔵助が盛親の前に進み出て「大坂に行かれる前に、親忠殿を切腹させなさい。親忠殿は藤堂殿とご入魂で、盛親殿が今回、石田方に付いたのをいいことに、土佐半国を親忠殿に与えて欲しいとの画策をしておられることは疑いない。その時後悔なされても意味がない。今のうちに親忠殿に、詰め腹を切らせるべきでしょう」と話した。これを聞いた盛親は顔色を変えてこう語った。「内蔵助とも思えぬことをいう。盛親は末っ子だが、長男の信親は討ち死にした。二男の親孝は不幸にして早く亡くなった。親忠は他家を継いでいる。そういうことで、盛親が嫡子となった。これは父である元親の慈愛深きによるものだ。今回三成方についたので、そのお許しが出るかどうかは計りがたい。それなのにさらに兄を切腹させるということになったら、罪を重ねることになる。兄を殺して身を立てるなどはもってのほかのことだ」と苦々しく答えたので、久武は言葉もなく退散した。

久武内蔵助の「親忠に切腹させるべきである」との話を聞いた盛親は、久武の進言を即座に一蹴した。だが、内蔵助は、こうしたことを自分が盛親に伝えたことが親忠方の耳に入り、報復されることを恐れたという。それが事実とすれば、なんとも小心な人間である。

そこで、自分の手勢を繰り出して盛親の命令と偽って親忠に切腹をさせてしまう。その様子を書いたものがある。中山厳水《いずみ》の『土佐国編年紀事略』は次のように記している。

谷垣守翁幼キ時録セラレシモノニ立田ノ八郎兵イトイフモノ八ツノ時津野孫次郎殿ノ切腹ヲミタリシトナリ（略）此殿ノ切腹ノ使ノ供ニ来タト云故此ノ子イソキ津野殿へ行テ前ノ桜ノ木ヘシカミ上リ見ルニカノ使イギヲツクロイテ津野殿へ参リテ其召ヲノフ其時孫次郎殿ハ誰ヤラント碁打コサツテ仰セニハ切レトカト御意ニテ碁ヲ仕舞有シカクテ行水アリテ御切腹アリシカ其腹ヲ切ラツシレタハタシカニ覚ヘス其介錯ノ太刀前へ光ルト思フトキ脇ヨリワツトサケブトキ此子モ一ツニサケンデ木ヨリ得オリズ其時脇ヨリ人抱キ下シタリトナリ此ノ咄ハ石川孫左イ門へ直キハナシノヨシナリ

谷垣守翁が幼いときに記録したものがある。立田の八郎兵衛という者が八歳の時、津野孫次郎が切腹する様子を見てしまった。（略）八郎兵衛は津野殿のところの桜の木に登って、家の中の様子を見ていた。すると威儀を正した使いの者が来た。その時津野殿は碁を打っていたが、これをしまって、行水をしたのちに腹を召された。そのときの介錯の太刀が光ったので、脇からわっと叫ぶ声があり、八郎兵衛も叫んで桜の木から下りられなくなった。そこで脇の人に抱いて降ろしてもらった、という内容である。

五　土佐一国を失う

兄の親忠を殺したことは、徳川家康の土佐召し上げの格好の材料となる。親忠の死を聞いた後、直ちに「元親公にもそのような不義のものがあるとは。速やかに誅せよ」と家康は命じた。親忠殺しを家康の耳に入れたのは藤堂高虎であった。このあたりのことの流れをどうみるか。戦国の世の人の心の動きには、複雑で怖いものがある。寺石正路著『長宗我部盛親』によると、その家康の怒りを何とかなだめて盛親を死罪から逃れさせたのは、井伊直政ということになっている。本当にそうだったのだろうか、私には、高虎と直政が競って家康から点数を稼ぐために、盛親から領土を取り上げる画策をしたようにしか思えない。いずれにしても盛親は領国をすべて没収されてしまい、「召し放ち」となって京都の町人に預けられ蟄居《ちっきょ》させられる。盛親とその家臣は家康のこの裁断の瞬間に土佐一国を完全に失ってしまったのである。

盛親は、不思議なことに家康の裁断を簡単に受け入れてしまっている。『土佐物語』は次のように書いている。

井伊兵部少輔直政に仰付られ、長宗我部盛親が居城浦戸の城を対馬守に引渡べしとの上意に依て、直政家臣鈴木平兵衛重好幷松井武太夫を土佐国へぞ下し給ふ。盛親も力及ばず、異議なく城を渡べしと自筆の判形を立石助兵衛正賀《まさよし》に渡して、国許の家老共へぞ遣はさる。

井伊直政の仰せつけで、長宗我部盛親の居城である浦戸城を山内一豊に引き渡すべきであるとの家康の上意を持って、直政の家臣である鈴木平兵衛、松井武太夫が土佐の国に向かった。盛親は、結局力及ばずに「異論を唱えることなく城を明け渡すべきである」との自筆の書状を家臣の立石助兵衛に預けて、それを国もとの家老たちに遣わした、との内容である。

盛親は命が助かることを条件に、土佐一国を明け渡すことを異論なく了解して、書状を井伊直政に渡したというわけである。

関ヶ原の戦いで石田方についたけれども、正面では一戦もしていないし、長宗我部家はもともと元親の時代に家康とともに秀吉と対決している家柄である。にもかかわらず、このような仕打ちになってしまうのか。だが、盛親が浦戸城で戦う気がなかったことは事実である。

大坂の陣の後で、臆することなく斬首されるだけの勇気があったのなら、どう考えても盛親が武将としての意地を見せるべきは、関ヶ原の戦い後の浦戸城明け渡しのときであった。盛親にとって、これがラストチャンスではなかったか。そのうえ、盛親が井伊の家臣に城引き渡しについて「素直に自筆の判形《はんぎょう》を持たした」というのは、どうにも理解しがたい。

盛親のこの体たらくに、収まりがつかなかったのは、浦戸城でその主君盛親の帰りを待っていた家臣たち、とりわけ四国統一のために命を賭けて戦ってきた一領具足たちであった。


慶長五年（一六〇〇年）の十月十九日、城受け取りのために徳川方の仕立てた八隻の船が浦戸の港にやってきた。盛親は大坂に行ってしまってこの城にはいない。そのなかの一隻には城明け渡しを認めた盛親自身の書状を持った長宗我部の家臣、立石助兵衛が乗っていた。井伊家からは、城明け渡しの立会人として、鈴木平兵衛と松井武太夫が乗り込んでいた。また、次の城主となることが決まっている山内家からは、一豊の弟の康豊が後続の船にいた。

彼らを長宗我部の家臣団が浦戸の港で迎えた。が、家康が長宗我部家に対してどのような処置を決めたかについての内容は、そのときの浦戸城内にはまだ届いていなかった。

そうこうしているうちに、船で大坂からやってきた立石助兵衛からの情報が入り、浦戸城には動揺が走った。盛親の「召し放ち」という措置には誰もがすぐには納得がいかず、怒った一領具足らが城からどっと飛び出してきた。その様子を寺石正路著『長宗我部盛親』でみてみよう。

土佐に在る盛親の家臣は今回の処分にかゝる上方の消息を一日千秋の思で待焦がれ多分盛親は赦免を以て恙《つつ》がなく帰国するならんと想像して居たところ或日のこと大船の帆影が次第に浦戸に近付くので主公の帰国と或は浜手に出て迎へて居る者もあつた然る所盛親の直使立石助兵衛は独先づ船を遣つて浦戸に上陸し盛親公は領国没収せられ代はりて山内氏入国との旨披露したれば諸臣肝を消し喫驚仰天し忽《たちま》ち悲憤激昂の極に達し血気の壮士は血眼《ちまなこ》となつて怒髪天を衝くといふ概であつた

かくて倔強の徒吉川善助、徳久亀之助、池田又兵衛、野村孫右衛門、福良助兵衛、依岡彦兵衛、下元十兵衛、近藤五兵衛等を先とし一領具足の侍一斉に蜂起し君辱《はづかし》められ臣死すとは今なるぞ抑主君を擒《とりこ》にせられ城をさへやみやみと渡すといふ事やある其の上使といふは何者ぞ一人も残さず打殺させ罵る程こそあれ我先きにと浜辺へ駈出て鉄砲千挺許《ばかり》立並べ船に向ひ打かけた

一領具足たちの混乱ぶりがわかる寺石氏の筆致である。

今回の城主に対する改易との措置に納得がいかず、怒った一領具足らがやってきた船にそろって鉄砲を向けたのである。

この事態に使いの船は慌てて、いったん沖に逃げ出す。そして、一領具足らは元親の

菩提寺である雪蹊寺に集まって、井伊の使いの鈴木平兵衛との交渉に入る。この一揆の頭であった竹内《たけうち》惣《そう》右《え》衛門《もん》は「領主の盛親に土佐半国を与えよ」と交渉する。

この一領具足の行動について、寺石氏は「関原戦に於て国を失ひたる大名小名其の数少なしといふにあらねど此の如く国民が旧主を慕ふ其の情誼の厚かつたは蓋例稀《けだし》であらうと考へる」と述べている。元親が育ててきた長宗我部の軍団では、その主戦力となっていた一領具足の結束が最も堅く、主君思いであったということであろう。

六　一領具足の抵抗と悲劇

主のいなくなった本拠地の浦戸城では、城明け渡しを決めた重臣たちと「あくまでも抵抗」を主張する一領具足たちの激しい対立が生じた。その挙句味方同士の無残な殺戮が行われる結果となってしまった。

顚末はこうである。

騒ぎを知って、臨済宗・雪蹊寺の僧である月峰が仲裁に入り、井伊家からの使者である鈴木平兵衛と一領具足の代表である竹内惣右衛門らとの話し合いが始まった。

一領具足側はあくまでも「長宗我部家のために、土佐半国を残せ」と主張して詰め寄る。そこで、身の危険を察知した使者はひとまず引き下がり、井伊直政の意向を聞くということになった。しかし、家康の腹は既に決まっていて、「浦戸城を攻めても明け渡させせよ」ということであった。

この家康の厳しい意向を知って驚愕したのは情けなくも長宗我部家の家老ら重臣たちであった。家老、物頭ら十七名は「抵抗せずに開城する」という結論を改めて出して、連名でその意を井伊家の使者に差し出した。ここで抵抗することは「召し放ち」となっている当主の盛親の命、ひいてはその将来に不利になる、というのがその理由であった。

だが、一領具足らはそれでは承諾できない。そこで鉄砲を初め槍などの武器を集めて雪蹊寺に総勢が立て籠った。彼らは弱腰の家老らは討ち取ってしまい、井伊家からの使者らは切腹させようという考えであったと伝えられている。

こうした事態を解決するために、内通者から情報を得た長宗我部の重臣たちは謀議して機先を制し、首謀者や雪蹊寺に立て籠っていた一領具足らを攻めることを決めた。そして大殺戮《さつりく》が展開され、一領具足ら二百七十三人が討ち取られた。そのうち竹内惣右衛門ら大将格の首は浦戸で獄門にさらされた。井伊家からの使者である鈴木平兵衛は、討ち取られた者の首を塩詰めして船に積み込み、大坂の家康のもとに送ったという。

この惨劇の結果、次第に浦戸城下の反乱は収まってはいったが、その後も長宗我部の一領具足らの抵抗は土佐の長宗我部旧領内のいたる所で起こっている。村人はこの浦戸一揆での犠牲者らを弔うために六体地蔵を建てた。太平洋に面し、浜に近い地に立っているこの六体地蔵には今も献花が絶えない。

一領具足との戦いの際、家老らに協力した長浜の宇加二兵衛に、重臣が宛てた感状が残っている。いかにも複雑な内容なので、寺石正路著『長宗我部盛親』にみてみよう。


今度一領具足公儀に対し悪意相構へ井為（井伊）兵部様御内衆鈴木平兵衛殿並に家中年寄共相果すべき旨行ふに及び候処貴所の事自余を抽でられ忠節比類なく候御世が代に候はゞ御加増いかほども仰付らるべく候へ共今の時分候へば左様の儀も之れ無く残り多く候然と雖も上国に於て能々申上げ追而御褒美を成さるべく候先づ年寄共として一書如此候恐々謹言

このたびの一領具足の反乱の際は、忠節たぐいなかったので本来なら加増すべきところだが、現在のような事態になっているので、それができない。しかし、ご褒美はあるであろうと、いったようなどうもいわく言い難いような内容である。

慶長五年（一六〇〇年）十二月五日、長宗我部家の中興の祖である長宗我部元親、そしてその子・盛親と親子二代にわたって本拠地であった浦戸城はその家臣の手で開城されることとなった。

浦戸城を最後まで守ろうとしたのは一領具足であり、そしてその一領具足らを一掃したのは長宗我部の重臣らの謀略であった。これは土佐の歴史のなかでも、最大級の悲劇といって過言ではない。

こうして浦戸城は明け渡された。そして、土佐の領主の地位を失った盛親は京都の烏丸の柳の辻で蟄居生活に入る。盛親は出家して「大岩幽夢」と号し、江村孫左衛門、明神源八ら若干の家臣を従えて住む。盛親の室（信親の長女）は、城明け渡しの後、病を得て二十歳を待たずに病死したという。徳島県にその墓所があるとの説もある。

長宗我部家改易後、家臣らのうち家老ら大身の者は諸家に召し抱えられる。その他、土佐に残って山内家に召し抱えられた者、在地で浪人した者、他国に出て浪人となった者等、長宗我部の旧臣は散り散りとなる。他家に禄をもって召し抱えられた者のうち一部は次の如くであった。

○細川肥後守家中（肥後熊本）

千五百石　立石 助兵衛
六百石　同　子二八
三百石　久武 権助
三百石　町　市之丞
四百石　町　熊之助

百五十石　山内 三太夫
百石　町　大助
○立花左近将監家中（筑後柳河）
三百石　上野平太夫
○藤堂大学頭家中（伊勢安濃津藤堂高虎）
二千石　桑名 弥次兵衛
三百石　桑名 又右衛門
三百石　桑名 源兵衛
百五十石　桑名 七郎右衛門
百五十石　依岡 三平
二百石　浅木 三郎左衛門
百五十石　浅木 兵太夫
百五十石　中内 弥工衛門
百五十石　吉田 三郎兵衛
六百石　斉藤 茂左衛門
百五十石　戸波 又兵衛
百五十石　入交 助兵衛　等
○堀田上野守家中（下総佐倉）

二千石　　香宗我部 左近
八百石　　豊永 藤兵衛
五百石　　町　源右衛門
五百石　　国吉 五左衛門
百五十石　国吉 十太夫
三百石　　三宮 十助
二百石　　吉田 弥右衛門
二百石　　福原 茂左衛門　等
○松平対馬守家中（土佐高知山内一豊公）
二百石　　石川 彦右衛門
二百二十石　町　市左衛門
四百石　　高島 孫右衛門
二百四十石　西山 七郎右衛門
百石　　　安養寺 久兵衛
二百石　　横田 助右衛門
百石　　　黒野 茂左衛門　等
その他　松平出羽守家中、小出大和守家中、山田豊前守家中などにも召し抱えられた。

長宗我部家の家老や重臣らの多くは他家への再就職ということで、城引き渡し事件は落着した。だが、その背後には、明け渡しに納得がいかず徹底抗戦をした一領具足たちがいた。この国を思う一領具足を殺戮したうえで、多くの家老や重臣たちは他家、つまり土佐を出て他国に再就職してしまったということである。これは現在の官僚の発想にも似ているように思う。そして、徹底抗戦した一領具足たちの末裔らが、土佐に残り、山内家のもとで下士として忍従し、あるいは在地浪人として残り、長宗我部の伝統を守っていく。

七　盛親の大坂城入城

一方、旧領主の盛親は遺臣たちの助けを得て、京都で寺子屋の師匠などをして暮らしていた。苦節十四年の浪人生活の後、慶長十九年（一六一四年）十月七日に秀頼の招集を受けて、真田《さなだ》左《さ》衛門佐《えもんのすけ》幸村《ゆきむら》、毛利《もうり》豊前守《ぶぜんのかみ》勝永《かつなが》、後《ご》藤《とう》又兵《またべ》衛《え》基次《もとつぐ》らとともに大坂城に入った。

盛親の大坂城入城、つまり旗揚げのときの様子を書き残したものがある。京都の医者で、山科道安の聞き書きである。寺石正路氏の『長宗我部盛親』に収められているものでみてみる。

寺町今出川の辻にては二三騎ばかりにて馬槍等を、寺町三條にては二三百騎になり、伏見にては大方千騎にもならんかと人々云あへり。珍事なれば町所より訴出しかは板倉の某大に怒りて夫と知らば討ち捨てかりける物をと云ひしとかや

盛親の一隊は、寺町今出川の辻では二、三騎ほどで馬に乗り槍などを持っていたが、寺町三條では二、三百騎となって、伏見では千騎にもなる勢いであると人々が噂していた。騒ぎになったので、訴えが出てきて、所司代の板倉が大いに怒って、こういうことになるのであれば討ち取っておいたのにといった、という内容である。

このように盛親の監視役である京都所司代の板倉伊賀守勝重《いたくらいがのかみかつしげ》は怒っているが、盛親は白昼堂々と、大坂城に千騎ほどの兵を率いて入っているのである。徳川政権がすでに固まっていたというのに、こんなことが簡単にできるのだろうか。家康の腹の底には、この戦いは豊臣家の権力を完全に剝奪するためにはぜひとも通らねばならない通過点との判断があった。だから家康は、大坂方が戦いに向けて立ちあがったとの、板倉勝重の知らせを受けて小躍りして喜んだといわれる。してやったりとの思いだっただろう。

それにしても盛親は一千もの兵をどのようにして集めたのだろうか。

兵を集めるには軍資金が不可欠である。しかし、考えてみれば、長宗我部家は徳川家

に自発的に城を明け渡したのである。戦って領地を奪われたのではない。ならば、四国を統一した長宗我部元親がため込んだ軍資金がそれなりにあったとみるのが自然であろう。

八　消えた財宝

一九九〇年代の終わり頃だったと記憶しているが、「四国の覇者であった長宗我部元親の金鉱山の跡をいまだに探っている人物がいますよ」という話を、当時岡山放送の局長をしていた方から聞いた。

その方は、本業のテレビ制作のほかにも個人的に岡山県で勢力を持っていた豪族である遣唐留学生の吉備真備《きびのまきび》の研究などもしている人だった。

その人によると、例えば住友金属鉱山が愛媛県の新居浜市に別子銅山を持っていたように、かつては四国には多くの鉱山があった。長宗我部元親も阿波、伊予、土佐など、いたるところで金をはじめとする採掘を行っていたようで、その痕跡は今でも残っているという。そして、彼は一本のビデオテープを送ってきてくれた。そのビデオには香川県のさぬき市津田町に住む小西忠彦という人が、長宗我部元親の鉱山の跡を追っている姿が映し出されていた。小西さんは香川県警の元刑事で、業務の間を縫ってかつての長宗我部の金鉱の探索を続けていたという。

そういえば子供の頃、茶の間で両親が話しているのを聞いたことがある。その話は、長宗我部元親の財宝がどこかに隠されているという言い伝えが高知にはあって、伝説の場所を掘るという記事が地元新聞に出ているという話だった。結局は、発掘すると伝えられた場所からは何も出てこなかったが。

とはいうものの、それ以来「お宝がどこかに隠されているかもしれない」との思いが欲も絡んで頭に残り、自分の家に残っている書付のなかに宝の在りかが示されているのではないかという考えが一時頭から離れなくなってしまったことがある。

そんなこんなで家にある古い書付や、和歌の写しなど、古文書みたいなものの二重張りになっているところを剝がしてみたりした。だが、それらしいものはいまだに何も見つかっていない。文書が傷ついただけのことである。また、そのお宝探しの記事以来、地元の新聞にもそうした宝探しの話はまったく登場しなくなった。

しかしながら、冷静に考えてみても、長宗我部家には、徳川家康によって強引に潰されるまで四国全土を統一する力があった。ということは、その活動を支える財力も備わっていたということであり、どこかに財宝を隠し持っていてもおかしくはないはずである。

奇妙な話がある。慶長五年十二月五日を期して浦戸城は、長宗我部の重臣によって、引き取りに来た井伊家の家臣に明け渡された。そのときの長宗我部家の家老年寄の連署による浦戸城の兵器、食料などの城引き渡しの内容は次のとおりである。『土佐国蠹簡《とかん》集』の中の「久万文書」でそれをみてみよう。

浦戸城にて渡申註文

一　馬　　三疋
一　鉄砲八十張　　大小共
一　石火矢九張　　大小共　此内弐張浦戸政所ニ有
一　玉薬　　三万放
一　志ろめ玉（鉛玉）　十万斗
一　ゑんしやうがめ（焔硝即火薬）　五本有
一　ゆわう（硫黄）　千五百斤
一　鎗　百三拾本
一　城米　千石
一　味噌　十石
一　塩　　百俵
　内

米五百拾六石　　城天守ニアリ
同弐百拾石　　は　ひつしさる矢倉ニアリ
同弐百七拾四石　　但籾ヲ米ニ算用ニテ土居之蔵ニアリ
九《もろもろ》　千石
味噌拾石　　同じ
塩百俵　　同じ城有

慶長五年十二月五日　　非　有
久万次郎兵衛
山内三郎右衛門
中ノ内兵庫
松井武太夫殿

この記録には金銀財宝についてのことがまったく記されていない。

長宗我部は多くの鉱山を管理していた。それは事実として歴史にも残っている。金や銀、それに水銀などがあったはずである。さらにいえば、鉄砲などを造るための鉄や銅などはどうしたのか。また、鉱山に関する書付なども残っていたはずである。そうした書類などは、井伊家が極秘裏に持ち去ったのだろうか。あるいは、城明け渡しを早くに決めた重臣たちがいずこかに隠してしまったのだろうか。

長宗我部盛親が大坂城に入る頃にはその兵の数は千人を越えていた。多くの兵を集めるには軍資金が必要である。豊臣秀頼のところに財宝があり、それを消費させ、潰すのが大坂の陣を起こさせた徳川家康の狙いの一つではあっただろう。だが、それだけではなく長宗我部家の軍資金も大坂城入城の際に投下されたであろうことは容易に推測できる。

肥後熊本の加藤家には、浦戸城明け渡しの際に、不戦派の代表格であった久武内蔵助が世話になっている。その際に、献上品として鰹節を数本差し出したとの記録があり、加藤家からの礼状もあると聞く。大名が鰹節だけのことで礼状を出すであろうか。鰹節とあるのは実は金塊だったのではないか。

九　大坂の陣

盛親は、京の太秦でのんびり過ごしていればあえて命を落とすことはなかったし、大坂の陣に参加せずに我慢して様子見をしていればその後にまた再起の機会があったかもしれない。大坂の陣に参加した理由について触れた部分が『土佐物語』にある。大坂城に向かっている際に、盛親が語っている言葉である。

常に附居たる従者も曾てしらざりけるとかや。過し関が原陣の節は盛親関東へ志ありといへ共、止事をえずして逆徒に組みせしが、今又関東を背いて大坂へは、いかにして組せしぞと尋聞ば、本領土佐国を返し給はらんと、秀頼公の御内意ありし故とぞ聞こえし。盛親城中へ入りしかば秀頼御感有て、宮内少輔と改、一方の大将に補せらる。

盛親にいつもついていた従者も大坂城に盛親が入ることを知らなかった。かつては家康に味方するとの密使を、関東に送ってその本意が伝わらなかったため大坂方にやむなく味方したという事情があるのに、どうしてまた再び、今回も大坂城に入るのか、と盛親に聞いたという。すると秀頼公から大坂方に加われば元の土佐一国を与えるとの内意をいただいているので、参加するのだと聞いた。盛親が大坂城に入ると、秀頼は喜んで、盛親を宮内少輔と呼んで、一軍の大将に付けた、という内容である。

このときすでに征夷大将軍は徳川秀忠である。豊臣秀頼から盛親が「宮内少輔」をもらってもただの紙切れであるし、土佐一国にしても戦いに勝たなければ何の意味もない。だが、大坂の陣の布陣をみると、大坂城がいかに堅固とはいえ、城を取り囲んでいるのはすべて諸大名であり、これに対して城中で頑張っているのはほとんどが浪人である。

秀頼周辺を除くと現役の大名は一人もいない。この布陣ではまず勝てる望みはない。そのような戦いに参加して、盛親は二千年も続いてきた秦一族である長宗我部の流れを途絶えさせてしまうつもりだったのだろうか。

兵数こそ秀頼が大坂城に残された財宝を使ったことにより十万を超える浪人が集まってはいるものの、リーダー格の大将がいない。そこで、豊臣方は長宗我部盛親、真田幸村、後藤基次、毛利勝永、明石全登《たけのり》の大坂五人衆が戦闘の中心となったようである。

大坂冬の陣は慶長十九年（一六一四年）十一月十九日、木津川口の戦闘で始まったとされる。大坂城に出丸を築いて戦った真田幸村の戦闘は歴史に残っているが、大坂方がなんとか一ヶ月ばかりも持ちこたえたのは、家康側の陣営にこの時はあまり戦う意思がなかったからだと思われる。

だが、家康は大坂冬の陣で、巧妙に和議に持ち込み、大坂城の堅固な外濠を埋め立てて裸同然にする。和議は十二月二十日に成立した。

外濠を埋めたうえで、家康は豊臣家殲滅《せんめつ》作戦の最終処理である大坂夏の陣にいよいよ持ち込む。翌元和元年（一六一五年）四月から夏の陣が始まり、長宗我部盛親は八尾堤の戦いで戦功を挙げたとされるのだが、この戦いも奇妙なものであった。これは表向きは藤堂隊と長宗我部隊の戦いということになっている。しかし、よく分析してみるとその実態はなんと長宗我部軍同士の相討ちの合戦だったのである。

つまり、長宗我部家が改易されて家臣らが浪人したのを受けて、長宗我部元親とのなじみの深かった藤堂家はその多くを引き受けていた。そして、大坂の陣の際の八尾の戦いは、その藤堂家に禄を食《は》むことになった長宗我部家のかつての重臣、桑名弥次兵衛が率いる長宗我部の旧家臣団を中心とした部隊と、大坂城に入った長宗我部盛親率いる部隊の戦いだったのである。桑名率いる藤堂隊は、かつて仕えていた旧主の部隊に弓を引くことになった。

長宗我部盛親の兵は、「譜代の主に弓引くもの」と、今は敵となっている藤堂隊の将である桑名弥次兵衛の馬をむらがって取り囲む。だが弥次兵衛は持っていた槍を取り直さず、抵抗の姿勢もとらず、そのまま首を刎《は》ねられたという。このように八尾の戦いではみるも無惨な哀しい戦いが展開された。

そして盛親は、この八尾堤での戦いが終わった後、京橋口を守備したが、もうこの時はほとんどこれといった働きをせずに戦局を見つめていただけであったという。

十　盛親斬首

五月七日、大坂城の守備は突破され、城内各所に火の手が上がった。

徳川の兵が乱入してきたなかで、秀頼の所在もわからぬまま盛親は手勢も失い、わずかに中内惣右衛門、羽山左八郎とともに城を落ちて八幡近くの葦原に潜伏していた。そこを蜂須賀家政の兵、長坂三郎左衛門に捕まる。

そして、盛親は京都に送られて、京都六条河原でその側室と子ら六人ともども斬首されるのである。慶長二十年（一六一五年）五月十五日。京都五條の蓮光寺の僧が弔った。

『土佐国編年紀事略』によると、盛親のことについて次のように記している。


十五日盛親四條河原ニ於テ斬セラル年四十一五條寺町蓮光寺ノ僧諸司代板倉勝重ニ請フテ之ヲ葬ル墓今ニ存ス

五月十五日に、盛親は四條河原（六條河原の誤り）で斬首された。四十一歳であった。京都五條寺町の僧が、遺体を所司代の板倉からもらい請けて、葬った。墓は現存す。

盛親の戒名は「蓮国一栄大禅定門」とされた。また、『長宗我部氏系図』によると、盛親の女《むすめ》一人が、柳川の立花家の家臣、上野平太夫の室になりこの血筋が残っている。『土佐国群書類従』によると、盛親は秀吉から慶長元年（一五九六年）に「土佐守」に任ずると告げられているが、正式な朱印状の手続きは取られないままであったようだ。蓮光寺の墓などは盛親を土佐守としている。また、思うに長宗我部家二十二代の当主でありながら、盛親にはその親族によって建てられた墓が領国であった土佐にない。

振り返ってみると、盛親の関ヶ原の戦いから大坂の陣、そして死にいたる道は非常にわかりにくい。その心が読みにくいのである。現実には、長宗我部家は大坂の陣に加わって敗れたことにより、徳川政権という長く暗いトンネルのなかに、いやおうなく押し込められてしまう。

大坂の陣について、寺石正路氏は独自の見方をしている。その著『長宗我部盛親』のなかでそれをみてみよう。まず、大坂の陣への流れである。

関原戦争後十四年を経て大坂陣あり其の間徳川氏の勢は日に隆盛に赴き家康は将軍となり尋て辞任し子秀忠代りて将軍となり天下の諸侯仰いで其号令を聴く徳川幕府の覇基殆ど已《すで》に確定す然《しか》して大坂は秀頼年次第に成長するも六十万石の普通大名と下降し其の柱石たりし加藤清正浅野幸長皆先づ病歿し唇亡び歯寒く真箇に孤城落日の憂懼なきにあらず両雄並び立たず況《ま》してや関東の勢已に天下を圧す大坂の君臣不安に駆られ遂に挙兵す是れ又必然の勢であつた然のみならず関東の大坂を遇す恰も老猫の幼鼠を弄する如く或は嚇し或は欺き遂に其の魚肉となす大坂陣は一篇の哀史である然も若干の英雄が大坂に同情し其の城に入つて兵を指揮し冬夏の両役に両将軍とやらに一泡を吹かし多少の痛手を食はして遂に武士道の花と散つたは痛快であった

関ヶ原の戦いから十四年が経って大坂の陣があったが、その間、徳川氏の勢いはますます隆盛となった。将軍には二代目の秀忠が就いて、諸侯はこれを仰いで徳川幕府の覇はほとんど確定した。一方、大坂では秀頼が次第に成長したが、六十万石の普通の大名となり下がった。そして、それを柱石として支えていた加藤清正、浅野幸長《よしなが》が相次いで病没し、まことに孤城落日の懼《おそ》れなくもなく、関東の勢いは天下を圧してしまった。

このため大坂の君臣は不安に駆られてついに挙兵した。関東が大坂を処遇するのはあたかも老猫が幼鼠をもてあそぶかの如くであり、あるいは嚇しあるいは欺いて、ついに（大坂の君臣を）魚肉としてしまった。大坂の陣は一篇の哀史である。しかも若干の英雄が大坂に同情してその城に入って兵を指揮し、冬夏の両役にひと泡を吹かして、（家康、秀忠に）多少の痛手を与えて、武士道の花と散ったのは、痛快であった、との内容である。

慶長五年（一六〇〇年）に関ヶ原の戦いがあり、徳川家康が勝利した後、慶長八年（一六〇三年）には早々と家康は江戸に幕府を開く。そして、次期将軍候補の秀忠の長女千姫を秀頼の正室として送り出し、豊臣家の懐柔策に入っている。

さらに、豊臣家譜代の大名の封じ込めや豊臣家の財宝の消費策をとり、豊臣秀吉が築いてきた権力の取り崩しを進める。その集大成が慶長十九年（一六一四年）の冬に始まった大坂の陣と位置づけられよう。

そうして、この戦いで秀吉の子、秀頼は自刃する。また、後に禍根を残しそうな豊臣家の財宝も大坂の陣でほぼ消費され、残ったものは徳川家が没収した。関ヶ原の残党もその多くがこの戦いで消え去る。大坂の陣は徳川家康の絵図どおりの展開となったのである。

しかし、大坂の陣については長宗我部盛親は千騎の兵を集め、負けると知りつつも、この戦いで長宗我部家の矜持を示した。関ヶ原の戦いの後、散り散りになっていた長宗我部の遺臣を集め、豊臣家から強引に権力を奪い取った家康にあえて挑んだ、との見方もある。

そして、寺石正路氏は、そうした盛親らの生き方を「武士道の花と散った」と惜しんでいるのである。

寺石氏は先の『長宗我部盛親』のなかで、大坂の陣で捕縛された後の盛親の様子などについて、障子の陰から徳川方の将である秀忠が家臣を使って盛親の様子を覗き見したりしている姿を記した後、次のように書いている。

長宗我部は男振見事に流石一城の主とみゆる人品なり最期まで臆したる気色聊もなし　戦敗れて縛に就く死を恐るゝにあらず再挙を計る慮深き石田三成に似たり死生を度外に置き従容として命を待つ其のゆうしき態度最期まで臆したる気色無き宜《むべ》

なりといふべしである

盛親は捕縛されてもさすがにほかの浪人たちとは違って一城の主としての風格があり、その男ぶりは見事であった。死を恐れてはいず、再起を図ることを考えていた様子は石田三成に似ている。従容としている態度は、最期まで臆するものではなかった、との内容である。

ただ、盛親は浅黄色の絹のしごき帯で縛られたうえ、馬に乗せられて見物人のいる大路を盗賊ででもあるかのような姿で渡されるという仕打ちを受けている。このようなことは、大名に対してはあまり例のないことである。大坂の陣での残党の詮議は徹底して行われ、京都、伏見には斬首された残党の首がおびただしく並んでいたといわれる。

家康の処断は盛親だけではなかった。長宗我部家には、盛親のほかに小少将の子である右近大夫がいた。右近大夫は元親が親しかったことから肥後の加藤家に預けられていた。家康は、関ヶ原、大坂の陣ともにまったく動かなかった右近大夫にまで切腹を命じたのである。そのあたりを『土佐物語』でみてみる。

盛親の弟右近は加藤主計頭清正、父元親の親友たるに依て、是を頼みて肥後国に居たりけるが、兄の科に依て召捕れてぞ上りける。（中略）伏見に着しかば頓《やが》て藤堂和泉守を検使として切腹仰付らる。（中略）「心得たり」といさぎよく腹をぞ切られける。嗚呼悲しきかな、秦能俊《よしとし》、土佐国長岡郡宗我部を領して長宗我部と称してより、今盛親まで二十二代連続して家門繁昌せしかば、武運長久にし、猶窮りなかるべきに、よしなき謀反に再び与し、家を亡し身を失ひけるこそ悲しけれ。

盛親の弟の右近大夫は、肥後の加藤清正が父元親の親友であったことから、肥後国に預けられて暮らしていた。しかし、兄の盛親が罪を犯したために捕えられて、伏見に送られた。藤堂和泉守を検使として家康より切腹を仰せつけられる。右近大夫は「心得た」と潔く腹を切った。秦能俊が土佐国長岡郡宗我部を領して長宗我部と称して以来、今盛親まで二十二代続いて家運が繁栄、武運長久して窮まりなかったのに、よしなき謀反に再度与して家を失い、さらに身をも亡くしてしまったことは悲しいことである、という内容である。

この右近大夫の切腹の際には、右近に付添ってきていた宮崎久兵衛という遺臣がいて、その場で「主人に切腹の作法を示す」といって右近大夫より先に共腹を切っている。また、岩原氏校註の『土佐物語』では、この項の文末は「先祖の名をも腐《くた》しけり」となっていて、盛親の行為を厳しく批判している。

盛親の性格を知る面白い記述が寺石正路著『長宗我部盛親』にある。

盛親伏見に在て食事の時山折敷《やまおりしき》に黒米飯を盛り赤鰯《あかゆわし》を菜として差出さる盛親曰く昔より名ある大将武運尽きて敵の擒《とりこ》となる例多し敢て恥辱と思はず只今此の如き下《げ》郎《ろう》の食物を給せらること情なし終に見たることもなき膳なり某《それがし》箸を下さずしてよろし只速かに首を刎ねられよと井伊直孝聞きて厨人を戒め改めて美膳を進む盛親辱なしと深く之を徳とす

盛親が伏見で食事を出されたときのことである。素朴な膳に黒米の飯で、赤鰯だけのおかずという食事であった。それを見て、盛親は名のある大将が捕虜になる例は多い。それが恥辱とは思わないが、このような下郎の食物を出されるのは見たことがない。食べたくはないので速やかに我が首を刎ねよといった。それを井伊直孝が聞いたので、膳を出した者を叱って、好い食事に差し替えて出した。盛親はこれを感謝した、という内容である。

捕縛されてからも最期まで臆した気色がいささかもなかったといわれ、盛親は非常にプライドが高い人物であったと思われる。

関ヶ原、大坂の陣が終わった後の家康の残党狩りなどの厳しい措置が、徳川の長期政権をつくった要因の一つではあっただろうが、この徹底した非人間性は長宗我部家にとってとうてい受け入れられるものではない。とはいえ、元親の死から関ヶ原の戦い、大坂の陣へと急速に流れた歴史のなかで、長宗我部家の当主盛親の行った判断と行動は疑問符のつくことがあまりにも多い。盛親にはやはり一国の将としての覚悟と実行力が不足していたとしか言いようがない。

長宗我部家はいかに苦しくとも覇道を選択することなく王道を行くことを、国親、元親らは代々その後継に教えていたはずである。にもかかわらず、盛親は関ヶ原で心ならずも石田方に味方し、さらに大坂方が出した「本領の土佐を返す」という何の見通しもない名目だけの空請文を建前として、結局は男の死に場所を求めるという形で大坂城に入った。そのために、盛親は領地に加えてその姓までも剝奪されてしまった。

長宗我部家の本流が絶えた結果、元親の末弟である親房の家系を継ぐ者がその血筋を守るため、厳しく長い忍従の道をたどることになる。

第五章　血脈連綿　忍従の徳川時代

京都六条河原で盛親が斬首されたことによって、長宗我部家の本流は絶えた。
だが、大坂の陣で盛親に従って戦った者のなかに元親の末弟、親房の家系に連なる五郎左衛門がいた。五郎左衛門は関ヶ原の戦いで石田方に与《くみ》したが、長宗我部家が改易され、本名の親典《ちかのり》を変えて大坂の陣に加わった。そして、大坂城の天守閣が炎上した慶長二十年（一六一五年）五月七日に盛親と別れたと思われるが、主君の斬首を聞いたであろう五郎左衛門の胸中には、どのような思いがよぎっただろうか。

長宗我部に代わって土佐に入った山内一豊《やまうちかつとよ》は、直ちに長宗我部家の居城であった浦戸城を潰し、大高坂山《おおたかさかやま》に新城を築いて土佐統治の象徴とした。そして、山内の家臣を上士、長宗我部の遺臣たちを下士として、身分差別を徹底する政策をとった。土佐に残った長宗我部侍（下士）たちは、徳川政権への抵抗の心を秘めつつ生き、幕末にそのエネルギーを爆発させる。

　土佐に帰った五郎左衛門は、先祖を元親公とする一族であるという身分を山内家にあえて明かしたうえでの入牢を決意する。山内家は五郎左衛門を四年間籠舎《ろうしゃ》に入れた後、当初は馬にも乗れない御歩行《おかち》（徒士《かち》）として召し抱えた。山内家としても、それなりの思惑があったからだろう。

　豊臣政権は二十年持たずに終焉を迎えたが、徳川家が築き上げた体制は二百六十年の長きにわたる。その間、五郎左衛門から與助重親まで十一人の長宗我部家の末裔たちは忍従の生活を余儀なくされるが、決して土佐の地を離れることはなかった。

国親《くにちか》
- 元親《もとちか》
- 親貞《ちかさだ》　吉良左京進
- 親泰《ちかやす》　香宗我部左近大夫
- 初代 親房《ちかふさ》　島弥九郎《しまやくろう》——二代 五郎左衛門《ごろうざえもん》——三代 與助《よすけ》——四代 弥左衛門《やざえもん》——五代 久蔵《きゅうぞう》——六代 惣亟《そうきょく》——七代 弥右衛門《やうえもん》——八代 弥四郎《やしろう》——九代 歓次《かんじ》——十代 與助《よすけ》——十一代 與右衛門《ようえもん》——十二代 與助重親《よすけしげちか》——十三代 吉親《よしちか》——十四代 親衛《ちかえい》
- 姉女　嫁　吉良
- 二女　嫁　十市
- 三女　嫁　波川
- 四女　嫁　津野

一　山内一豊、土佐に入る

遠江国《とおとうみのくに》掛川五万九千石の領主であった山内一豊は、徳川家康から、関ヶ原の戦功により土佐一国を与えられた。大幅な加増である。井伊直政が浦戸城の明け渡しを無事済ませたことから、一豊は年末にもかかわらず慶長五年（一六〇〇年）十二月一日、大坂から船出して、嵐のような天候のなか、新領地となった土佐に向かう。だが、この地は約四百五十年にわたって治めてきた旧家である長宗我部家の領地であり、その遺臣たちの抵抗が頻発して、いまだ鎮まっていなかった。

山内一豊の出生からその死までの一代を山内家の家臣が書いた『一豊公御武功御伝記』には、山内一豊の土佐国、初入国の様子が次のように記されている。

　一豊公土佐国御入国、但旧臘初日大坂御乗船（或説、大坂町人志方源兵衛御船造営指上ると云。）、寒風難凌淡州由良湊に御越年。
　正月二日、土州甲浦に御着船。於是軍備法令を定、海陸山川路次の難所等悉く御吟味を被為遂。同五日、甲浦を御発駕、野根山を越。高山四方嶮岨、壁岩峙岩峨々たる石階如畳、馬蹄難立行程を凌き、奈半利ニ至而御一宿。六日安喜、七日赤岡、八日従是浜道通り、未刻浦戸へ御入城。甲浦より人小御馬験ハ出しかとも、武者押ハなし。何も具足肌着シ、上着は心々次第也。俄之事出来せは急度物具する覚悟すへしと被仰渡、御人数賦りハ御軍法次第の通行列也。同日入海巡見、吸江前に至り則帰城。此日恒例を定め、毎歳正月八日船乗初と定ム。然ニ近来将軍家御障日ニ依て、正月十六日御船乗初となる。

山内一豊公が土佐の国に入国した。去年の十二月一日に大坂から船出した。(大坂の町人の志方源兵衛が御船を造って差し上げたとの説がある)、しかし、寒風が激しかったために土佐の国に直行するのではなく、淡路島の由良港で年を越した。

そして、翌慶長六年(一六〇一年)の正月二日に土佐の甲浦《かんのうら》に着き、ここで入国に備えて軍備についての決まりを定めた。また、土佐へ入っての道筋の海陸山川の難所等の吟味を徹底的にした。正月五日に、甲浦を駕籠で出発したが、野根山経由は、岩のゴツゴツした急峻な山を越える行程だった。何とか奈半利に到着して、奈半利で一泊することが出来た。正月六日は安芸に着き、七日には赤岡に到着した。正月八日はこれまでの山越えとは異なり、浜に近い平坦な路を通って、その日の未の刻(午後一時から同三時の間)に長宗我部盛親の居城であった浦戸城に入った。

甲浦から大小の馬印をたてての隊列だったが、武装して行進するということはしなかった。いずれも具足肌は着ていたけれど上着は各自の思い思いのいでたちにした。「予期していない事が起きたら、武装して応戦することを覚悟しておくように」との、御命令があった。隊列の組み方は決められたとおりの行列であった。

一豊公は到着したその日のうちに、湾を吸江《ぎゅうこう》前まで巡視して浦戸城に戻った。この日に年中行事を定め、船乗り初めは毎年正月八日と定めたが、この日が将軍家の障りのある日であるということで、十六日に変更になった、といった内容である。


山内一豊は正月二日に、新領地となった土佐の甲浦に上陸している。そして、八日に浦戸に入った。山道には難所が多く、相当苦労したことがわかる。一豊とその一行は、初めて海と山ばかりの土地にさぞや驚いたことであろう。『一豊公御武功御伝記』には、初めての土佐の地の感想として「高山四方嶮岨《けんそ》」とある。大変な山奥に来たという印象を持ったことが窺える。

なにしろ、新領主への交代を領民の多くが納得していない土地に進駐するのである。一豊は密偵を放ち、つぶさに調べ、行列が通っていく道筋の警備を厳重にしたはずである。『一豊公御武功御伝記』のなかの記述で面白いのは、武具などを脱いで上着を思い思いのものにしていることである。これは他藩での進駐でも見られることであるが、新領主に対する領民の警戒感を解くためのものだろう。とはいえ、いつ襲撃されるかもしれないので、「緊急事態が起こったら直ちに対応するように」との指令を出している。実際は相当な緊張感の漂う道中だったであろう。侮られないように、隊列はそこそこ組んだものの完璧な形ではなく、長宗我部の遺臣らの気持ちを逆なでしないような配慮もしていたのである。

ともあれ、一豊は浦戸城に到着した。そして浦戸湾の対岸にある五台山のふもとの吸江庵《ぎゆうこうあん》のあたりまで行っている。一豊にとっては、興味津々《しんしん》の新領地であったようだ。その日のうちに「船乗り初め」という年中行事も決めている。いささか上気気味の一豊の顔が浮かぶ。


一豊は、長宗我部のイメージを一新して、山内の街造りをすることを目指した。そして山内家の威信を示すためにも、長宗我部元親の本拠地であった浦戸城を毀して土佐郡高知の大高坂山《おおたかさかやま》に城を造ることを決意、直ちにその築城に取り掛かった。この城が現在の高知城である。

高知城は高知平野のほぼ中心に位置し、鏡川と江ノ口川が自然の外濠となっており、四層五階の天守閣があり、閣上に廻縁高欄《まわりえんこうらん》を持つ城であった。この場所は長宗我部元親も城をいったんは築いたが、洪水が頻繁に起こることから放棄している。

一豊はこの新城をどうしても完成させたかったようだ。陣頭指揮をとるために、しばしば自ら現場に出かけている。その際、長宗我部の遺臣らに襲われる危険があるため、土佐の群衆のなかに混じり込んで編みがさをかぶって外出した。影武者も用意したが、影武者の存在をあえて公然の事実とすることで一豊は身を隠した。

それほど、長宗我部の遺臣による抵抗は激しかった。

山内家史料刊行委員会が、明治四十四年から太平洋戦争前までに山内家に残されていた資料を整理した『山内家史料』によると、山内家が土佐に入ってからも、山中に隠れていた長宗我部の遺臣の一領具足らによる一揆が何回も起こっている。一豊はこれら一領具足をおびき寄せるため、策を講じた。

その一つ、相撲大会を利用した話が『土佐物語』に記されている。

斯りしか共、一揆の余党在々に隠れ居る由聞えければ、一豊の謀に「浦戸にて相撲をとらせ一見すべし、上下によらず望み次第に罷出よ」と国中をぞ触られける。男だてするほどの者は我も我もと馳集る。見物の貴賤群集して見物す。相撲初り上下目をすまし興をなす所に、兼てより目付をつけ捕手を定め、一揆の残党ども七十余人搦捕て種崎の浜に磔にぞ掛られける。

（本山での）一揆の残党が隠れてしまったので、山内一豊は「土佐の人間は相撲が好きなので、浦戸で相撲大会をしたらよい。上下の区別なく誰でも見物をさせよ」と謀略を巡らせた。国中に相撲大会の触れを回したところ、我こそはと思う男ぶりのよい連中が集まってきた。見物衆もたくさんやってきた。そこで、かねてから目をつけていた一揆の残党七十余人を捕えて、種崎《たねざき》の浜に磔にした、という内容である。

浦戸城明け渡しをめぐる浦戸一揆は鎮圧されたものの、その後も一領具足らの一揆はいたるところで起こり、しばらくは治安が保てなかったようだ。

慶長十六年（一六一一年）に、山内の威信を示す大高坂城は完成し、新しい城下町の形成も同時に進められた。しかしながら、新政権が形作られていく過程でも、慶長十九年（一六一四年）に、中村城を襲う大掛かりな計画があった。『山内家史料』でみてみる。

是歳長曾我部盛親ノ旧臣奥宮伝兵衛大坂ノ変ニ乗ジ窃ニ異図ヲ企テ中村城（幡多郡中村）ヲ襲ハントセシガ事露ハレ捕ヘラレ父子共ニ磔刑ニ処セラル尋イテ其徒二十余人モ亦捕ヘラレテ刑セラル

長宗我部盛親の旧臣である奥宮伝兵衛が、大坂の陣に乗じて土佐中村の中村城を襲おうとした。しかしこれが事前に漏れたので、奥宮父子は磔刑にされ、ひきつづいてその仲間たち二十余人も刑に処せられた、との内容である。

二　上士と下士

山内一豊は遠江の小藩から、一気に土佐一国にその領地が拡大したため、あちらこちらで起こる長宗我部の遺臣らの抵抗を排除する強力な藩の体制を早急に構築する必要があった。そのあたりのことを、歴史家松山秀美の放送による語りをまとめた『放送土佐史談』（ＲＫＣ高知放送）から引用する。

（山内家は）創業当時でございますので有用の人物を集めてガッチリした藩政府を樹立したのは当然のことでございます。殊に有能の諸浪士を招きよせて高禄を以って召し抱え、適材を適所に置き、深尾与右衛門、山内伊賀、弟康豊、山内半左衛門、五藤内蔵助の五家老をそれぞれ佐川、窪川、中村、宿毛、安芸へ封じて東西の辺地を固めさせ、長宗我部の遺臣で仕官を望む者は、その器に応じて採用し、元々江州又は遠州以来譜代恩顧の家臣と伍せしめて打って一九となし、よくこれらを統御して所謂土佐武士という質実剛健の気象《きしょう》を養成したのは、一豊の至誠温厚、謹厳で深謀遠慮の賜と申さねばなりません。之は一豊の施政の第一歩において、二百六十年に亘る藩政の基礎を築いたものでございます。

土佐山内家宝物資料館の渡部淳館長によると、山内一豊が掛川から土佐に入ってきた当時の山内家の藩士は二百人ほどであった。その後新しく雇ったものの、江戸期に書かれた『一豊公御武功御伝記』の記述では一豊の時代で三百人強である。一豊はこの少人数で、譜代の藩士を中心に藩の基礎を固めて、適材適所で当面の藩政の基礎を樹立した。

一豊は、浦戸城明け渡しの前に、先遣隊として弟の山内康豊を送り込んでいる。康豊は土佐入国後すぐに次のような触れを発している。『放送土佐史談』による。
「今回山内対馬が土佐一国を拝領したので修理が一足先に罷り越した。されば村中の百姓共若し山中へ立退いた者は直に村へ還り来るべきこと。当国の法令は前々通りで、一領具足どもも異議なく立還るべきこと。山内家へ奉公致したい希望者は拙者が可然く取計うから安心せよ」

山内家は長宗我部の遺臣を雇い入れる努力をした。だが長宗我部の遺臣は下士とされ、山内家の譜代の家臣と新しく他藩などから引き抜いてきた家臣らが上士となり、厳しく区別された。

明治初期に歴史家の松野尾《まつのお》章行《あきつら》が編纂した『皆山集』に収められた土佐藩の「格式役名順配記」によると、上士と下士の役職は次のようになっていた。

〈上士〉
御家老、同嫡子格、御中老、同嫡子格、御旗奉行、御仕置役、御側御用、御仕置格、御扈従組頭御奏者番、御馬廻組頭、外輪御物頭、御近習鉄砲、御留守居組頭、逼塞侍支配、御持弓支配、御持筒支配、御槍奉行、御母衣、御柄弦、御歩行頭、御物頭格、御相伴格医師、小御扈従、中御扈従、大御扈従、御馬廻、御小姓格、新御扈従、

末子類、御留守居組

〈準上士〉

白札

〈下士〉

郷士、御用人、御用人格、御歩行、御歩行格、御留守御歩行、御持弓筒、御役者、御坊主、組外、諸職人、御番人、下横目、古支配、下代、下代類、足軽、足軽類、御飛脚番、定御小者、年季夫、御雇小者、御馬取

お目見えできるのは上級家臣である上士以上であり「侍」とされた。郷士ら長宗我部の旧家臣、いわゆる下士は「軽格」で、その身分差別は徹底された。生活も質素を基本として、例えば雨の日でも上士は高下駄が履けるが下士は草履履きといった細かい差別があった。

長宗我部の家老たち、いわゆる高級官僚は細川家、藤堂家などに高禄で採用されていったが、兵として確立されていない一領具足らは身分格差を我慢して下士として仕えざるを得なかった。それを嫌い、他国に浪人として流れていくものもあったが、それでも土佐の地を愛した一領具足は残り、山野に入るなど最後まで抵抗し続けたようである。

長宗我部の遺臣、長宗我部侍と呼ばれるようになった一領具足たちの心は、幕末が近づくにつれ自ら力を持ち始め、やがて山内家の武士団に対抗する勢力となっていく。そして、この下士らの武士団が明治維新を引き起こす原動力となった。

下士の家柄から、幕末の志士が多く輩出されたことでもそれはわかるが、長宗我部の遺臣たちの魂そのものは、長きにわたって生き続けたのである。

三　五郎左衛門の選択

山内家の体制ができ始めてからも、長宗我部の遺臣たちの抵抗は依然続いた。そのような頃、大坂夏の陣に参加した後、土佐の地に残ることを心に決めた「元親を祖」とする者がいた。それが元親の末弟の長宗我部親房（島弥九郎）の二代目に当たる島（嶋）五郎左衛門（親典）である。この五郎左衛門が私の直接の先祖となる。

五郎左衛門は大坂の陣で八尾の合戦にも参加したが、盛親とも別れ土佐に海路引き揚げる。だが、五郎左衛門が帰ってきた土佐の地は、当然のことながら既に山内の世だった。山内家は慶長十年（一六〇五年）に初代当主の一豊が没し、二代忠義の時代である。大高坂城も高知城と改名され、その城下町も造られていた。しかし、幡多《はた》郡の中村では、中村城の襲撃計画があったという嫌疑から長宗我部の遺臣が磔にされるなど、いまだ長宗我部一族に対して厳しい措置が取られていた。

五郎左衛門は、そうした状況を知ったうえで、あえて山内忠義に大坂の陣に参加したこと、さらには自分が旧領主の長宗我部の血筋であることを名乗り出た。山内家に詮議された後、五郎左衛門は入牢させられる。長宗我部家の再興を誓っての入牢であったはずである。

五郎左衛門について『長宗我部氏系図』は次のように記している。

大坂陣時、従㆓盛親㆒籠城元和元年土佐歸國入牢同四年赦免仕㆓忠義公㆒御歩行被㆓召出㆒然以㆓大坂陣負傷㆒身體不㆑健尓來奉公勤務四十三年萬治四年歿御見舞使大津八之丞御香奠奠銀子三枚給㆑之（年号の「元和」のところに、添え書きとして「二十二歳」と記されている）

五郎左衛門は、大坂の陣で負傷して土佐に帰ったけれども、山内忠義公にその旨を届け出て入牢して過ごし、赦免されて御歩行として山内家に勤める。その勤務は四十三年の長きにわたった。その功につき山内家から香典として銀子三枚を頂戴した。

五郎左衛門の嫡男である第三代当主の與助（与助）が、五郎左衛門について記述し、山内家に提出したとみられる「差出」の控えが現存している。この差し出しは、いわば父である五郎左衛門と差し出し本人の與助を中心にした履歴書である。

長宗我部家は領土を失ったばかりか、「長宗我部」という家名も土佐藩内では認められなかったので、その後も幕末の頃まで表向きの文書などには一切長宗我部の表記はされていない。五郎左衛門は「島五郎左衛門」として届けられている。

当家の墓石についても、元親、盛親以前のものはともかく、江戸時代のものには長宗我部の姓はなく、すべて「島」か「嶋」のいずれかである。また、家紋についても、酢漿草《かたばみ》の使用はなく墓石はみな無紋である。

親房系長宗我部家の三代目、島與助が山内家に出した差出書の全文を記す。

差出

一、私亡父五郎左衛門儀先祖従　元親公少知給候由緒を以、先年、大坂御陣之節、籠城仕候段顕。元和元年ニ於御国籠舎被仰付、同四年御赦免。翌五年廿六歳之時、忠義様江御歩行ニ被召出候。然共、大坂ニ而少々之手疵を以達者難成候ニ付、御小性之内目付役、其後御供達御銀方御台所方段々ニ相勤、年寄御城中御横目役被仰付従　忠義様御書等頭戴、尓今所持仕候。五郎左衛門儀、元和五年ゟ四拾三ヶ年御奉公相勤、万治四年病死仕候。

一、私儀、寛永拾九年拾六歳之時、各別ニ忠義様江御歩行ニ被召出、弐人扶持御切米八石拜領仕候。

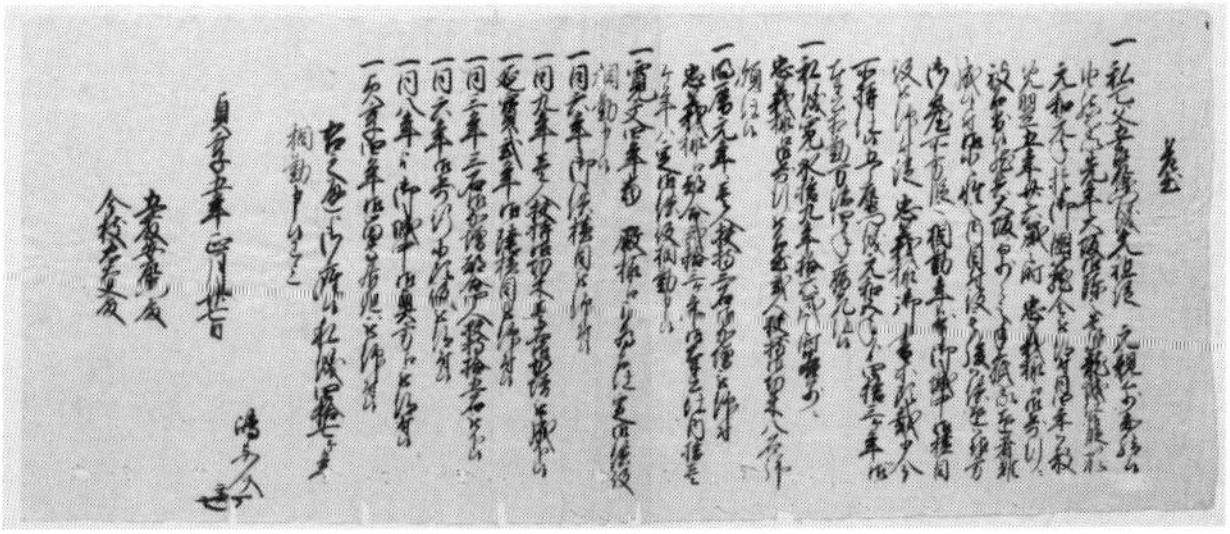

島與助の「差出書」

一、明暦元年ニ、壱人扶持三石御加増被仰付、忠義様江都合弐拾三ヶ年御奉公仕。内、拾壱ヶ年ハ定御供役相勤申候。

一、寛文四年、当　殿様江被為召仕、定御供役相勤申候。

一、同六年御供横目被仰付候。

一、同九年壱人扶持御切米壱石御加増被成下候。

一、延宝弐年御陸横目被仰付候。

一、同三年三石御加増。都合、四人扶持拾五石被下候。

一、同六年御歩行小頭役被仰付候。

一、同八年ゟ御城中御奥方江被仰付候。

一、貞享四年御留守居組ニ被仰付候。

右之通ニ御座候。私儀、四拾七ヶ年相勤申候　已上

貞享五年正月廿七日

嶋与助

五藤安左衛門殿
今枝忠太夫殿

歴史家の磯田道史氏に、これを読んでいただいた。内容は次の通りである。

差し出し

一、私の亡父五郎左衛門は先祖　元親公より少知（少しの知行）を給わっていた由緒（経緯）から、先年大坂御陣の節、籠城したことは顕らかであり、元和元年（一六一五年）御国において籠舎（入獄）仰せつけられ、同四年（一六一八年）御赦免となり、翌年、二十六歳の時に、忠義様（山内忠義、山内家二代目当主）へ御歩行《おかち》（徒士）に召し出されました。

然《しか》る共《とも》、大坂にて少々の手疵《てきず》をもって達者なりがたく候につき、御小性《おこしょう》のうちの目付役となり、その後、御供達、御銀方、御台所方を段々に相勤め、年寄御城中御横目役を仰せつけられ、忠義様より御書（手紙）等を頂戴《ちょうだい》し、今に所持しています。

五郎左衛門は元和五年（一六一九年）より四十三年御奉公相勤め万治四年

（一六六一年）に病死しました。
一、私は寛永拾九年（一六四二年）拾六歳の時、各別《かくべつ》に忠義様へ御歩行に召し出され、弐人扶持御切米八石を拝領しました。
一、明暦元年（一六五五年）に壱人扶持三石御加増仰せつけられ、忠義様へ都合弐拾三ヶ年御奉公仕り、内《うち》拾壱ヶ年は定御供役《じょうおともやく》を相勤めました。
一、寛文四年（一六六四年）に当殿様（三代当主山内忠豊）へ召し仕わせられ、定御供役を相勤めました。
一、同六年（一六六六年）に御供横目を仰せつけられました。
一、同九年（一六六九年）に壱人扶持御切米壱石を御加増に成しくだされました。
一、延宝弐年（一六七四年）に御陸横目《おりくよこめ》に仰せつけられました。
一、同三年（一六七五年）に三石御加増、都合四人扶持拾五石をくだされました。
一、同六年（一六七八年）御歩行小頭《こがしら》役（徒士の中のリーダー役）を仰せつけられました。
一、同八年（一六八〇年）より御城中御奥方へ仰せつけられました。
一、貞享四年（一六八七年）御留守居組に仰せつけられました。
右の通りに御座候　私儀四拾七ヶ年相勤申候
已上

嶋　与助

貞享五年（一六八八年）正月二十七日

五藤安左衛門殿
今枝忠大夫殿

四　五郎左衛門入牢

與助の差し出しの最初の段落が五郎左衛門についてのものである。入牢時が元和元年で、この時、五郎左衛門は二十二歳である。『長宗我部氏系図』では「二十二歳」と、入牢の年の「元和元年」の横に添え書きがしてある。二十二歳は「先祖　元親公」の初陣と同じ歳である。つまり五郎左衛門の入牢は、家名を残すという彼にとっての戦《いくさ》の初陣でもあったのではないか。五郎左衛門が家名に賭けた思いをひしと感じる。

「先祖　元親公」と書き、五郎左衛門が長宗我部の一族であることを明らかにし、次いで「少知給候」としている。これは謙遜して「少知」といっているのであり、長宗我部一族として知行地を持っていたのであれば、それなりの格式もあったはずであるが、そのあたりについては詳細がない。というより五郎左衛門の入牢以前のことについては、この差し出しはまったくといってよいほど触れていない。

長宗我部一族の動向を管理する山内家としても、それは押さえておかねばならないはずである。しかしこの差し出しは、そのあたりのことについて書くのを、あえて避けているように思われる。山内家も当然詳細を摑みながら、それらを明らかにしたくない事情があったのではないだろうか。取り潰した一族の動向は、当然幕府の掌握すべきところでもあり、差し出しの内容はしかるべく届けられねばならない。とすると、山内家としてもその扱いを一つ間違えると、幕府の追及を受けお家の大事ともなりかねない。

さらにいえば、長宗我部の遺臣たちの神経を逆なでする恐れもある。かつて長宗我部の領地であった土佐で、その一族を処刑したとなると、そのリアクションを覚悟しておかねばならない。島與助、山内家の双方にとってのそのような複雑な事情が、この文面の背景となっているように思う。

五　山内忠義からの文

出獄してからの五郎左衛門の生き方にも、私は興味を惹かれる。五郎左衛門が出獄したのは、元和四年（一六一八年）である。徳川家康は元和二年（一六一六年）に七十五歳で没し、徳川家は秀忠の時代となっていた。そして長宗我部元親の正室の姪である春日局が、家光の乳母として次第に力を得てきている。時代は変化してきていた。

政権は安定し、幕府も山内家も、いまさら長宗我部一族を見せしめに処断する必要もない時代となっていたはずである。とすれば、五郎左衛門は本人さえ決断すれば、籠舎を出た後は、長宗我部の誇りを保つために隠居する道もありえたであろう。また、他藩で時の流れを待つ、という生き方の選択もできた。ところが、五郎左衛門は牢から出て翌年の元和五年（一六一九年）に、山内家に仕える道を選んでいる。しかも、山内家から最初に与えられた職は「御歩行」という軽格である。

一方、山内家側からすれば、元領主の血筋のものが山内家の下士の身分に甘んじて懸命に仕えている姿を、長宗我部の遺臣たちに見せることが政策として意味を持ったのであろう。

そして、五郎左衛門は御歩行という屈辱を受け入れながらも、山内家に仕える道を選んだ。いったいそれはなぜか。

「長宗我部家の存続のためにすべてを賭ける」。それのみが、このときの五郎左衛門の人生の至上命題であったのではないだろうか。そのためには、徳川にも山内にも逆らわないこと、ひたすら愚直に、時代の流れのままに生き残ること、それが自分の取るべき道であると考えたのではないか。後年、島家は最も心が動いたであろう幕末の討幕運動にはほとんど加わっていない。「流れに逆らわず」という中立の姿勢を貫き続けた。

ともあれ、山内家への「御奉公」を始めたこのときから、長宗我部一族の山内時代を生き抜く忍従の生活が始まった。

五郎左衛門は、奉公した当初、明らかに下士のなかでも身分の低い御歩行であった。だが、その後は「少々の手疵をもって達者なりがたく候」ということで、御小姓（性）のうちの目付役となっている。そして、御供達から、御銀方、さらには御台所方へと仕事の質が上がっていっている。御小姓というのは山内家では上士の扱いで、お目見えができる「侍」である。これはどういうことであろうか。

五郎左衛門の実力もさることながら、察するに下士はいわば長宗我部の遺臣の集団であり、その一団から長宗我部の一族である島家の人間を体よく引き剝がして隔離したのではないだろうか。また、出自を知られた五郎左衛門である。いまさら山内の領地となった土佐では、牢から出されたとはいえ身動きができない。それを承知の上で、山内家は五郎左衛門を下士という家格としながら、職務上では上士の末端の位置に置いたのだろう。

わかりにくいが、山内家には「格式」と「職」があり、格式は家あるいは本人の身分であり、職は具体的な仕事である。この二つを人事制度としてうまく使っていた。したがって、五郎左衛門の格式は、類推するに下士の「御用人」であり、職の上でのみ厚遇されていたということである。

與助の差し出しには、五郎左衛門が「忠義様より御書等を頭（頂）戴し」とある。五郎左衛門と、山内家の当主である忠義との間には「何らかの心の交流があった」のかもしれない。

職の上の運用であったとしても、上士であれば山内家の当主とのお目見えがある。山内家の当主と、表面的な誇りは捨てようとも何としても家を残していきたいという五郎左衛門、この二人はそれぞれどのような思いで顔を合わせたのだろうか。五郎左衛門は、山内家に二十六歳から六十九歳まで四十三年間仕え、万治四年（実際は四月二十五日より寛文元年＝一六六一年）四月二十九日に病死した。五郎左衛門の戒名が残っている。「心庵宗無居士」という、きわめて質素なものである。この戒名は、おそらく五郎左衛門が生前に僧侶と相談して用意しておいたのであろう。

長宗我部の「宗」の字を中央に入れ、「心庵」と「無」で挟み、まるで隠しているかのようだ。この戒名を発見したとき、長宗我部という「家名存続のため」のみに生きた人間の実存が私に伝わってくるようだった。

保元の乱に敗れて、土佐の地にやってきた秦能俊が住み着いた地は、長岡郡の「宗我部郷」である。そこから長宗我部の姓が生まれた。徳川政権となった五郎左衛門の世では「長宗我部」の家名を使うことはできないが、その大切な「宗」の一字を五郎左衛門は自らの戒名の真ん中に包み込んだのだろう。そして、心を無にして「時を待つ」という自らの生き方を、子々孫々残っていくであろうその戒名に込めたのではないか。

五郎左衛門の、長宗我部家の血筋を残すために懸けた思いは並大抵ではない。五郎左衛門の別名とされる「親典」の名は系図にはなく、和歌などを書き写した別紙の余白に書き残されていた。

山内忠義は五郎左衛門が亡くなった際に、大津八之丞を使者に立ててその葬儀の席に香典として銀子三枚を届けさせている。「銀子三枚」とは、どれほどの価値だったのか。そして、その通夜に集まった面々とはどういう人たちだったのだろうか。幕末の頃の文書を見ると、長宗我部の遺臣たちとみられる三十人くらいの人々が、島家と連絡を取り合っていることがわかるが、果たしてそういう長宗我部家縁《ゆかり》の者がその通夜の席に参列することは可能だったのだろうか。

後を継いだ與助、そして弥左衛門の直筆の資料が残されている。だが、肝心の長宗我部親房家の「要」ともいえる人物である五郎左衛門について記されているのはこの與助の差し出しと戒名帳のみである。むろん、直筆資料はない。

五郎左衛門の葬儀を出し、長宗我部親房の家とその跡を継いだのが、差し出しを書いた島與助である。差し出しからその経歴をみると、與助は寛永三年（一六二六年）に生まれている。長宗我部元親を先祖とする父親の五郎左衛門から、長宗我部家の生きる道を教え込まれた與助は、十六歳で早くも山内家に仕える。寛永十九年（一六四二年）のことであり、父親とともに奉公する形となった。役は御歩行で、二人扶持切米八石である。忠義が寛文四年（一六六四年）に死去した後は、忠豊公に使えている。

與助は、貞享四年（一六八七年）に御留守居組となる。御留守居組は末端ではあるが通常であれば上士の格式である。だが、これは五郎左衛門と同様、あくまでも山内家における職務の運用上のことであり、家格上は「御用人」だった。
與助の山内家での在勤は五十五年に上った。そして、遠近三十五ヶ所に出向いていて、そのうち十四回は殿様のお供で江戸に行ったのである。元禄十年（一六九七年）二月十二日死去、享年七十二歳であった。戒名は「覚道徹春信士」である。五郎左衛門とは一転してきらびやかにみえる戒名である。

六　弥左衛門の『雑録帳』

五郎左衛門、與助と続いた後、長宗我部親房から四代目の当主となったのは弥左衛門である。弥左衛門は几帳面な人物だったらしく、彼の『雑録帳』といったものが残っている。雑録帳に署名はないが書かれている年代、内容などから弥左衛門のものと思われる。『雑録帳』には、延宝六年（一六七八年）から延享二年（一七四五年）までの六十八年間にわたって弥左衛門が仕えた山内家での出来事にはじまり、娘の結婚や子供の死などが、病名に至るまで事細かに書き込まれている。山内藩内の様子なども垣間見えるので、その一部を書き出してみる。

弥左衛門の『雑録帳』

一、同六年ニ歩行小頭役被仰付
一、同八年ヨリ二ノ御丸奥方御用被仰付八年ノ間壱人ニ而相勤申候
一、貞享四卯ノ年十二月十八日ニ御留守居組ニ被仰付
一、私儀元禄弐巳年七月廿五日御目見江申上候三ノ御丸アハノ間ニ而田原善丞私弐人御目見江仕候
一、同拾丑ノ年六月廿二日於御会所御仕置松下長兵衛殿被仰渡趣与助跡式センカクノ通無相違被仰付ル位ショクノ義ハ向後御用人ニ被仰付右ノ段可申渡候由御奉行中被仰候間其通可相心得旨被仰渡ル廿六歳ノ時跡目拝領仕ル跡目相済翌日勘定頭沢田利右衛門同道ニ而御奉行中御仕置衆へ参横目衆へハ自分一人参ル
一、同年七月廿五日ヨリ大膳様御屋鋪御番被仰付ル相応之御用無之候故当分御番人被仰付由被仰渡ル
一、鉄御門御番元禄拾三年辰ノ六月廿八日ゟ同拾四年巳ノ九月十五日迄勤番九拾七番相勤ル
一、享保十巳ノ七月九日長尾専右衛門殿役替同十日ゟ御留守歩行支配当分御勘定頭衆支配被仰付

格式御用人であった弥左衛門の『雑録帳』（抜粋）の内容は次の通りである。年号の推定はその前の部分が欠落しているためである。

一、延宝六年(推定、一六七八年)に御歩行小頭役を仰せつけられた。
一、延宝八年(推定、一六八〇年)から二ノ丸御殿奥方御用の役を仰せつけられた。
一、貞享四年(一六八七年)十二月十八日に御留守居組を仰せつけられた。
一、元禄二年(一六八九年)七月二十五日に殿様(豊昌公)に御目見えが許された。三ノ御丸アハノ間にて田原善丞と私の二人が御目見えできた。
一、元禄十年(一六九七年)(父親の與助が亡くなったので)御会所にて実務の仕切り役である御仕置から事例が伝えられる儀式があった。御仕置の松下長兵衛殿がおっしゃったのは、與助からの相続はこれまでの格式(家の格式)の通りに認められたということである。「御用人」で、その通り心得よということだった。二十六歳の時である。跡目相続の儀式が済んだ翌日、勘定頭の沢田利右衛門が同道して御奉行の中の御仕置衆の所に、跡目相続のごあいさつに行った。横目衆には自分ひとりであいさつに行った。
一、元禄十年(一六九七年)七月二十五日から大膳様(山内家二代藩主・忠義の二男・忠直の子)の御屋敷の御番を命じられた。しかし、これといった御用もなく、とりあえず御番人に任じられたのだと聞かされた。
一、元禄十三年(一七〇〇年)六月二十八日から翌十四年の九月十五日まで、三ノ丸の入り口付近にあった鉄の御門番を受け持った。勤番九十七番を勤めた。

一、享保十年（一七二五年）の七月九日に、長尾専右衛門殿の役替えで、同十日から御留守歩行支配と、当分の間、御勘定頭衆支配を仰せつけられた。

與助を継いだ四代弥左衛門は、延宝六年に歩行小頭として山内家に初めて仕えた。二年後の同八年には、二の丸の奥方御用を仰せつかって八年間勤めている。そして、下士の御歩行小頭になってから十年後の貞享四年（一六八七年）に、御留守居役に昇格する。つまり、城主のお目見えができる上士の役どころとなった。

雑録によると三の丸の「アハノ間」で、田原善丞とともに二人で「お目見え」した。その後、弥左衛門は元禄八年（一六九五年）に山内家四代目の城主である豊昌の前で「御前槍」を披露している。相手は関権太郎である。豊昌は武闘派で、武道を奨励していたと伝えられる。城中の噂で、豊昌は弥左衛門が槍の名手と聞いて、その技を見たいと思ったのだろう。そして、元禄十年（一六九七年）に、父親の與助が亡くなり、その跡目相続を許される。そこで、御家来衆の実務のトップにいる御仕置の松下長兵衛から告げられたのは「與助からの相続を許し、家の格式は御用人である」ということである。弥左衛門の場合は、この記録があって格式が明確である。

辞令が出されたということで、翌日弥左衛門は御勘定頭に同道してもらって、跡目相続の儀式のあいさつ回りをしている。御仕置衆より格下の横目衆の所には、自分一人で行っている。現代と同じように、昔の官僚社会にもややこしいしきたりがあったようである。

七　鉄の御門番

弥左衛門はお城の番もした。現在はなくなっているが、高知城には鉄砲玉もはねつけるという大きな「鉄の御門」があった。この門は多数の鉄板が門扉に打ちつけられてあり、三の丸の入口付近にあった。城中とその外の世界とを、隔絶する雰囲気を演出する高知城の「象徴」のようなものでもあったという。当番制が敷かれていて、弥左衛門はそれを勤めている。一年三ヶ月ほど、九十七番勤めたとある。高知城の鉄の御門の門番をし、はたまたその前にはほとんどたいした仕事もないような山内家の一門の家の番をさせられ、弥左衛門はどういう思いだったのか。

長宗我部の一族が、山内家の城の門番を黙々と続ける。雨も降っただろうし、風の日もあった。「勤番九拾七番相勤ル」とわざとそっけなく書いている「鉄の御門」の項目に、私は弥左衛門の胸を時としてよぎったであろう思いを感じた。

また、弥左衛門は享保十年（一七二五年）七月九日に、長尾専右衛門の交代として御留守歩行支配とともに、当分の間としてではあるが「御勘定頭衆支配」に任じられている。しかも、七月九日の言い渡しで就任が翌十日である。これは弥左衛門が山内家で与えられた最高職である。ただ、この翌日実行という辞令には普通ではないものが感じられる。藩内に何か特別な事情でも発生したのだろう。

その他にも、弥左衛門の『雑録帳』には、城内に起こった興味深い出来事がいくつか記録されている。理由はわからないが、「欠落《かけおち》」という言葉で表現されている脱藩事件がときどき起こったようである。「楠田六右衛門と申者家来欠落仕江戸内町ニ居申ニ付彼所ニ而召捕申候」とある。楠田六右衛門の家来が山内藩から江戸に逃げて捕まったということだろう。国元まで連れ帰ったのだろうか。さらに「小人吉右衛門儀金子弐百両盗欠落仕被召捕右之銀子泉屋吉左衛門と申者ニ預置申由吉右衛門申ニ付金子請取ニ参色々申金子百八拾両吉左衛門方ヨリ請取申由右之品何茂委細書付有之」との記録がある。これは吉右衛門が現金二百両を持ち逃げした。これを捕まえたところ、泉屋吉左衛門に預けてあるというので百八十両は取り返した。この件についてはいずれも委細を書きつけてある、という内容である。横領持ち逃げ事件も起こっていた。

江戸時代で病気とともに怖かったのは火事である。火事についての記録もいくつかある。そのうちの一つを書き出してみる。

一、享保廿一辰正月朔日ノ朝八ツ時北奉公人町住居ノ町□シ季我慶義宅ら出火高瀬久兵衛殿類焼ニ被逢ル

享保二十一年（一七三六年）の元旦の午前二時頃、北奉公人町住居の町□シ、季我慶

義宅から火が出て、高瀬久兵衛殿が類焼に遭った。（□は一字不明）

元旦の火事である。北奉公人町（現在の高知市上町）は下士が住んでいたところで、城に近く西風が吹くと、北奉公人町の東側にある城のほうに飛び火する恐れがあった。正月の火災ということもあり、大騒ぎだっただろう。

また、弥左衛門は正徳四年（一七一四年）に褒美として藩から米二俵をもらっている。山内藩も藩に尽くした家臣に努力賞のようなものをときどき出していた。

大坂の陣に加わり入牢した五郎左衛門と差し出しを書いた與助の存在は、與助の差し出しが残っていたので認識していたが、雑録帳を残していた弥左衛門についてのことはほとんどわからなかった。本書を書くことになって、祖父の親《ちかし》の荷物を探っていたら、この記録が本と本の間からみつかった。弥左衛門は槍術が得意で、武道好きの城主であった豊昌に重用されたのであろうが、職のほうは勘定方に出世しているところからみると、算盤に優れていてその方面でも才能があったようだ。

また、「宝永二年（一七〇五年）十月二十九日おたね病死年二拾七歳段々大切成相果る（おたねが病死した。二拾七歳であった。段々に病気が重くなって亡くなった）」といった病気についての書き付けがある。自分の娘や母親などついて、「ホウソウ（疱瘡）」との病名や、その容体などの描写がある。これは弥左衛門の弟が「慈庵」という医者であったためと思われる。慈庵から病気の症状、病名などをいろいろ聞かされていたのであろう。『長宗我部氏系図』によると、慈庵は高知城の北にある江口《えのぐち》村（高知市内の江ノ口）に住んでいて、そこは慈庵屋敷といわれていたというから、手広く医者をやっていたのだろうか。慈庵の家系は島姓で、四代ほど医者をしている。また、慈庵の妻は江口村の「長谷川氏」と記されている。

　慈庵の家系は次のとおり。

三代 與助《よすけ》──四代 弥左衛門《やざえもん》──五代 久蔵《きゅうぞう》──六代 惣亟《そうきょく》
　　　　└─慈庵《じあん》──立朴《りつぼく》──玄通《げんつう》──東隆《とうりゅう》

　このように弥左衛門の『雑録帳』は、淡々とした暮らしの記録である。そうした生活を「良し」として徳川、山内時代を生きていたのだろう。弥左衛門は享保十九年（一七三四年）の七月二十七日に亡くなっている。

　弥左衛門の雑録帳をみると、山内藩は「家の格式」と「職」という制度をうまく使って身分制度を堅持しつつも、下士のやる気を引き出させようとしていたことがよくわかる。奉行の下にいて実務を取り仕切っている御仕置役の松下長兵衛が、與助が没したときにその継嗣であった弥左衛門に「與助と同様に格式は御用人」とピシリと告げている。

したがって、長宗我部の流れを汲む島家や長宗我部の遺臣たち、いわゆる「長宗我部侍」は職は別として格式については厳として差別され、下士の領域からはまず出られなかったということだろう。

ともあれ、五郎左衛門、與助、弥左衛門たち長宗我部の一族は山内家に仕えつつ、長宗我部の血筋を残すために、粛々と雌伏の時を過ごすのである。親房の後を継いだこの三人の次は五代久蔵、六代惣亟も山内家に仕えたと思われる。だが役職は不明である。七代弥右衛門については、系図には「寛政元年有故格禄被召放」とある。職務上のことであったのか、私的なことか理由はわからないが、寛政元年（一七八九年）に何ごとかが起こって格式と禄高をすべて取り上げられている。

そして、八代の弥四郎は「寛政元年父弥右衛門格禄被召放以旧家之故三人扶持切米拾五石被下之　格式御用人」とある。父親の弥右衛門が寛政元年に格式、禄高をともに取り上げられたが、島家は旧家であることをもって、御用人として再び山内家に取り立てられ、三人扶持切米拾五石をもらったということである。「旧家之故」というのもその内容が書き込まれていないのでよくわからないが、いずれにしても長宗我部の血筋の者を放置しておくのはあまりよいことではないと山内家は考えたのだろう。弥右衛門の「召放」と時を離さず、同じ年に再び代を代えて召し抱えた。

弥四郎に引き続いて九代の歡次も「御蔵役　国産高見役　御作事方　御筒方」とある。弥四郎と同様に、御用人の格式で山内家に仕えたようだ。続く十代與助、十一代與右衛門についてはこれも何の記述も『長宗我部氏系図』にはないが、やはり山内家の禄を食んだと思われる。そして、幕末から明治を生きた十二代與助（与助）重親の時代に入る。

十一代の與右衛門までは島家の人間は、幕府、山内家に遠慮をして、「長宗我部」の姓はもちろんであるが、長宗我部の人間がその名前に代々つけてきた「親」の字も表向きは使わなかった。だが、幕末が近づいた頃から再び「親」の字を使い始め、十二代が與助重親とした。もっとも元親が「弥三郎」、親房が「弥九郎」といった形で使用した別名に冠した「弥」の字は四代の弥左衛門から、何人かが江戸時代に使用している。

山内家が明治になって、士族とされたものについて調査した資料がある。そのなかの「四等士族上席」のなかに、長宗我部家の十二代「島与助」の記述がある。その「島与助」の横には「長宗我部」の書き込みがあった。つまり山内家のなかで「島家」は「長宗我部」の流れとして扱われていたことを意味するものと推察できる。四等士族上席とは、山内藩の下士の内の郷士、徒士、徒士格などのことである。『長宗我部氏系図』には、與助重親のところに「格式御用人」とある。

徳川政権下の山内家に、思いがけずも仕えることとなった長宗我部の一族である五郎左衛門、與助、弥左衛門、そして幕末近くに生きた與助重親、すべて格式は下士の位置にある「御用人」とされた。が、その職務の面ではいずれも優れた仕事をし、山内家からも運用としてではあるが上士の扱いを受けてその職務を粛々と無事にこなしてきたようである。

時代の流れはいずれ変わる。そういう思いから五郎左衛門は、最悪の場合は死罪もありうることも覚悟して、山内家に差出書を提出し入牢した。秦一族と長宗我部の血脈を土佐の地に残そうという意思は末裔たちによって引き継がれたのだ。

そして、大きな変革は米国、英国など外国からの圧力をきっかけに現れ、徳川幕藩体制が揺れる。こうした状況に呼応して動いたのが関ヶ原の戦いで西軍の大将を務めた毛利であり、西軍の負けを知って家康軍の正面突破を試みた島津である。この両藩が手を組み、さらにこれに長宗我部の遺臣たちの末裔である土佐の下士たちが動き出す。幕末から維新に向け時代は激動する。

また、大坂の陣以後、歴史から抹殺され土佐の地で雌伏を強いられてきた長宗我部家の末裔たちも、長く暗いトンネルからようやく抜け出して目覚め、秦氏としての長宗我部の家名復活、秦神社の創設、さらには中興の祖である元親の業績の再評価などに向けた動きを始める。新時代の曙光が差してきたのだ。

跋　家名復活　幕末以降の長宗我部

徳川幕府の崩壊、そして明治維新による新政権の発足とともに長宗我部家は復活する。大坂の陣の後、「先祖　元親公」と山内家に名乗り出て籠舎《ろうしゃ》に入った元親の末弟、長宗我部親房（島弥九郎親房）の、二代目島五郎左衛門の末裔たちは、暗黒の徳川時代を忍従の思いを抱きつつもひたすら乗り越えてきた。

そして、幕末に生まれた十二代の與助重親（長宗我部弥九郎＝島弥九郎）は、まず長宗我部の姓を復活させ、長宗我部元親と豊後戸次川《へつぎがわ》で戦死した家臣たちを祀る神社「秦《はだ》神社」の創建を目指す。徳川、山内時代には息を潜めつつも、長宗我部家の影の遺臣団を形成していた人々が長宗我部の「血脈連綿」を証し、與助の秦神社創建を支える。

十二代與助重親と十五代親《ちかし》（林馬、秦霊華）は、長宗我部家の系図を整備して、長宗我部元親の贈位を宮内省（当時）に申し出る。この申し出が受諾され、それまでは従四位下であった元親の位階を「正三位」とする贈位記が、昭和天皇の勅使から元親の墓前で親に手渡された。これにより五郎左衛門の長宗我部家を繋ぐという心に秘めた思いは、実現した。

長宗我部秦氏の一族は、再びその歩みを始めたのである。


輿助重親（弥九郎）——親（林馬、秦霊華）

徳川家康が築いた政権は強固であった。幕藩体制という厳格な管理制度を完璧に作り上げたことに加えて、諸外国の影響を排除し交流を閉ざした鎖国という政策が、その強さの源であった。だが、十九世紀の中頃になると、満を持したように欧米列強が通商貿易を求めて日本に押し寄せてきた。鎖国政策のもとに、桃源の夢をむさぼっていた日本も、いよいよ列強の要求には従わざるを得なくなる。こうした外圧を背景に、国内からも長く続いた封建制を打破し、近代的な国家を築こうとする新しい波が沸き起こる。

ロシアや英国の艦船が、相次いで蝦夷地などを訪れ、日本に開国を迫ってきていた頃、文化十年（一八一三年）に、十二代の輿助重親（長宗我部弥九郎）は生まれた。島家では二代の五郎左衛門以来、長宗我部一族が使ってきた「親」の字は禁じてきた。だ

十二代與助重親

が、この與助重親になって、ほぼ二百年ぶりに「親」の字を表向きに使用した。土佐においても藩の箍《たが》が緩み、下級武士や農民らの力が強くなって、次第に尊王攘夷の機運が高まってきていることを知り、與助重親の胸中に長く閉じ込められてきた長宗我部家の復活を思う血が、沸き立ったのかもしれない。

一　秦神社創建

幕末から明治維新にかけて生きた與助重親は、こうした時代の変革の足音を感じつつ、わが家に残されてきた長宗我部に関する資料を整備し、改めて見直した。そこには三代與助がしたためた父の五郎左衛門の出自と自らの経歴を記した「差出」の控えも残っていた。

そこで、與助重親は長宗我部家系図の整備に着手するなど、長宗我部家の家名復活に向けて準備を進める。家名復活の日。それこそ二代の島五郎左衛門が山内藩の牢内で涙を抑えつつ心に期した「その日」であったはずだ。

長宗我部一族の格式は依然として下士の御用人であったが、與助重親は、「親」の字を晴れて自らの名前につけて山内家に仕え、砲術の師であった徳弘幸蔵について学び、大砲の鋳造所の建設を任されている。また、教育面では長浜小学校（高知市）の創設などに尽力している。

慶応三年（一八六七年）、徳川慶喜が徳川幕府の政権移譲、大政奉還を朝廷に申し出た。この機をとらえ、與助重親は長宗我部家の遺臣らとともに、できたばかりの藩庁に秦一族、長宗我部元親父子、そして戸次川で討ち死にした家臣らを祀る「秦神社」の創建を働きかけることを決意する。

そのときの藩庁に出した「奉願書」の控えが残っている。この奉願書はあくまでも秦神社創建の願いではあるが、同時に長宗我部一族が、徳川政権下でも生き残っていたことを長い時を経て公に宣言する文書という意味合いも含まれていた。

奉願書は次のとおりである。

奉願

此度秦元親公父子を神ニ直シ宮を建立仕度奉存、可然土地を致見聞候処、雪蹊寺境内之後山ハ究竟之場所ニ御座候処、去年御召上ニ相成、今年竹木不残伐りはぎ申候。然ニ昔元親公之初陣ニ致高名乗取申候城地ニ而須ル所縁有之土地ニ御座候間何卒、今度復古之御詮義ヲ以社地ニ御免許被仰付度伏而嘆願仕候。

以上

午　長曾我部弥九郎 印
閏十月

池神甚蔵殿

ざっと次のような内容である。

奉願

この度、秦元親公父子を神に直し、宮を建立したく存じ奉り、しかるべき土地を見聞したところ、雪蹊寺境内の後ろの山がもっとも好ましい場所であると思われます。

この地は昨年召しあげられて、今年竹や木が残らず伐採されています。ここはかつて元親公が初陣で高名乗りをあげた城地でもあります。そういう縁のある土地でもありますので、なにとぞこのたび、ご詮議あって神社の地として、ご免許いただきたく伏してご嘆願つかまつります。

明治三年閏十月　長曾我部弥九郎

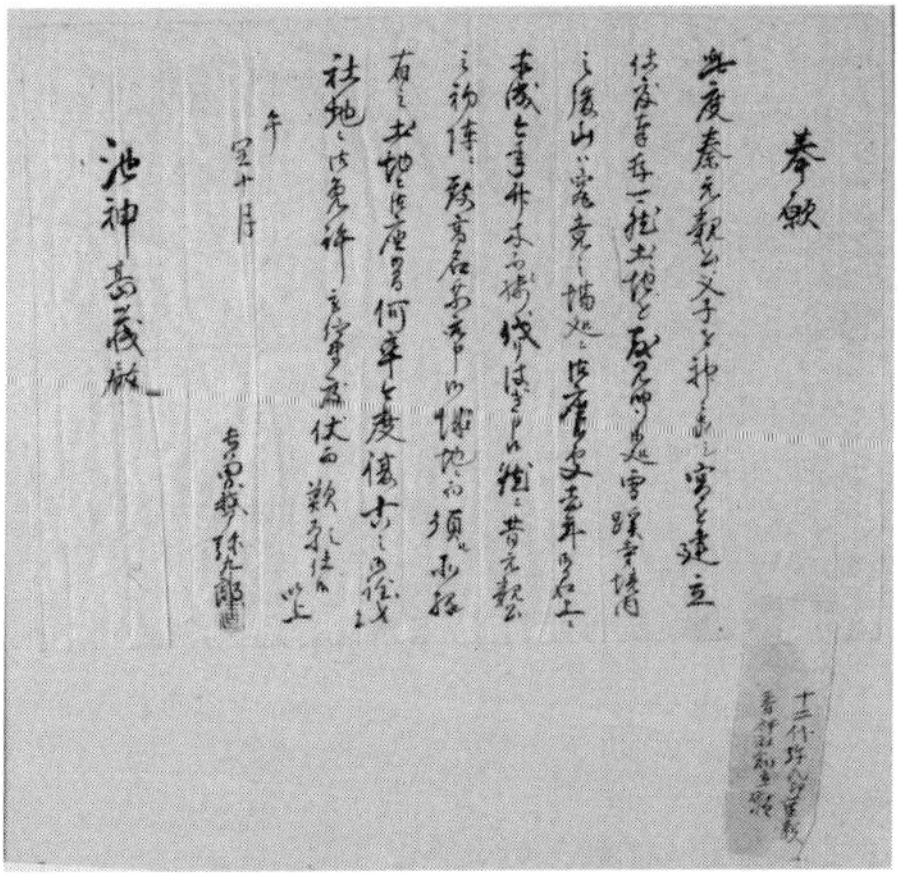

奉願書　長曾我部弥九郎

池神甚蔵殿

この書面において、島與助重親は「長曾我部」を使っているが、それは島から改名した初期のごく短期間のみであるようだ。以降「長宗我部」と改めて、この「曾」の字はみられない。「弥九郎」は長宗我部親房の別名である。親房の流れであることから弥九郎の名をこの記念すべき「奉願書」に使ったのであろう。いずれにしても、これが徳川時代という長い闇をくぐりぬけて、初めて公に堂々と出された長曾我部の姓であった。

この長曾我部弥九郎こと島與助重親の秦神社創建の嘆願を後押しするために、連署で島與助（與助重親は

「與助」とも記していた）の出自や人となり長宗我部家の血脈のことなどを藩庁に『覚』として提出した人々がいる。その『覚』をみてみよう。長文なので、必要な部分のみ抜き出す。

この文書は冒頭に「島與助」と書き、その與助について説明し、その與助が嘆願した秦神社創建の願いを聞き入れるように請願する書状となっている。

その冒頭は「右島與助儀」で始まる。

「右島與助は若年の時より文武両道を修めた有徳の志であります。特に砲術の師である徳弘幸蔵門下として西洋砲術を究め、幡多郡御用方として奉公中は仕事の余暇にその地の有志に砲術を教え、大小の砲を数十丁も製造しました」とその仕事等について記して「人格もよく人に慕われていた」ことなどを述べている。また、「異国の船が渡来した時は製砲の必要を提案して、大砲の鋳造役を務め海岸防御に備えた」とその功績を記している。

そして、本筋の與助の家筋については、「右（島與助の）家の儀、根元秦家の由縁にて元親公より血脈連綿つかまつる。代々武術を相たしなみ、一通りの家筋にはあらず。既にご先代様（山内家当主）よりたびたび御厚恩をこうむり、武功をもって島家の先代は御紋付、御手槍を拝領している。また、御書も数通頂戴している」としている。島家が長宗我部元親公の流れを汲んでいる家柄であることを裏打ちする形の文書である。

次いで、その島家の山内の治世での生き方について述べ、「もちろん当家の掟を相守り代々古風質素に相暮し、家内は申すに及ばず隣家朋友とも相睦みことさら與助は両親にも孝行を尽くしている」とし、このような者の申し立てをぜひ受け入れて、その願いを実現するようお取り計らいをいただきたい、と結ばれている。

署名人は、吉川勘三郎ら二十五人で、宛先は勘定奉行所である。この署名人の多くは、長宗我部の家臣を先祖に持つ人々であったと聞いている。また、豊後戸次川で戦死した者と同姓の名もみられる。署名は次の通りである。

吉川勘三郎
甲藤楠太郎
板垣健助
片岡直之丞
金田弥太郎
徳弘直作
坂出善之丞
川島百次郎
皆田亀次

岡崎駒之助
徳弘克吉
池田㠶吉
島崎左源次
松岡㠶吉
佐竹讃次郎
池　蔵太
平田弦太郎
羽山勝馬
今橋源八
矢野亀吉
山岡盛之進
河野九之助
川久保為助
内藤禮五郎
久保田亀之助

明治維新となり、これらの人々が晴れて長宗我部元親を祭神とする秦神社の創設を

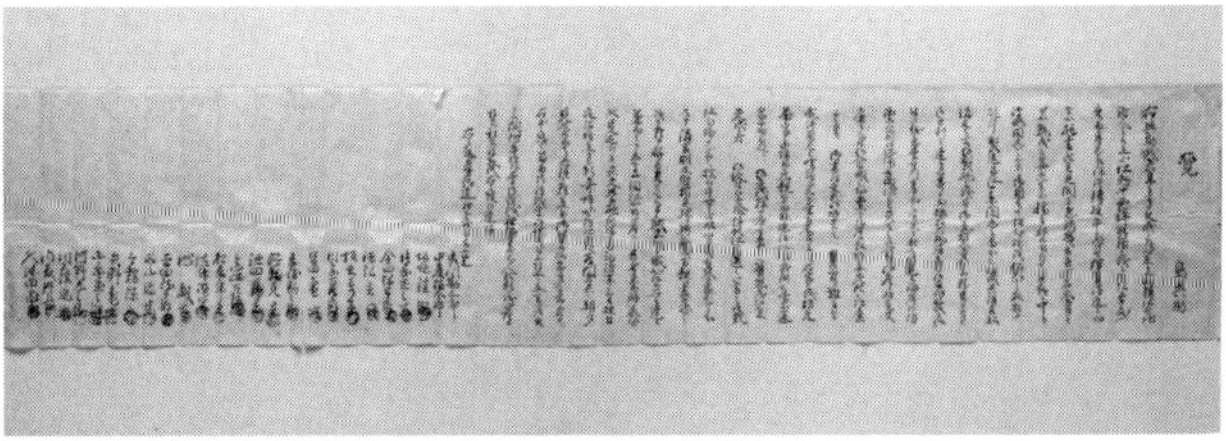

「覚」

願い出た與助重親を支えるべく、『覚』をこぞって奉行所に提出した。ということは、この署名人の先祖の多くは長宗我部の血族を守りながら連絡を取り合い、ともに寄り添いそして息をひそめて山内時代を生きてきた家柄の面々ではないだろうか。

山内藩の膝元に、領地もなく貧しいが誇りだけは高くあった長宗我部の影の「独立小藩」が存在していたということだろう。むろんそのことを、山内藩主は承知していた。そのうえで、容認したのであろう。

この『覚』もあり、「長曾我部弥九郎」の奉願は受け入れられ、明治三年十二月に「秦神社」創建の許可が出た。

秦神社には、雪蹊寺にあった長宗我部元親の木像（高知県指定文化財）、肖像画（国指定重要文化財）、それに戸次川戦没者の霊版などが納められ、戸次川で戦死した長宗我部信親をはじめ、七百余名の主従が祀られた。この秦神社は京都太秦の秦河勝が創った広隆寺、そして蚕ノ社《かいこやしろ》（木嶋《このしま》神社）ともつながるものである。

秦神社という名称は、長宗我部家が秦一族であることからつけられた。ただし、長宗我部元親の肖像画などは、現在高知県立歴史民俗資料館に長期貸し出しのかたちとなっている。

二　昭和天皇の勅使

長宗我部の家系の話に戻る。長宗我部の姓が表向きに名乗れるようになり、秦神社が與助重親の手で創建されたのを機に、十五代当主の親《ちかし》（林馬、秦霊華）は長宗我部の系図を、與助重親の整備した資料を基に完成させる。それが維新を迎えた今、長宗我部の流れを汲む者として、自分がなすべき仕事であると親は考えたようだ。與助重親は和歌の練習帳などの余白に書き留めるようにして残されていた系図、手紙、覚書、過去帳などを既に整理していた。

さらに親は資料類を収集して、これを基に歴史家の寺石正路氏に依頼し、長宗我部の系図の完成に努めた。昭和三年（一九二八年）十一月十日の天皇の即位式（御大典）に合わせて、元親の贈位を計画したのである。

寺石氏も親の申し出を快く受け入れた。そのときの思いが、親と寺石氏がやりとりした書簡に溢れている。與助重親がその作業に着手したのは幕末であり、寺石氏と親が與助重親の整備したものを基に長宗我部家の具体的系図の作成を始めたのは、明治の末の頃からである。

その整備の際に、『長宗我部氏系図』には書き込まれなかったが、五郎左衛門が「親典」など、表では使用しない徳川時代に生きた長宗我部家の人々によって書き留められてきた裏の名前が残っていることが判明した。初代は親房だが、二代が五郎左衛門である親典、そして三代の與助は「親道」である。以下、親安、親貞、親家、親平、親正、親臣、親長、親和となっていた。その後は與助重親、吉親、親衛、親と続く。幕末に生まれた與助重親の代からは表向きも「親」をつけている。この二重になっている呼称を合わせると次のようになる。

親房──五郎左衛門（親典）──與助（親道）──弥左衛門（親安）──久蔵（親貞）──惣亟（親家）──弥右衛門（親平）──弥四郎（親正）──歡次（親臣）──與助（親長）──與右衛門（親和）──與助重親──吉親──親衛──親（林馬、秦霊華）

昭和三年（一九二八年）、整備された『長宗我部氏系図』は宮内省で認められた。秦の始皇帝から中興の祖である長宗我部元親を経て親に続く系図が受け入れられ、同時に長宗我部家の本流が盛親をもって断絶した後、その血脈として親の家系が宮内省により確認された。

宮内省で、そのことが内定したことを事前に知らせる寺石正路氏の書簡が残っている。内定に至る簡単な経緯を記した後、その書簡は次のような内容となっている。

愈々勅使を下され墓前に贈位の宣命を達し、その位記状を遺族たる貴家に相渡す事と相成るべきと申し上ぐ。但しこれは多分来春一月の事と内々中立あり。贈位は四位以下は勅任、五位以下は奏任にて、共に総理大臣宣行、知事がこれを取り扱うも、三位以上は親任にて

天皇直々に御渡候、否ずは勅使を経て御渡候。中々厳重の物、これは無限の光栄です。貴家のみならず土佐国一般の光栄に御座います。

今夕、御預り物品は引き続き拝見可仕候。

先は右御挨拶旁如此申上候。

猶餘は期拝眉匆々頓首

昭和三年二月十六日夜十時

寺石　正路

長宗我部林馬殿

御夫人殿

親は宮内省からの内定の通知を受け、大切にしていた盆栽を寺石氏に贈った。その返礼として、寺石氏より次のような歌が親に贈られた。

名に聞くも壮しき
水仙福寿草
咲き揃ひたる家の花かな

冬籠もり　花のいろいろ
咲きそろい
君の恵みに春をこそまて

この歌の添え書きに
「昭和三年の暮　長宗我部林馬君から水仙、福寿草、ボケの鉢を恵まれたるを謝して」とある。親が盆栽を趣味としていたことは、残したものから「つつじの品格番付表」などの変わった資料が出てきていることからも窺える。同じ昭和三年には浦戸城址である桂浜に、下士であった坂本龍馬の銅像が建てられた。

昭和四年（一九二九年）一月二十八日、元親の墓前に贈位の趣旨を奏し、天皇の勅使として親に贈位記を手交したのは、当時高知県知事であった大島破竹郎氏であった。

贈位は、正三位の天皇御璽《ぎょじ》が押印された「贈位記」、贈位の決定を書いた贈位の伝達書である「位階辞令」、そして贈位の趣旨を書いた「墓前策命文《さくみょうぶん》」の三点からなっている。


島五郎左衛門の家系が、晴れて元親の流れを汲む長宗我部家として天皇勅使を迎えるまで、あまりにも長い歳月が流れた。なお、明治三十二年（一八九九年）には秦神社で長宗我部元親の三百年忌祭が盛大に行われている。

三　水心流

長宗我部親は長宗我部家の系図を完成させる一方で、長宗我部家の兵法である水心流を基にそれを一つの舞踊として開花させる仕事もしている。

土佐に路面電車が走り始めた明治三十年代の終わりの頃、親は現在の高知新聞の前身である土陽新聞の学芸の仕事をしていた。編集部にいた長宗我部親宛の書簡が残っている。

高知県立安芸中学校の鶴燕三郎学芸部長からのものである。内容は安芸中学校で学芸会が開かれる際に、親の弟子の山崎紫水氏に剣詩舞を演じてくれないか、という私的な

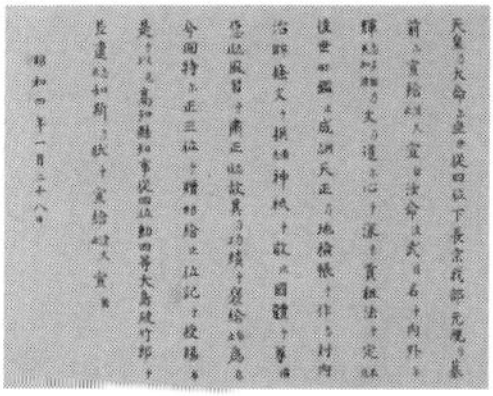

墓前策命文

故従四位下長宗我部元親
贈正三位
昭和三年十一月十日
宮内大臣従一位勲一等一木喜徳郎奉

贈位記

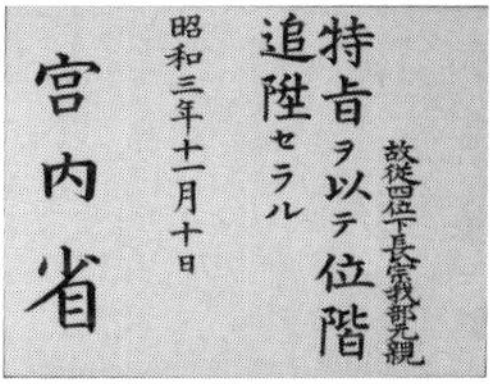
故従四位下長宗我部元親
特旨ヲ以テ位階
追陞セラル
昭和三年十一月十日
宮内省

位階辞令

斡旋依頼状である。親は日本水心流という剣詩舞を考案し、その宗家となっていた。真剣を手に舞う踊りで、その基本は十二代当主の與助重親が整備した長宗我部家に伝わる兵法の水心流である。

水心流の心は大野正一著の『剣舞の歴史』によると「水の流れて物に抗せざるように水心流と名付ける可し」とあり、これは長宗我部元親が大正十三年（一五八五年）に、それまでにあった長宗我部家の兵法の精参流を、再編して「水心流」と名称を改めたものだ。十二代の與助重親はこの元親が水心流として再編した兵法を基に型五本と抜本術十一本に整理する。そして親は、この與助重親が残した資料によって長宗我部家の水心流を会得して、刀流の基礎とし、剣詩舞という新しい芸道を創作する。

親が整えた基本理念には長宗我部の兵法の考え方が底流にあり、その極意書「剣詩舞道基本」は次のようなものである。

一、高きに到らんに必ず下きに報い、
低きに従うに高きを怨まず。
右に思いを致すに以つて左に求め、
左に求むる所敢て右に勉めずんばあらず。
（高きに至るはまず下より。低きに至るはまず上より。右に到らんとすればまず左より。左に至らんとすればまず右より）

一、由来、静は動の為めの静にして、動を得て茲《ここ》に初めてその静たる所以の真価を円成すべく、動は独り動たるに非ずして静の大根底に立ちて初めて真の動たるべし。
故に静、動は一体の両面なる事を知らざるべからず。
（静というのは、動があって初めて成り立つものである。動もまた静の根底があって初めて真の動があるのである。つまり静と動は一体の両面であることを知るべきである）

十五代 長宗我部親　水心流 創始者

一、孫子は「百戦百勝は善の善なるものに非ず」「戦はずして人の兵を屈するは、善の善なるもの也」と喝破せるごとく武を磨くは百戦百勝を目的とするに非ず。即ち鞘の中極意とする処は「不争不殺」神武の位にして、仁徳正義に立脚せる処世の要道にして刀抜かざるを本則とし、常に鞘の中に勝を含み天地の大道万物と和するを以つて至極とす。
(孫子が言っているように、常に勝つことがよいというものではない。戦わないで人の兵を屈服させることがよいのである。武術を磨くのは、すべて勝つことを目的とするのではない。すなわち鞘の中の極意というのは、刀を抜かず仁徳正義の道に立つのを処世の重要なことと し、刀を抜かないことを旨とすべきである。常に鞘の中に価値を含んでいて、天

地の大道、万物と和するのが極意である）

長宗我部親は上京した際、撃剣会社を起こし活躍していた榊原鍵吉《さかきばらけんきち》と交流を深め、撃剣の要素も取り入れて、元親が再編した兵法を基本に剣詩舞を創っていった。

なお、親は鹿鳴館で扇を持って舞う踊りを伊藤博文に見せて、好評を博したという話が残っているが、これは初期の頃のことであろう。

四　乱世の秦一族

秦一族は、秦河勝が聖徳太子に仕えて物部守屋を討ち、時の動乱を鎮めたように、世の中が大きく動くときに忽然と力を得て現れ、何らかの役割を果たすといわれる。『秦氏の研究』（大和書房）を著した大和岩雄氏によると、明治維新を推進した薩摩島津家も「隠れ秦」といわれ、本来は秦氏の一族ではないかという。また、幕末に活躍した志士たちの多くは長宗我部の家臣筋である。

「秦」は、日本の国の安定をはかり世に尽くすことを使命としている一族である。

元親は、父国親の思いを果たす志を持って本山一族が築いた浦戸城を落として、浦戸城から中央政権の混乱をにらみつつ四国制覇を果たした。その先の夢は戦国時代を終わらせるための天下取りであったと思う。

また、元親は領民の生活の安定を目指し、早くから法令の整備に着手し、十二ヶ条の天正式目（天正二年＝一五七四年）を制定している。礼儀作法も領民に厳しく教えている。また、検地に力を入れて、国家整備の基本に熱心に取り組んだ。昭和天皇の御璽による贈位記も、この元親の検地などの仕事を再評価してのものだった。

近年、世界の力関係が激変した。

平成元年（一九八九年）に東西の冷戦関係が終焉。ベルリンの壁が壊され、九一年にはソ連邦が崩壊し、日本も大きな変動の波の中に入った。平成五年（一九九三年）の八月に、日本新党を軸とする連立政権が誕生した。この政権で首相になったのは細川護熙氏だが、この細川氏は肥後熊本細川家の中興の祖、細川幽斎から十八代の子孫であるという。その次に首相になった羽田孜氏はやはり秦一族だといわれ、細川氏の前の前の首相の海部俊樹氏は海部一族ということで、いずれもがこの長宗我部家とはなんらかの縁がある。

羽田氏も、わが家と同様に「秦の始皇帝伝説が羽田家に残っている」という。羽田氏は長野県小県郡和田村（現在の長和町）の出身だが、そこには羽田姓の家が六十軒ほどもあるそうで、先祖の墓には秦と刻まれているという。

この秦一族には秦の始皇帝のほかに、もう一つの流れがある。それは中国大陸から不老不死の薬を捜し求めて日本にやってきたといわれる徐福の流れである。徐福一族も秦姓を名乗っている。この徐福伝説は日本に根強く残っている。

平安時代に編纂された『日本三代実録』には秦一族についての記述のほか、清和天皇の貞観十一年（八六九年）五月二十六日の条に「陸奥国に大地震が起こって家が倒れ人々が圧死し地が裂け、また津波が押し寄せ千人ほどが溺死した」との内容が記されている。千年周期で大きな地震がこの地方にあるといわれていたが、平成二十三年（二〇一一年）三月十一日に東日本大震災が起こった。この地震で多くの人々が亡くなって周辺の都市に致命的といえる被害があり、さらに福島の原子力発電所が津波に襲われ、最新の科学で作られた原子力エネルギーの継続に警鐘が鳴らされた。そして地震発生後の措置の不手際とともに、政治のリーダーシップの欠如が厳しく批判されている。

また、この時代、効率や速さを競う科学の進歩や量を重要視する生産などにも疑問が投げかけられ、人の価値観も大きく変化した。いまだ先が見えにくい混迷の時代、おそらく時代の転換点ともいえる今日、秦一族に新たな人物が登場し、かつてない役割を果たすかもしれない。

五　血脈

人が生きて存在している限り、血脈は続く。言ってみれば、わが家にはその流れを記したものが残されていた。ただそれだけのことである。だが、『長宗我部氏系図』に載っている人々を、その紙の上だけで眺めていたときには気づかなかったが、こうして一人ひとりの人物像を辿り、それを川の流れのように繋いでみると、私には先祖の思いが伝わってくるような気がする。

本山一族ら連合軍に追い詰められて「兼平のきり」を自ら舞って自害して逝った兼序の無念の心、浦戸城に兼序の敵である本山を追い詰めていった国親の思いといったその時代の、その時々の思いが浮かび上がってくる。元親が信親亡き後の継嗣として盛親を選んだ理由の一つには、信親の娘を盛親の室として、より色濃く源氏の血を長宗我部家に入れたかったのかもしれない。五郎左衛門が山内家の籠舎に入り、その後も大坂の陣で負傷し不自由になった体で、馬にも乗れない「御歩行《おかち》」として山内家に仕えたそのときの思いも伝わってくる。馬にも乗れず、雨の日に高下駄も履けず、ひたすら不本意な生活に耐えてきた。

三代與助が貞享五年（一六八八年）の正月に、どういう思いで父五郎左衛門の出自を記した「差出」をしたためたのか。「差出」の書付が、わが家に「家宝」として大切に残されてあった意味が、ようやくわかってきた。

これは長宗我部家の秦河勝、文兼、兼序、国親、元親、信親、盛親らの記憶を、後世に残しとどめるための五郎左衛門父子らの声無き叫びであったような気がする。

また、幕末に活躍して明治維新の原動力となったのは下士の坂本龍馬、安岡嘉助、平井収二郎らだった。志士として活躍した者の多くは関ヶ原の戦いの後、土佐の地で抵抗の魂を持ち続けてきた長宗我部侍たちであったともいえよう。

ところで、長宗我部親房の流れで幕末、土佐勤王党に入り、坂本龍馬たちと活動していた人物が一人いる。不幸な最期だったこともあり、少し話はそれるが記しておきたい。

十二代與助重親の二男であった義親《よしちか》である。嫡男は十三代島吉親である。この義親は浪間《なみま》あるいは浪馬とも称して、坂本龍馬、中岡慎太郎らとともに高知城下の田淵町（現在は桜井町）にあった武市半平太の道場に通って学んだ。そして京都に行き、長州の毛利邸内にあった招賢閣に三條實美《さんじようさねとみ》を案内したり、維新にあって尊王攘夷の魁《さきがけ》としての働きもしている。

松山秀美の『放送土佐史談』で、毛利邸内の招賢閣に厄介になっていた土佐藩の者が列記されている中に、坂本龍馬らとともに、「島浪間」の名前がある。

この義親は文久三年（一八六三年）八月、大和五條で吉村寅太郎らとともに三條實美の衛士をしていた際に、代官の鈴木源内を斬ったといわれる。そして、そのために幕府に追われる身となる。大坂の長州藩の邸内で一時保護されていたが、幕府の追及が厳しく邸を出て山陰道を通り美作に入った。

ところが美作の土居の関所あたりで、盗賊と間違えられて鉄砲等で追いつめられる。そこで、義親は生き恥をさらしたくないと自刃して果てた。元治二年（一八六五年）一月二十日のことで、二十三歳だったという。明治三十一年（一八九八年）、明治天皇から正五位を贈られている。

さて、秦一族である長宗我部家にかかわる二千年を超える歴史をみてきた。その歴史が私に語りかけてくるものは一言でいえば「血脈連綿」であろう。現代ではほとんど死語となっているが、かつての賢人たちはその言葉を心の芯に置き、生きてきたのだと知らされた。

長宗我部の歴史に登場した人々は秦河勝、能俊、国親、元親などさまざまだが、そのなかで、いま最も私の心に残っているのは盛親と五郎左衛門の二人である。

盛親は、長宗我部の流れを絶った。己の名を立てるため一瞬にすべてを賭けた、いわば刹那に意味を見出すような生き方であった。盛親は「暗君」だったのか「義君」だったのか。徳川家康に一矢を報いたとの見方もあるが、長宗我部家にとっては大きな不幸をもたらした。そして、五郎左衛門は、己を隠し断絶された一族の血を繋ぐためのみに生きた。下士に甘んじてまでも生き抜いたことにより、平成に生きている私にまで一族の血を繋いだ。五郎左衛門のような忍従を知る者のその姿に、家系のみならず人間世界での本当の価値を教えられたような気がしてならない。

本書を執筆するに当たって、歴史家の磯田道史さんにお世話になりました。作家の山本一力さん、そして嵐山光三郎さんにもご指導いただきました。また、本書カバーの題字「長宗我部」の書は、秦神社の境内に建てていただいた祖父親の「彰徳碑」のために、書家の手島右卿《てしまゆうけい》先生に昭和四十九年（一九七四年）に揮毫《きごう》していただいたものを使用させていただきました。末尾になりますが感謝申し上げます。

参考文献一覧

日本書紀／日本古典文学大系＝岩波書店
古事記／岩波書店
口語訳 古事記／文藝春秋
読み下し 日本三代実録／戎光祥出版
校訂延喜式／皇典講究所、全国神職会校訂／臨川書店
上宮聖徳太子傳補闕記／大日本仏教全書＝大宝輪閣
土佐遺語／谷秦山（谷重遠）編／前田和男
倭名抄郡郷捷覧／芋尚絅 著／東京大学史料編纂所データベース
風姿花傳／世阿弥 著／日本古典文学大系＝岩波書店
皆山集／松野尾章行 編纂／高知県立図書館
香宗我部家傳證文（遊就館所蔵）／東京大学史料編纂所データベース
更級郡誌／長野県更級郡役所 編／長野県更級郡役所
宍喰村誌／宍喰村（徳島県）／宍喰村
土佐日記／紀貫之 著／日本古典文学大系＝岩波書店
全讃志／中山城山 編纂／東京大学史料編纂所データベース
土佐物語／吉田次郎左衛門孝世 著／国立公文書館所蔵

土佐物語／川野喜代恵 訳／川野喜代恵
土佐物語／岩原信守 校注／明石書店
南海通記／香西成資 著／東京大学史料編纂所データベース
四國軍記／香西成資 著／早稲田大学出版部
土佐国群書類従／吉村春峰 編／高知県立図書館
土佐国古文叢／武藤平道 編／東京大学史料編纂所データベース
土佐国編年紀事略／中山厳水 著／前田和男 校訂
土佐国蠹簡集／内閣文庫
土佐諸家系図 一／竹内重意 編／東京大学史料編纂所データベース
南国中古物語／吉村春峰 編纂／高知県立図書館所蔵
南路志／武藤致和 編著／高知県文教協会
元親記（森家本）／高島孫右衛門尉正重 著／高知県立図書館
元親記／吉村春峰 編／東京大学史料編纂所データベース
元親記／泉淳 著／勉誠社
戸次川合戦／寺石正路 著／土佐史談會
日本の合戦／桑田忠親 監修／人物往来社
日本の合戦／桑田忠親 監修／新人物往来社
日本歴史新書 暦／能田忠亮 著／至文堂

長宗我部三代記／羽生道英 著／PHP文庫
長宗我部氏の研究／秋澤繁 編／吉川弘文館
秦氏とその民／加藤謙吉 著／白水社
長宗我部掟書の研究／井上和夫 著／高知市立市民図書館
長宗我部地検帳の研究／横川末吉 著／高知市立市民図書館
長元記／立石正賀 著／東京大学史料編纂所データベース
長宗我部信親（叙事詩）／森林太郎（森鷗外）著／土佐史談會
長宗我部盛親／寺石正路 著／土佐史談會
一豊公御武功御伝記／高知県立図書館
山内家史料／山内家史料刊行委員会
長宗我部元親／山本大 著／吉川弘文館
土佐長宗我部氏／山本大 著／新人物往来社
長宗我部元親のすべて／山本大 著／新人物往来社
長宗我部元親／平尾道雄 著／人物往来社
放送土佐史談／松山秀美 著／RKC高知放送
剣舞の歴史／大野正一 著／大野正一
秦氏の研究／大和岩雄 著／大和書房
土佐藩／平尾道雄 著／吉川弘文館

土佐史を詠む／近藤勝 著／高知新聞企業
阿波の女たち／徳島市立図書館
紙の町・伊野に七色紙誕生の謎を追う／北村唯吉 著／南の風社
続 かたばみの旗／吉本一郎 著／土佐出版社
漁火のくに／吉本一郎 著／亜細亜書房
長宗我部盛親／二宮隆雄 著／ＰＨＰ文庫
長宗我部元親／宮地佐一郎 著／学陽書房
長宗我部元親／吉田龍司 著／新紀元社
謎の渡来人　秦氏／水谷千秋 著／文春新書
丸橋忠彌／中山義秀 著／大日本雄弁会講談社
夏草の賦／司馬遼太郎 著／文春文庫
たそがれ清兵衛／藤沢周平 著／新潮文庫
日本史小辞典／日本史広辞典編集委員会 編／山川出版社
新日本大歳時記／飯田龍太ほか監修／講談社
成語大辞苑／西岡弘ほか監修／主婦と生活社

特別対談

『長宗我部』という一大叙事詩をめぐって

磯田道史《いそだみちふみ》
（歴史家・静岡文化芸術大学准教授）

長宗我部友親《ちょうそがべともちか》
（長宗我部家十七代目当主）

磯田　実は、大学で中世史の教授と話していて、こんなことがありました。「いま、若い女の子にいちばん人気がある武将は誰だと思う?」と、その教授が聞くので「織田信長や石田三成ではないのですか」といったら、「いや違う。長宗我部元親《もとちか》なんだ」と。テレビゲーム「戦国BASARA」や漫画「オキザリスの旗」などの影響で、歴女（歴史好きの若い女性）たちには、美青年、美少年であったという長宗我部元親のファンが多いのだそうです。これには驚きました。

長宗我部　先日のロンドンオリンピックで銀メダルを獲得した平泳ぎの鈴木聡美さんも元親がお好きという報道がありました（笑）。長宗我部家に「元親」は、十五代と二十一代に二人いるのですが、人気のあるのは二十一代、天正十三年（一五八五年）に四国統一を遂げた人です。

磯田　「背が高く色白で柔和、器量骨柄天晴れ類なし」と『土佐物語』に記録がありますね。

長宗我部　ただ、いつも屋敷の奥に籠もっているので、「姫若子《ひめわこ》」と呼ばれていたらしい。所作が女性っぽかったのかもしれません。

磯田　この本の著者である友親さんも、鼻筋が高く通っていて、やはり美形の家系なのかと思います（笑）。

長宗我部　私を元親と似ているという人もいるし、似ていないという人もいます。親族には丸い顔はいなくて、みんな顔が長い。目鼻立ちもはっきりしていますね。

磯田　元親の妹、養甫尼《ようほに》もたいへんな美人だったそうですね。美形ということとも関連しますが、長宗我部という家には、京都の雅びな匂いを感じます。

十五代の元親が、京都に一條経嗣《いちじょうつねつぐ》を訪ね、一條家と深い付き合いを始める。十六代・文兼《ふみかね》のときには、応仁の乱の戦火から逃れるため、関白を務めた一條教房《のりふさ》が土佐に入るんですね。

長宗我部　二十代・国親は一條家で育てられました。

磯田　その頃に、土佐、そして四国を統治するに至る文化的素養がこの家に注入される過程があったのでしょう。一條家は当時日本最高の教養をもっていましたから、そこで育てられたことはとほうもなく大きいのです。

長宗我部家を考えるにあたっては、土佐という国柄をどう捉えるかがポイントになると思うのですが、ほかの国々と比べた時、どんな性格を持つとお感じになりますか。

長宗我部　やはり異質なところだと思います。高野山から西へ連なる中央構造帯のなかで、四国山脈に遮断されて、太平洋側の海岸線は土佐、そして瀬戸内海側に阿波、讃岐、伊予が並ぶ。ですから、土佐は瀬戸内海側から攻め込まれたことはない。

関ヶ原で負けたときも、四国山脈のこちら側でゲリラ戦を挑めば、家康にも負けることはないだろうと議論した記録が残っています。

磯田　『延喜式』のなかでは、隠岐や佐渡と並んで、土佐は遠流の地になっています。

長宗我部　江戸時代のはじめ、慶長、元和の頃は、離島に近い異域の空間と捉えられていたでしょうね。

磯田　実は私も自分のことを括弧つきながら「土佐人」だと思っているんですよ。母方の祖先は、高知県境に近い阿波国の牟岐《むぎ》からきています。

私はいま浜松に住んでいるのですが、太平洋沿岸の浜松、紀州、土佐、そして現在の宮崎、鹿児島という、黒潮が洗う海岸線に住む人たちには、気質が非常によく似ている印象があります。性格がみんな、カラッと明るくて、女の人の力が強い（笑）。近世家族社会史の最新研究でいうと、非嫡出子への差別もそれほどない、婚姻制度に厳しく規制があるわけでもない、出稼ぎや駆け落ちの風習がかなり最近まで残っていた地帯です。「黒潮文化圏」というのはやっぱりある。総じて、おおらかな海の民の文化なのだと思います。

長宗我部　土佐はなにしろ、食糧に困ったことがないんです。

磯田　一年に二度、米が収穫できるという、恐ろしいほど豊かな土地なんですね。

長宗我部　魚はいくらでも捕れるし、適当に庭に種を蒔いておくと、トマトなど作物が勝手に実っている、という（笑）。

「都」と「鄙」の意識

磯田　そうした土地柄はどんな人格を生み出すのでしょうか。京からお公家さんの一條氏が逃れてくると、国司として扱われ、五代にわたって君臨したというのは、やはり異様な空間だと感じられますね。伊予の西端もそうで西園寺氏が入って治めました。都から来たからといって、他の地域ならそんなにたやすく外部の権威者から覇権者に転じることはできない。土佐あたりはまことに不思議な土地です。

長宗我部　外部の文化を受容する性格はいまでもありますね。

磯田　そうでしょうね。都に対する鄙の地としての意識もきっとあったでしょう。当時の土佐は粗野な地でした。その雰囲気はおそらく戦前までかすかに残っていて旧制高校も弘前と高知は人りやすかったといわれます。しかし、周縁にあるだけに文化の感受性が強い。そこに文化の滴をひとつ垂らすと、じわっと広がって受け入れられただろうし、田畑の検地とか、基本的な統治技術を導入できれば、あたりの戦国バーバリアンを組織することはそれほど難しくなかっただろうと思う。

農業や商売の技術についてもそうで、幕末に活躍した坂本龍馬の先祖は、比叡山の門前町である坂本を出て、いまの高知市郊外にたどりつきます。そしてあのあたりを開墾するようになると、数代のうちに大地主になり、城下で酒屋や質屋をはじめて大成功を収めるんです。農業技術など、中央の先端的な優れた知識の浸透していく例として興味深いですね。

世界中のあらゆる周縁文明にあてはまりますが、身近な地を統治するために、より高度な中央の権威を利用するのはしばしば行われる。まったく同じことが、土佐で起きたのでしょう。数多くいた豪族のなかで、長宗我部氏だけが異なる統治技術を持つに至る。

長宗我部　十九代の兼序《かねつぐ》は、本山茂宗《もとやましげむね》などの連合軍に敗れますが、二十代の国親が一条家で育てられ、「一領具足《いちりょうぐそく》」という制度を整え、のちの元親の四国統一へとつなげる。

磯田　つまり、一条家と付き合うことで、三千貫の岡豊城《おこうじょう》の近くの長浜の領地を固め、我が家系では、この国親が大きな鍵を握っているように考えられます。

国親、元親（二十一代）で急速に拡張していったんですね。

長宗我部　十五代の元親は、「一条家のご恩は決して忘れてはいけない。その志は子、孫の代まで引き継ぐべきもので、もし背くことがあれば、家に難儀が降りかかる」と諭していました。しかし、二十一代の元親は、土佐統一にあたって、一条家を滅ぼす。すると、次の二十二代・盛親《もりちか》は大坂の陣のあと、徳川方に京都六条河原で斬首され、長宗我部の家名は幕末まで消えることになります。これはほんとうに不思議に感じられる流れですね。

長宗我部に欠けたもの

磯田　二十一代の元親が四国の陣で敗れ、秀吉の臣下になってから、おまえは天下に志があったのか、と問われる場面が本書にも描かれていますね。「四国統一くらいでおまえは満足したのか」と。すると、元親も「あしき時代に生れ来て、天下の主に成損じ候」と秀吉の機嫌を取る。

長宗我部　元親も、本心ではおそらくムッとしていたと思いますが（笑）。

磯田　私が学生たちによく話すのは、「君たちはテレビゲームの『信長の野望』で知識を得ているからそう思っているのかもしれないけど、長宗我部が四国の隅々まで完全に影響力を持っていたことはないし、四カ国を『持っていた』といえるのは、せいぜい一、二年にすぎない」と。

長宗我部　たしかに、四国を完全に統一したとは言い難いですね。

磯田　中央に統一政権ができて、それが迫ってくる日は近い。本領安堵が難しくなる前に、ほかの豪族がまだ気がついていない鉄砲というものに早々に着目して、急峻な山々を越えて、リードを稼ぎに行ったというのが、本質に近いのではないかと私は考えています。

長宗我部　四国山脈を越えて、阿波まで兵が連なっていたという説がありますね。

磯田　長宗我部家は、土佐一国の国内統治の巧みさという点では、とても優れていた。しかし、土佐から外へ出ていくために必要なものはなにか。大きいのは、シー・パワー、すなわち海上兵力と、対外諜報力です。これが欠けていた。
　秀吉の島津征伐（一五八六年）に長宗我部軍は兵を送りますが、四国で剛強を誇った彼らも、海を渡ると、途端に弱体化して、元親の最愛の嫡男・信親《のぶちか》をはじめ、多くの重臣を失う大打撃を受ける。関ヶ原の戦い（一六〇〇年）の盛親も、家康軍の側面を突く予定が、戦況を把握できないから、動きがとれず、まともな戦いをしないうちに敗走に至る。長宗我部家は、海の外で大勝利したことはなかったのではないでしょうか。
　考えてみれば、国内での長宗我部のありようは、世界のなかの日本のありさまに似ている。孤立した島にあり、海上兵力と対外諜報の脆弱さから、海外での覇権競争でまずいことになりやすい。
長宗我部　関ヶ原の前には、家康方につこうと決断した盛親が密使を送るのですが、届けられないまま、帰ってきてしまう。このとき、長宗我部家の運命が激しく揺れ動きますが、このような重要な密書を陸路と同時に海路も使って送らなかったということは、制海権を握っていなかったためではないかと思われます。
磯田　紀州の熊野水軍や雑賀衆、根来衆の鉄砲の力と結んで、周辺の制海権を得ることが、より大きな野望のためには必要だったと思いますが、村上水軍を擁する毛利家にできても長宗我部はできなかった。やはりこのあたりが弱点でしょう。

長宗我部　たしかに、阿波も讃岐も伊予も、長宗我部が治めたという思いを民は持っていない。四国山脈の向こうにほんとうの治世を敷いたことがないというのは、わが先祖たちは寂しく思っていることでしょう。

信長、秀吉、家康との関係

磯田　戦国の三英傑のうち、信長は一五三四年、秀吉は一五三七年、家康が一五四二年の生まれですが、一五三九年生まれの二十一代・元親と、秀吉の関係が面白いですね。秀吉が土佐へだんだん迫ってくる気配が感じられると、早いところ講和を結んでしまおうと重臣たちが元親を三日三晩説得する。

長宗我部　兵力に差がありすぎることはすぐに分かったのでしょう。秀吉の馬と土佐の馬では、性能に大きな差があることは一目瞭然で分かる。

磯田　秀吉はそういう心理戦がとてもうまかった。豪華できらびやかなビロードのような生地を馬に着せてパレードしたりするんですよ。鉄砲や黄金を立派な箱にたくさん入れて見せびらかすようにしてから敵陣に攻め込む。相手は最初からまるで勝てる気がしませんよね（笑）。元親にも、そういう華やかさに対する憧れはきっと強かったのだと思いますよ。ここまでやられた秀吉に、結果として最後まで付いていくことになりました。ほんとうは家康方に付きたいと考えたことがあったと先ほどおっしゃっていましたが、どこかで豊臣家が正統政権なのだという感覚は、関白家たる一条を間近に見てきた以上、脈々と残っていたという気がします。

長宗我部　その通りだと思いますが、元親は内心、秀吉をあまり好んでいなかったようにも思えるんです。本能寺の変の後は、明智光秀につき、柴田勝家につき、小牧・長久手の戦いでは家康と連合しますが、秀吉とは一度も組んでいない。秀吉と和議を結ぶときも、自分では判をついていないと徹底しています。

磯田　秀吉から見ると、土佐の荒くれ者かと思いきや、一回出仕させてみると、わりに手なずけやすいなと思ったんじゃないですか。

長宗我部　潰されると覚悟していたら、土佐一国は安堵された。そこはほっとしたでしょうね。

磯田　「丸鯨」と史料にある通り、土佐の鯨を船数十艘、人夫七百人を使って、一頭丸ごと大坂城まで献上したり。秀吉はたいそう喜んだようです。

長宗我部　あまり土佐の人間は、へつらいはやらないんですけどね。

磯田　一方で、元親は信長とはまるで違う戦略を持っていたようですね。信長という人は、敵対するものは一族をどこまでも掘り起こして根絶やしにする人で、仮に一度、忠義を疑われたら、謀反を起こすか、自分が殺されるか、その二者択一に追い込まれる。

長宗我部　土佐を平定するにあたっても、信長のように完膚なきまでに叩いてはいない。讃岐の十河《そごう》家とは何度も闘っているんですが、勝瑞城《しょうずいじょう》を攻めたときも、大将にあえて逃げ道をつくってやってもいます。

磯田　土佐七雄にも婚姻関係を残して、抱き込む方向で動いていますよね。

長宗我部　元親は仁愛の人といわれますが、武将としては弱さもあったと思います。まあ、そこに人間的な魅力があるといえなくもありませんが。

磯田　その辺りにも公家の文化の影響が色濃く残っていたのかもしれませんね。

長宗我部　家訓として、「勝負は鞘の中にあり」「水の方円の器に添うがごとく生きよ」という言葉が残っています。たしかにそうした性格はあるでしょう。

磯田　信長は元親を軽く見ていた。元親が家臣の中島可之助《べくのすけ》を使者に、元親の嫡男・信親の烏帽子親になってくれと頼みにいくと、信長は、音読みで「ムチョウトウノヘンプク」、すなわち「鳥無き島の蝙蝠」とからかったという。

長宗我部　当時、どれだけ土佐が辺境の地と思われていたか、伝わってきます。だいたい話している言葉もよく理解できなかったのではないですか（笑）。

磯田　ああ、たしかに土佐弁はちょっとわからないところがありますね。薩摩の言葉ほどじゃないですけど（笑）。

「一領具足」のその後

磯田　長宗我部家は、島津征伐のあたりから、次第に命脈の危機を迎えます。

長宗我部　島津征伐のとき、嫡男・信親の死を聞いて、元親が嘆く様子は、森鷗外、司馬遼太郎、津本陽といった錚々たる作家が描いています。元親を憐れに思った秀吉は、すぐに二男・親孝の相続を認め、大隅半島を与えると朱印状を出す。

しかし、元親はなぜか継嗣問題を二年ほど棚上げした後、末子の盛親に跡を継がせる。それで城内は割れ、反対した有力な家臣である、吉良親実《きらちかざね》、比江山親興《ひえやまちかおき》を切腹させ、そのほかの反対派も徹底的に処断する。

磯田　末っ子がそれほど可愛かったんですかね。その辺りから家にゆるみ、ひび割れが生まれた。

長宗我部　関ヶ原の後、領国を召し上げられ、盛親をもって、長宗我部家は歴史の表舞台から消えることになります。秀吉はついに盛親に朱印状を出さないまま死んでしまいます。元親は秀吉に近い筋へ、「盛親をなんとかしてやってほしい」と、泣きつくように懇願する手紙を出しています。

磯田　つまり、関ヶ原での盛親は、公式には継嗣として戦ってはいないんですね。後年、国を失ってから京都で寺子屋の師匠をしていたという逸話からして、あまり武断的な人ではなかったように感じられます。

長宗我部　内務には長けていたと言われていますけれど。

磯田　さてここで、長宗我部家について考えるときに欠かせない「一領具足」について考えてみましょう。「一領具足」とは、半農半兵の武装農民の組織のことです。彼らは、平時には田畑を耕して農民として暮らしているが、領主から動員がかかると、ひと揃いの具足（武器と鎧）を携えて招集に応じる。
名字とか武士の格式とか、農民たちはよくわかっていなかっただろうけど、一条家から伝わったこの制度を使って、長宗我部家はほかの豪族を平らげていきます。農民たちも、都の権威のようなものをどこかに感じて、プライドを抱いていたことは想像に難くない。
関ヶ原の後、長宗我部に代わって山内一豊が入ってきても、彼らは土佐半国を要求して、浦戸一揆を起こすなど、旧領主を懐かしく思う気持ちは強かったのでしょう。
そうした感情は根強く脈々と残っていったと思うんですよ。特に、江戸期を通じて、上層農民には、自らのアイデンティティを、かつて長宗我部侍であったことに置くことは多かったのではないか。

長宗我部　数百人で進駐してきた山内家にとっては、厄介な問題だったでしょうね。

磯田　遠江国掛川という小城にいた山内氏が、海岸線だけで百里ちかい、広大な土佐を統治するのは難しい。それだけに、統合の象徴になりそうな長宗我部の血を引き継ぐ者をどう扱うか。

長宗我部　山内も政権内部に長宗我部を取り込みますが、「下士」として低い地位に置きます。そんななか、「元親を祖」として名乗りをあげたのが、元親の末弟・親房の二代目、島五郎左衛門《しまごろうざえもん》（親典《ちかのり》）です。この人が私の祖先になります。「長宗我部」と名乗ること自体も許されていなかったので、「島」という姓を使いました。あまり史料が残っていないので、詳しいことは分かりませんが、「長宗我部家の存続のためにすべてを賭ける」というのが、五郎左衛門の至上命題だったと私は考えています。

磯田　島は四年の幽閉ののち、四十三年間も山内家に下士として仕えた。そして亡くなったときには山内の二代目、忠義から「銀子三枚」を受けとっている。生前、お目見えにもあずかっているし、直筆の手紙も受け取っている。四人扶持十五石くらいの下士への対応としては、たいへんに異例です。一揆を狙う勢力に対する人質だったという考え方もありますが、強いドラマ性がありますね。

長宗我部　なんらかの心の交流はあったのかもしれませんが（笑）、やはり記録は残っていません。ただ、想像していると歴史のロマンを感じる逸話です。

そして、明治維新へ

磯田　時はくだり、江戸の支配が完全には行き届かなかった土佐は、兵農未分離のまま、幕末を迎えます。徳川幕藩体制が動揺するなか、土佐から活躍を始める若者の一団が登場します。岩崎弥太郎にしても、海援隊に参加するメンバーも、のちに明治政府の顕官になった人々にしても、必ずしも城下生まれではなく、農村部出身者が多かった。

長宗我部　関ヶ原で軍門に下った島津、毛利が手を組んで、維新への動きが強まる。

そこに加わったのが長宗我部の末裔たる土佐の「下士」だったんですね。

磯田　日本には連綿と、濃尾平野、いまの愛知県あたりとその周辺の出身者が貴族化し、現地の住民を支配してきたという伝統がある。

被支配者のアイデンティティの回復という問題は大きく底流にはあって、明治維新も、関ヶ原の仇討ちだったという考え方には部分的ながら首肯できる面があります。

徳川の世、農民として押さえつけられていた人たちが、明治の地租改正で土地の権利を確立し、設立された帝国大学を経て、官僚となり、さらには議会をつくって日本という国家を支配するに至ったという歴史観です。

結局、本書で描かれているのは、遠い源流に発した「長宗我部」という一つぶの雫がいつのまにか細い糸のような流れとなり、それが太くなったりまた細くなったりしながら今日に至る、七十代、二千年に及ぶ長大な一大叙事詩ではないでしょうか。読み応えがありました。ほんとうに意義深い一冊でした。

長宗我部　ありがとうございます。この物語が、いまおっしゃっていただいたような筋書きの大河ドラマになるといいと思っています。五郎左衛門ではありませんが、それが私の人生の至上命題です（笑）。

（二〇一二年夏、文藝春秋にて）

単行本　二〇一〇年六月　バジリコ刊

文春文庫

長《ちょう》宗《そ》我《が》部《べ》

定価はカバーに表示してあります

2012年10月10日　第1刷
2014年6月25日　第4刷

著　者　長《ちょう》宗《そ》我《か》部《べ》友《とも》親《ちか》
発行者　羽鳥好之
発行所　株式会社 文藝春秋

東京都千代田区紀尾井町 3-23　〒102-8008
TEL 03・3265・1211
文藝春秋ホームページ　http://www.bunshun.co.jp

落丁、乱丁本は、お手数ですが小社製作部宛お送り下さい。送料小社負担でお取替致します。

印刷製本・凸版印刷

Printed in Japan
ISBN978-4-16-783820-1

文春文庫　最新刊

春から夏、やがて冬　歌野晶午
スーパーの保安責任者と万引き犯の女。〝絶望〟と〝救済〟のミステリー

この女　森絵都
貧しい青年と資産家の妻。二人の人生が交錯するとき――。著者の新境地

地下の鳩　西加奈子
大阪ミナミ。キャバレーの客引きと素人臭いチーママの不格好な恋愛

東北新幹線「はやて」殺人事件　西村京太郎
帰省を心待ちにした男が殺された。遺骨を携えた女が「はやて」に乗ると…

赤絵そうめん とびきり屋見立て帖　山本兼一
坂本龍馬から持ちかけられた赤絵の鉢の商い。人気シリーズ第3弾

烏《からす》に単《ひとえ》は似合わない　阿部智里
史上最年少、松本清張賞受賞作。世継ぎの后選びを巡る姫君たちのバトル

ちょっと徳右衛門 幕府役人事情　稲葉稔
「大事なのは家族」と言い切る若侍の生活と難題。新・書下ろし時代小説

夢の花、咲く　梶よう子
植木職人殺害と地震後の付け火。朝顔栽培が生きがいの同心が真実を暴く

芙蓉の人〈新装版〉　新田次郎
NHKドラマ化。富士山頂で気象観測を行った野中到と妻千代子の夫婦愛

銭形平次捕物控傑作選2 花見の仇討　野村胡堂
江戸の名探偵・岡っ引の平次が知恵と人情で事件を解決。傑作八篇を収録

君は嘘つきだから、小説家にでもなればいい　浅田次郎
人気作家の人生の風景に酔う、単行本未収録多数の感涙と爆笑エッセイ集

司馬遼太郎対談集 **日本人を考える**〈新装版〉　司馬遼太郎
「しゃべり」の魅力溢れる、四十年前とは思えない示唆に富んだ対談集

ヤクザと原発 福島第一潜入記　鈴木智彦
暴力団専門ライターが作業員として福島第一原発に潜入したルポ

本が多すぎる　酒井順子
現代女子から渋いおじさん、歌舞伎にエロに親子関係まで。絶品エッセイ

Dear KAZU 僕を育てた55通の手紙　三浦知良
ペレ、ジーコ、バッジョ、香川真司……世界中から届いた、カズへの手紙

不思議な宮さま 東久邇宮稔彦王の昭和史　浅見雅男
「一億総懺悔」を唱えた事で知られる、史上唯一の皇族総理大臣の宮さま

江戸前の素顔 遊んだ・食べた・釣りをした　藤井克彦
江戸前の海は日本一の漁場だった。元釣り雑誌編集長が伝える江戸前の姿

ヒット番組に必要なことはすべて映画に学んだ　吉川圭三
ビートたけしや所ジョージが最も信頼するテレビマンによる異色の映画論

ホワイト・ジャズ　ジェイムズ・エルロイ　佐々田雅子訳
警察内部の壮絶極まる暗闘。世界最高峰の暗黒小説にして警察小説の極北

ジブリの教科書16 **借りぐらしのアリエッティ**　スタジオジブリ＋文春文庫編
『思い出のマーニー』の米林宏昌監督の初作品を、梨木香歩らが読み解く

シネマ・コミック16 **借りぐらしのアリエッティ**　原作 メアリー・ノートン　監督 米林宏昌
人間の世界から〈借り〉をして暮らす小人のアリエッティと少年の出会い